CORRESPONDANCE

DES

CONSULS D'ALGER

(1690-1742)

PAR

H.-D. DE GRAMMONT

ALGER

ADOLPHE JOURDAN, LIBRAIRE-ÉDITEUR

4, PLACE DU GOUVERNEMENT, 4

———

PARIS, LIBRAIRIE ERNEST LEROUX

28, RUE BONAPARTE, 28

———

1890

CORRESPONDANCE

DES

CONSULS D'ALGER

CORRESPONDANCE

CONSULS D'ALGER

La publication des lettres adressées par les consuls français d'Alger à la Chambre de commerce de Marseille est fort intéressante pour l'histoire de la Régence; c'est ce qui nous décide a l'entreprendre aujourd'hui. Déjà, dans les études que nous avons publiées ici même sur les *Relations de la France avec la Régence d'Alger,* bon nombre de ces lettres ont été reproduites in extenso, depuis celles de Jacques de Vias jusqu'à celle du Père Le Vacher (1608-1682). Nous sommes arrivés à la période qui suivit le bombardement du maréchal d'Estrées et le meurtre du consul Piolle (1688). Après ces tragiques événements, le consulat fut géré par l'ancien chancelier Mercadier, qui espérait obtenir les sceaux. Il rendit, en effet, quelques services au début; mais son esprit d'intrigue le conduisit à de coupables fourberies (1), que M. Marcel, Commissaire Royal, punit en le révoquant et en l'embarquant d'autorité. Il eut pour successeur M. René Lemaire, homme très habile et très dévoué au bien public. Il sut se concilier l'amitié de Chaban Dey, et se maintenir dans ces temps très difficiles. La lecture de ses lettres (2) nous apprend combien la situation faite à nos consuls exigeait d'intelligence et d'énergie, au milieu des compétitions des ennemis de la France, des

---

(1) Nous avons raconté ces intrigues dans notre : *Histoire d'Alger sous la domination turque.* (Paris, Leroux, 1887, gr. in-8°), p. 258.

(2) Extraites des *Archives de la Chambre de commerce de Marseille,* AA, 490.

émeutes et des complots de la milice, poursuivis par la
haine des Juifs, qui ne voyaient en eux que des agents
fiscaux (1); privés, par la parcimonie de la Cour et de la
Chambre de commerce, des ressources financières qui
leur eussent été indispensables pour lutter contre de
puissants rivaux; enfin, ne recevant guère d'autre récompense de leurs peines que la ruine de leur santé et de
leur fortune.

Notice sur le Consulat de M. René LEMAIRE

En partant d'Alger, M. Marcel avait laissé pour consul,
en remplacement de M. Mercadier, M. René Lemaire,
d'une ancienne famille consulaire, qui lui avait été
demandé par le Dey lui-même, dont cet agent avait à ce
moment toute la confiance. L'envoyé d'Alger, Moham-
med-el-Amin-Khodja, obtint un bon accueil à Versailles,
et revint, en 1691, ayant reçu de riches présents, et accompagné de M. Dusault, qui était chargé de régler les
quelques questions encore en litige. L'échange des captifs
eut lieu en 1692; les traités furent confirmés de nouveau;
dans cette circonstance, la sagacité du consul et l'influence particulière qu'il avait su acquérir auprès du Dey
rendirent les plus grands services. De retour en France,
M. Dusault représenta au Ministère que la position
pécuniaire de l'agent français à Alger était insoutenable;
les consuls des autres nations étaient très richement
rétribués, tandis que le chargé d'affaires de la France,
qui touchait à peine 3,000 livres de droits consulaires,
se trouvait très souvent gêné, quand il s'agissait de
contrebalancer leur influence, et se voyait perpétuellement obéré. La Cour eut égard à ces observations, et
décida que les consuls recevraient dorénavant un traitement fixe de 6,000 livres.

Jusqu'en 1694, les relations avec Alger furent excel-

____

(1) V. notre *Histoire*, d. c. 233 et suiv.

lentes; à ce moment, une circonstance, en apparence
futile, vint troubler la bonne intelligence qui avait jusque
alors existé entre le Dey et M. Lemaire. Par une ordonnance, datée du 7 octobre, le Conseil Royal décréta que
les droits de tonnage seraient prélevés à Alger comme
dans les autres Échelles du Levant. Déjà, à plusieurs
reprises, la Chambre de commerce de Marseille, en
réponse aux plaintes que faisaient les consuls sur l'insuffisance de leurs ressources, leur avait fait des pres-
criptions semblables. Il n'avait jamais été possible
d'appliquer ces tarifs, nouveaux pour Alger, et, toutes les
fois qu'on l'avait essayé, cette tentative avait été le signal
d'une terrible émeute de la Taïffe. Cela tenait à deux
causes générales. En principe, le gouvernement d'Alger
ne reconnaissait que le droit coutumier, et, chaque fois
qu'on voulait introduire quelque chose de nouveau, on
se heurtait à une méfiance invincible, qui se traduisait
par des refus obstinés (1). Quand il s'agissait d'impôts à

---

(1) C'était tellement l'usage à Alger de se baser sur la coutume,
et d'en créer une sorte de droit, qu'il était imprudent de faire des
dons gratuits ou des présents, à moins de bien affirmer en les faisant
qu'on n'était pas dans l'intention de les renouveler dans des circonstances semblables. Voilà ce que dit à ce sujet, un agent consulaire
du XVIIIe siècle : « Si un capitaine ou maître de bâtiment qui a
» coutume de faire des voyages à Alger avec des fruits frais ou secs,
» des confitures et d'autres choses semblables, en donne une fois,
» par bienséance, aux Turcs dont il croit avoir besoin toutes les fois,
» qu'il y retourne avec des mêmes denrées, chaque Turc vient
» demander la même portion qu'il avait déjà une fois reçue; ce qu'on
» appelle demander l'usance. Aussi, il ne faut leur donner que condi-
» tionnellement et par pacte exprès, en s'expliquant pour l'avenir ;
» en ce cas, ils n'ont rien à dire. » Laugier de Tassy ajoute ensuite,
comme exemple, qu'un marchand grec, qui avait pris l'habitude de
donner tous les jours une petite somme à un mendiant, se vit, après
cinq ou six mois d'absence, condamné par le cadi à payer à ce
mendiant la somme totale qu'il lui eût donné, s'il ne se fût pas
absenté. Il était dit dans le jugement : « *que le plaignant avait pu*
considérer cette aumône comme une pension régulière, et que, par suite,
il avait emprunté pour vivre en attendant le retour de son bienfaiteur. »
(*Histoire du Royaume d'Alger*, par Laugier de Tassy, Amsterdam,
1725, p. 109, etc.).

prélever sur le commerce, presque entièrement acca-
paré par les Juifs, les difficultés redoublaient immédiatement; il n'était pas difficile aux gros négociants, en
semant quelque argent, d'exciter parmi la populace
une insurrection qui forçait la main au Dey. C'est ce qui
arriva à M. Lemaire, qui faillit perdre la vie dans une de
ces émeutes; il conserva une contenance très ferme et
n'abandonna aucune de ses prétentions, se fiant aux
amitiés qu'il avait su se créer. Mais le caractère de
Chaban s'était modifié; les victoires éclatantes qu'il avait
remportées sur le Maroc et sur Tunis avaient exalté son
orgueil, et le consul ne tarda pas à se ressentir de ce
changement. Les Juifs, voyant qu'ils ne pouvaient pas
le dominer par la peur, parvinrent à ourdir une trame
contre lui. Il fut d'abord l'objet de dénonciations calom-
nieuses, par lesquelles on l'accusait de s'être raillé des
victoires du souverain; puis, quand les désaffections
eurent été préparées, on fit appel à la cupidité, toujours si
puissante à Alger. Le consul avait été chargé de racheter
un esclave appartenant au Beylik, et, après quelques difficultés, l'avait obtenu du Dey moyennant 3,000 piastres.
Quelques jours après, les Juifs firent savoir à ce souverain que la famille de l'esclave avait chargé M. Lemaire
d'en offrir jusqu'à 25,000 piastres, ce qui était faux. Indi-
gné de ce qu'il croyait être une supercherie, le Dey
chargea le consul d'injures, lui fit enlever de force le
captif, qu'il fit reconduire au bagne, et le menaça de le
renvoyer en France (1). Quelques jours après, il fut
en butte à de nouvelles menaces, à l'occasion du siège
de Tunis, pendant lequel des bâtiments français
avaient apporté de la contrebande de guerre aux as-
siégés.

Les choses allaient toujours s'aggravant, lorsque, le
5 août 1695, une révolte éclata contre Chaban, qui fut

---

(1) Lettre de M. Laurence, Vicaire Apostolique, à M. de Seignelay
(3 avril 1694).

d'abord emprisonné, puis étranglé dans la nuit du 14 au 15 (1), malgré l'opposition de son successeur, Hadj' Ahmed, qui aurait voulu lui sauver la vie. Ce nouveau changement fut l'occasion d'une sorte de révolution dans le gouvernement d'Alger. Le Divan, notablement augmenté, usurpa la plus grande partie des fonctions du Conseil supérieur; le Dey ne devrait plus avoir aucune initiative, et son pouvoir devait être exclusivement exécutif (2).

Le consul ne gagnait pas grand chose à ce changement; le nouveau Dey était un vieillard inconstant, bizarre, grossier, qui manquait le lendemain à la parole qu'il avait donnée la veille; il était excessivement ombrageux, voyait des conspirations partout et sévissait préventivement. Au moment de l'arrivée de M. de Clairambault, que le Ministre venait d'envoyer à Alger comme chancelier, il se répandit en plaintes violentes, disant qu'on lui envoyait des espions de Constantinople, et donnant les signes d'une méfiance poussée jusqu'à la folie (3). Cet état de choses ne fit qu'empirer pendant l'année suivante, et le Ministère, depuis longtemps prévenu de tout ce qui se passait, envoya à Alger M. Dusault, chargé d'y installer un nouveau consul. Il arriva le 26 avril 1697, et obtint d'Hadj' Ahmed la confirmation des traités. Il retourna en France le mois suivant, ramenant avec lui M. Lemaire.

---

(1) *Gazette de France*, an 1695, p. 405 et 511.

(2) Il est utile de noter qu'il n'en fût jamais ainsi dans la pratique; à peine au pouvoir, Hadj' Ahmed s'empressa de reconquérir les prérogatives des anciens Deys, et on peut dire que ce fut à partir de ce moment même que leur puissance s'accrut.

(3) Lettre de M. Lemaire à M. de Seignelay du 14 novembre 1696.

*Lettres de M. René Lemaire à MM. les Échevins et Députés du commerce
de Marseille*

« Alger, le 12 avril 1690.

» MESSIEURS,

» J'ai l'honneur de vous écrire par les vaisseaux du
» Roy qui doivent porter des esclaves en France pour
» vous informer que M. Marcel, ayant fait embarquer le
» sieur Mercadier le 24 du mois passé, suivant les ordres
» du Roy, qui l'a révoqué, il m'a fait l'honneur de m'éta-
» blir pour faire les fonctions de cette charge sous le
» bon plaisir de Sa Majesté, par commission, jusqu'à ce
» qu'Elle y ait pourvu; et, comme toute mon application
» sera pour le service du Roy et pour le bien du com-
» merce de ses sujets, je serai ravi, Messieurs, que vous
» m'en fournissiez les moyens et me donniez lieu par
» vos commandements de vous marquer mon zèle. Je
» crois que vous serez informé par tout ce qu'il y a de
» Français ici de tout ce que j'ai fait pour le succès des
» affaires, n'ayant épargné ni ma personne ni mes amis,
» ni même ma bourse, surtout en deux ou trois occa-
» sions, où la paix a été sur le point de se rompre (1), et,
» ainsi, j'estime superflu de vous en parler. Il me doit
» suffire de vous assurer que j'ai toujours fait gloire de
» sacrifier tout pour contribuer à la paix, que je me
» comporterai toujours avec ardeur pour la maintenir,
» tant que j'aurai l'honneur d'exercer cette charge, et
» qu'en tout ce que je pourrai, je vous donnerai des
» marques que je suis, Messieurs, votre très-humble et
» très-obéissant serviteur. »

----

(1) Il fait ici allusion aux intrigues des Anglais et des Hollandais,
qui avaient offert des sommes considérables à Chaban, pour lui faire
déclarer la guerre à la France. (V. *Mémoires de la Congrégation de la
Mission*, II, 483).

« Alger, le 15 mai 1690.

» Messieurs,

» J'ai eû l'honneur de vous informer, par les vaisseaux
» du Roy, comme Monsieur Marcel m'a fait l'honneur
» de m'établir consul par commission, jusqu'à ce que
» Sa Majesté y ait pourvu. Vous pouvez être assurés,
» Messieurs, qu'autant que j'aurai l'honneur d'exercer
» cet emploi, le commerce goûtera tout le repos qu'il
» peut souhaiter dans cette Échelle. J'espère qu'il s'y
» fera de bonnes affaires. Je n'attendrai que l'honneur
» de vos ordres pour demander au Divan le parti des
» cuirs et des cires (1), qu'il ne me sera pas difficile
» d'obtenir sur le même pied que les Juifs les ont, savoir:
» les cuirs à 40 sols la pièce, tous frais faits, et la cire à
» 21 piastres Sévillanes le quintal, le Gouverneur m'ayant
» dit plusieurs fois qu'il fallait établir un négoce solide,
» et que tout ce qu'il y aurait à faire ici passerait par
» mes mains, pourvu qu'on lui envoyât de France ce
» qu'il pourrait avoir de besoin. Je l'ai assuré que vous
» correspondriez aux honnétetés qu'il nous ferait; il a
» ordonné par tous les ports de la dépendance d'Alger
» que l'on prit bien garde que les bâtiments Français
» qui iraient, ne fussent inquiétés de quelque manière
» que ce puisse être; et ordre aux aghas et autres offi-
» ciers d'y tenir la main et de leur faciliter l'achat et la
» vente des marchandises qu'ils voudront vendre ou
» acheter. Il veut et prétend qu'ils aillent et viennent
» dans les ports de ce Royaume comme en France même.
» Je travaillerai, après la partance de Monsieur le Com-
» missaire (2), a régler les droits et autres *mangeries* (3)

---

(1) Le monopole du commerce des cuirs et de la cire était très
envié, comme étant la source de bénéfices considérables.

(2) M. Guillaume Marcel, commissaire ordinaire de la marine,
envoyé du roi.

(3) Ce mot est souvent employé dans la correspondance de nos
consuls; il s'applique aux exactions des agents algériens, et autres.

» qui se font, étant une affaire d'importance pour le
» soulagement des bâtiments qui vont et viennent. Je
» ne vois pas qu'on leur ait représenté ci-devant, les
» Consuls qui y ont résidé ne s'en étant pas souciés,
» aimant mieux sacrifier l'intérêt public que de se donner
» seulement la peine d'en parler, ne se souciant pas que
» les pauvres négociants se ruinassent, pourvu que
» leurs droits leur fussent payés, et, le plus souvent,
» exigeant des pauvres patrons et marchands plus qu'ils
» ne doivent de consulat (1).

» Le Gouverneur m'a donné à connaître les jours
» passés qu'il était bien porté à soulager les bâtiments
» qui viendront dorénavant dans ce port; ce fût à l'occa-
» sion de deux barques de St. Tropez, patron Villecroze
» et patron Vayramme qui partirent d'ici, après environ
» y avoir demeuré deux mois et demi, et, n'ayant pu
» vendre tout leur chargement entier, qui était de vin,
» pour y en avoir une grande quantité sur le pays, ils se
» mirent à la charge pour le Levant et chargèrent des
» passagers allant à Alexandrie.

» Comme je fus à la maison du Roy pour leur faire
» donner la permission de partir, les douaniers firent le
» compte de ce qu'ils devaient à la douane, ce que on
» faisait payer à dix pour cent, comme il s'est toujours
» payé par ci-devant; je représentai au Gouverneur que
» c'était une chose de la dernière injustice, de faire
» payer en Alger plus qu'aux autres endroits du Levant ni
» de la Barbarie. Il me répondit que ce n'était ni lui ni
» moi qui avions établi cela, et qu'il le trouvait écrit
» dans les livres de la douane depuis longtemps. Je lui
» fis connaître de quelle importance il était que cela fut
» réglé comme dans les autres Échelles; il donna ordre
» devant moi aux douaniers de ne rien faire payer aux-
» dits patrons Villecroze et Vayramme, leur disant que
» c'était la première chose que j'avais disputé avec lui,

---

(1) Droits consulaires.

» et qu'il ne voulait pas qu'il fut dit en France qu'il m'eût
» demandé pour consul pour avoir plus de facilité avec
» un autre qu'avec moi ; je lui représentai en même temps
» que ces gens là avaient fait plus de dépenses qu'ils
» n'avaient vendu de marchandises, et que je le sup-
» pliais de vouloir faire donner ordre que l'on n'exigeat
» pas l'ancrage (1) entier, qui monte à trente piastres Sevil-
» lannes et trente pataques du pays, qui sont de 40 sols.
» Il me dit qu'il ne prenait rien pour la maison du Roy (2) ;
» qu'il ne prétendait pas que les autres prissent rien
» non plus pour l'ancrage. Je les fis partir ensuite sans
» avoir rien payé ; cela me fait connaître que cette affaire
» là se pourra accommoder. Vous devez être persuadés,
» Messieurs, que je m'emploierai de toutes mes forces
» pour la faire réussir ; il est de la dernière importance
» d'avoir un Enfant de Langue (3) pour Truchement, qui
» sache lire et écrire en langue Turquesque. Le Consulat
» d'Alger, de toute la Barbarie, est celui où il y a le plus
» de dépenses et moins de profits, particulièrement pour
» une personne qui veut sacrifier son intérêt pour l'hon-
» neur et la gloire du Roy et le repos public.

» Je vous supplie, Messieurs, de m'honorer de vos
» ordres, à cette fin que je vous puisse faire connaître
» avec quel zèle je les exécuterai. Je commencerai du
» jour de la partance de M. Marcel à dresser des
» mémoires du jour à l'autre de tout ce qui se passera
» en Alger, la bienséance m'ayant empêché jusqu'au-
» jourd'hui d'en prendre les soins, comme étant une
» personne envoyée du Roy. Lequel pourra vous infor-
» mer lui-même de toutes choses ; en attendant l'honneur

---

(1) Droit d'ancrage, destiné à l'entretien du môle.

(2) Droit régalien, qui appartient en propre au Dey.

(3) Par arrêt du Conseil d'État, du 18 novembre 1669, six jeunes
garçons de 9 à 10 ans étaient envoyés à Constantinople, de trois en
trois ans, *pour être instruits en la connaissance des langues par les R. P.
Capucins.* Cette institution avait pour objet de former des drogmans.

» de vos commandements, je suis avec beaucoup de
» respect, etc... »

« Alger, le 20 mars 1690.

» MESSIEURS,

» Il vient d'arriver une petite belandre (1), commandée
» par M. Josmes, laquelle était partie avec M. de Chateau-
» renard de Toulon pour passer en Ponent. Le mauvais
» temps l'ayant séparée, elle n'a osé s'emmariner si
» loin ; elle est venue dans le dessein de vendre des
» marchandises, qui sont un peu d'eau-de-vie, du vin et
» du savon. J'espère qu'il trouvera à la vendre ; il est
« arrivé en même temps une barque Gerbine, qui vient
» de Tunis.

» M. Michel m'écrit qu'il y a environ un mois que la
» peste y est ; il me marque qu'elle fait beaucoup plus
» de dégats à la campagne que dans la ville ; ils se sont
» renfermés dans leur fondouk. Voilà, Messieurs, ce qui
» s'offre à vous dire pour le présent. Je ne manquerai
» pas de vous informer de tout ce qui se passera à
» l'avenir, vous priant de me donner les marques de
» votre bienveillance en m'honorant de vos commande-
» ments que j'exécuterai avec beaucoup de plaisir,
» puisque je suis, etc. »

« Alger, le 19 juillet 1690.

» MESSIEURS,

» J'ai eû l'honneur de vous assurer de mes respects
» par le vaisseau de Caraly qui a passé Monsieur le
» Commissaire en France, et vous ai envoyé un dupli-
» cata par la barque de patron Hyert de la Ciotat, qui est
» parti d'ici le vingt mai ; je suis fort en peine de savoir si

---

(1) *Betandre* ou *Balandre*, bateau de transport à fond plat.

» vous avez reçu mes lettres, ayant eû réponses de toutes
» celles que j'avais écrites par ledit Caraly, hormis des
» vôtres, ce qui me fait douter que vous ne les avez pas
» reçues; cela m'a obligé en partie, Messieurs, d'acheter
» et de l'armer du mieux qui m'a été possible pour servir
» seulement de postillon pour aller d'ici en France et de
» France ici pour informer la Cour, et vous autres,
» Messieurs, de toutes les entreprises que pourraient
» faire les Algériens. J'ai cru ne pouvoir mieux faire
» pour la sûreté du commerce et pour avoir l'honneur
» de recevoir souvent de vos nouvelles, cela étant de la
» dernière importance d'avoir un bâtiment ou deux qui
» ne fassent qu'aller et venir.

» Je vous puis assurer, Messieurs, avec sincérité, que
» je ne désire rien au monde plus que de vous donner
» des marques de mon assiduité au service de notre
» Invincible Monarque, et pour procurer le repos et la
» sûreté aux négociants, en faisant en manière que les
» Algériens soient dans leur devoir. Soyez assurés,
» Messieurs, que si j'ai l'honneur de rester en Alger
» pour Consul, ce ne sera pas sur le pied de ceux qui
» l'ont exercé par ci-devant, lesquels ne fesaient point
» de scrupule de sacrifier les intérêts publics aux leurs,
» ne se souciant pas de ce qui pouvait arriver, pourvu
» qu'ils remplissent leur bourse en tyrannisant tous les
» marchands qui venaient dans cette Échelle. Nous
» vivons avec les Puissances (1) avec beaucoup de tran-
» quillité. Tous les reproches que me fait le Dey ne sont
» autre chose qu'il se plaint que l'on ne lui fait point
» réponse des lettres qu'il a écrites en Cour. Il ne m'est
» pas facile de lui faire entendre les raisons pourquoi
» l'on ne lui a pas écrit. J'espère que, par le retour de
» ma barque, il pourra avoir des réponses. Les vaisseaux

---

(1) Sous le nom de *Puissances*, on désigne, à partir de l'avènement
des Deys, le Conseil d'État composé du Khaznadji, de l'Agha des
Spahis, de l'Oukil-el-Hardj de la Marine, du Beït-el-Mal et du
Khodjet-el-Kheïl.

» d'Alger sont rentrés ; ils ont amené deux grandes flutes
» Hollandaises, chargées de planches, bordages et fers ;
» ils avaient pris un vaisseau Livournois, que les
» Anglais et Hollandais leur ont repris, en voulant
» repasser dans ces mers. Cela n'a pas mal fait les
» affaires des Anglais, qui ont promis de le faire venir
» ou de le payer. J'appuie cette affaire là de toutes mes
» forces auprès des Puissances, et je vois que, si ce
» n'était qu'ils sont obligés d'envoyer leurs vaisseaux
» au service du Grand Seigneur, ils auraient déjà rompu
» avec eux. Je ferai toutes mes diligences pour que cela
» puisse arriver bientôt. Le Dey envoie six chevaux de
» présent au Roy par la barque.

» Je vous supplie, Messieurs, de m'honorer de vos
» ordres que j'exécuterai ponctuellement, et suis etc. »

« En achevant ma lettre, il est entré deux navires qui
» restaient encore en mer, lesquels ont pris douze petits
» lougres Catalans chargés de blé. Ils les ont tous coulés
» à fond, hormis deux qu'ils ont amenés avec eux (1). »

« Alger, le 11 décembre 1690.

» MESSIEURS,

» J'ai reçu celle qui vous plu me faire l'honneur de
» m'écrire du 5 octobre. Celle-ci sera pour vous informer

---

(1) *Lettre de M. Antoine Broglia à MM. Lemaire, Échevins et Députés
du Commerce de Marseille.*

Alger, le 8 septembre 1690.

Messieurs,

Je me suis donné l'honneur de vous écrire et je donnai la lettre à
M. le Commissaire Marcel, et me permis de l'autoriser auprès de
vous autres, Messieurs, pour vous faire savoir mon détestable
malheur que d'être tombé dans l'esclavage et misère de ces perfides
barbares ; ils n'ont aucun égard pour personne ; tout le jour dans le
travail et sous le bâton, tant moi que mes camarades, MM. les
Français et Provençaux, nous sommes comme les âmes du Purga-

» de l'état des affaires d'Alger. Je n'ai pas perdu une
» occasion par laquelle je ne vous aie informé de toutes
» choses; le zèle que j'ai d'avoir l'honneur de vous
» rendre service me fait voir des lumières à pouvoir
» entreprendre tout ce qu'il vous plaira.

» La conjoncture où nous sommes à présent en Alger
» de la peste qui augmente de jour en jour, dont Dieu
» nous veuille garder, fait que je ne vous envoie pas des
» mémoires de tout ce qu'il y aurait à entreprendre pour
» le bien du commerce.

» Il est arrivé, le 4 de ce mois, deux corsaires d'Alger,
» avec un gros vaisseau Génois, de fabrique Hollandaise,
» sortant de Cadix, lequel allait en Portugal, chargé de
» tous les biens du monde.

» Le 8 de ce mois, les vaisseaux d'Alger qui étaient
» allés au service du Grand Seigneur sont arrivés. Le
» Dey de ce Royaume, ayant eû nouvelles que Kara
» Mustapha, Amiral, a tenté de le détroner, il lui envoya
» une barque à bord, armée de six avirons, et huit
» hommes dedans; on le fit embarquer là-dessus, et, en
» même temps, ladite barque déborda de son vaisseau,
» et mit le cap à l'est.

---

toire, en attendant la bonté du Roy et votre assistance pour nous
retirer de ce mauvais lieu, comme espèrent tous les Marseillais. Je
vous prie, Messieurs, de ne me point oublier, étant enfant de Marseille,
que je suis fils de François de Broglia et de Anne de Ventou, fille
de Catherine de Gaspre. Je ne doute point que quelqu'un de mes
parents ou mes amis ne vous ait fait savoir comme j'étais esclave
ici, lieu très méchant; et ce que vous fournirez pour moi, que je ne
serai plutôt hors de cette misère, que vous en serez satisfaits jusques
à un denier du peu de biens que j'ai, encore quoique mon oncle en
voudrait profiter. Mais il n'est pas encore là. Je vois bien qu'il serait
bien aise que je crevasse ici; mais le Bon Dieu sera à mon secours.
J'espère cette grâce de votre bonté, Messieurs, de me retirer d'ici
comme les autres, et suis avec profond respect, Messieurs — votre
très-humble et très-obéissant serviteur.

Signé : Antoine Broglia
(transmise par les soins de R. Lemaire).

» Les uns disent qu'il l'envoya noyer; les autres qu'il
» l'a banni à Bougie; je n'ai pas bien approfondi cela. La
» maison du Roy a pris son vaisseau et tous ses biens.
» Je vous assure, Messieurs, que je ne vous saurais
» exprimer la joie que cela m'a donné, lui étant le plus
» grand ennemi que la France peut avoir; il n'a pas
» dépendu de lui que la paix n'ait pas subsisté, et même
» il est constant que, s'il fût venu à bout de ses inten-
» tions, nous eussions eû une autre rupture. Quoique je
» sois accoutumé aux bourrasques, j'avais toujours
» appréhendé que son arrivée ne causât quelque
» désordre; mais, grâce au ciel, Dieu y a pourvu; il
» nous reste encore ici un fameux ennemi, à qui je
» tends des filets pour lui faire rompre le cou; j'espère
» qu'il ne se passera pas huit jours sans que cela arrive,
» le Dey me l'ayant assuré. Si vous n'avez, Messieurs,
» quelque bonté de m'aider pour pouvoir subvenir aux
» frais que je suis obligé de faire, il m'est impossible de
» plus rester en Alger, ayant 7 ou 800 pauvres Français
» qui ne reçoivent aucun secours humain que de ma
» personne. Depuis que M. Marcel est parti, je n'ai pas
» retiré 200 piastres comptant de consulat de tous les
» patrons des bâtiments Français qui sont venus en
» Alger. Ci, la vérité est telle que je leur ai retourné de
» l'argent au dessus des droits de Consulat qu'ils me
» devaient payer, prenant d'eux des provisions pour
» pouvoir aider et soulager la faim et autres nécessités
» de nos pauvres Français, n'ayant autre refuge ni autre
» secours que de moi. J'espère de vos bontés, Messieurs,
» que vous aurez égard à cela (1); je vous assure avec
» la dernière sincérité que j'ai dépensé plus de mille pias-
» tres depuis la partance de mon dit sieur Marcel, vous
» priant de m'honorer de vos commandements, lesquels

---

(1) On verra cette réclamation bien fondée se reproduire dans
toute la correspondance des Consuls, sans qu'il en soit tenu
compte.

» j'exécuterai avec la dernière ponctualité, puisque je
» suis avec la dernière sincérité, etc. »

« Alger, le 25 janvier 1690.

» MESSIEURS,

» Je profite de l'occasion de cette tartane qui vient
» de Sallé pour vous assurer la continuation de mes
» respects. J'ai eû l'honneur de vous écrire amplement
» par une tartane qui partit d'ici le 26 du mois passé. Je
» vous informais de la manière que les affaires se passent
» en Alger ; il n'est rien survenu depuis qui mérite de
» vous en donner part, sinon qu'une caravelle a pris
» une barque Génoise chargée de blé. Je vous ai marqué
» aussi, Messieurs, qu'il m'est impossible de pouvoir
» plus subsister sans votre aide, ne pouvant subvenir
» aux grandes dépenses que je suis obligé de faire, ayant
» en Alger une si grande quantité de Français, lesquels
» n'ont d'autres secours que celui de ma maison. Depuis
» dix mois que j'ai l'honneur de remplir le Consulat, je
» n'ai pas tiré de quoi leur pouvoir acheter du pain ; de
» plus, qu'il n'est point venu de prises ici, sur lesquelles
» il ne se soit trouvé de Français que j'ai retirés, et
» qu'il m'a fallu nourrir, habiller, et les envoyer en
» France à mes dépens. De plus, j'ai retiré du Beylik (1)
» une bonne partie des honnêtes gens qui y étaient, tant
» pour les exempter de la maladie contagieuse que pour
» les travaux de l'esclavage. J'ai eû l'honneur de vous
» marquer par ma dernière, en réponse de celle que vous
» me fites l'honneur de m'écrire, touchant les affaires
» que je vous avais proposées, mon sentiment la dessus.
» Il est passé dans ces mers une Frégate de Sallé,
» laquelle est venue mouiller l'ancre à un port de la
» dépendance de ce Royaume, nommé Bougie. Je ne
» manquai pas, d'abord que j'en eus les nouvelles, de

---

(1) Il faut lire : *du bagne du Beylik*.

» faire mes plaintes aux Puissances, en leur remontrant
» les conséquences que cela pourrait apporter, s'ils ne
» lui défendaient pas de faire la course sur leurs côtes.
» Le Dey dépêcha sur-le-champ un courrier à l'Aga de
» Bougie, avec un ordre de ne lui permettre de faire des
» vivres et de le faire sortir de là au plus vite, et, en cas
» de refus, de lui tirer dessus. Il sera bon, Messieurs,
» d'avertir les bâtiments marchands de s'en donner
» garde; il n'y a pas d'apparence qu'il retourne à Salé;
» il est armé de cent et vingt hommes, et de quatorze à
» seize pièces de canon.

    » Voilà, Messieurs, ce qui se passe en ces quartiers
» pour le moment.

    » Je suis, etc..... »

                         « Alger, le 13 février 1691.

    » MESSIEURS,

    » J'ai l'honneur de vous écrire par la tartane de
» M. Mignat, qui relacha ici venant de Sallé. Je profite de
» l'occasion de cette barque pour vous informer qu'il
» doit partir dans trois jours d'ici une balandre sous
» l'escorte d'un vaisseau d'Alger, laquelle porte un
» ambassadeur que les Puissances de ce Royaume
» envoient en France. J'ai eû l'honneur de vous marquer,
» Messieurs, que, sans votre secours, il m'était impos-
» sible de subvenir aux grandes dépenses qu'il faut que je
» fasse pour faire honneur à la nation, le consulat n'étant
» pas suffisant pour subvenir à payer seulement le louage
» de ma maison. J'espère, Messieurs, que vous voudrez
» bien avoir égard à cela, et, en cas qu'il vienne un
» Consul, que je ne sois pas obligé de rester à Alger
» endetté; les patrons des barques qui viennent ici vous
» pourront assurer de bouche, Messieurs, ce que j'ai eû
» l'honneur de vous écrire tant de fois; en attendant
» l'honneur de vos commandements,

    » Je suis, etc.... »

« Alger, le 27 août 1691.

» MESSIEURS,

» J'ai reçu celle que vous m'avez fait l'honneur de
» m'écrire avec l'incluse turquesque; après avoir con-
» certé, M. Dusault (1) et moi, nous sommes convenus,
» au lieu de la rendre à son adresse, de la remettre
» entre les mains du Dey; et bien avisés nous avons été;
» c'était une lettre de conspiration contre le Seigneur
» Dey de ce Royaume. Voyez, Messieurs, de quelle
» manière vous nous exposiez, si cette lettre par malheur
» eut été surprise; on ne saurait aller trop droit parmi
» ces maudits barbares. Je me donnerai l'honneur
» d'écrire un mot à Monseigneur l'Ambassadeur de
» Constantinople sur ce sujet par un vaisseau du Grand
» Seigneur, qui est arrivé ici le 15 de ce mois, lequel a
» apporté un Bacha avec un chaoux qui vient pour
» pour chercher la famille de Mezzomorto (2), dont je ne
» sais pas si le Dey permettra l'embarquement. Monsei-
» gneur de Pontchartrain m'a fait l'honneur de m'écrire
» en date du 22 mars qu'il vous avait donné ses ordres
» de me compter 1,500 livres pour le temps que j'avais
» servi, et cent écus que j'avais donné au capitaine d'une
» caravelle d'Alger pour porter un paquet d'avis, laquelle
» somme je vous prie de compter à mon frère, cidevant
» Consul à Tripoli. Un corsaire d'Alger a fait prise d'une
» caravelle Portugaise chargée de blé, allant à Lisbonne
» avec cinquante hommes qui étaient dessus. Le 16 de
» ce mois, il est arrivé une caravelle d'ici avec une
» prise d'un petit vaisseau Portugais venant d'Amster-

____

(1) Denis Dusault, agent principal du Bastion de France; il fut
employé pendant près de quarante ans aux négociations avec les
Barbaresques, et s'en acquitta avec bonheur et habileté; il mourut
en mai 1721.

(2) Mezzomorto, après son départ d'Alger, avait cherché un refuge,
d'abord à Tripoli, puis à Constantinople; il y fut nommé Grand-
Amiral, et se fit remarquer aux batailles de Chio et d'Andros.

» dam pour la Madère, chargé de girofle, poivre, canelle,
» soie et d'autres marchandises de prix.

» Le même jour, une felouque de ce pays est arrivée
» avec une prise d'une tartane d'Iviça, avec huit Chré-
» tiens d'équipage.

» Voilà tous les nouvelles qu'il y a à vous donner pour
» le présent, et suis, etc. »

« Alger, le 30 octobre 1691.

» MESSIEURS,

» Vous apprendrez par le retour de cette tartane la rati-
» fication de la paix par les Puissances de ce Royaume.

» M. Dusault a enfin fini affaire avec eux. J'ai envoyé
» un mémoire à Monseigneur de Pontchartrain de toutes
» les dépenses que j'ai faites, tant pour le bien du service
» que du commerce.

» Je ne doute pas que vous n'ayez eû la bonté de payer
» 1,500 livres que Monseigneur me marque qu'il vous a
» donné ordre de payer et cent écus que j'avais donné au
» capitaine d'une caravelle qui avait porté un paquet
» d'avis.

» Les corsaires d'ici ont pris un petit vaisseau, fabrique
» anglaise, renouvelé à Marseille, à ce que l'on m'a dit,
» lequel avait été pris ci-devant par une barque Trapa-
» naise ; comme l'équipage a abandonné, je n'ai pu savoir
» à qui ce dit vaisseau peut appartenir ; il s'est trouvé
» un pavillon blanc et un autre Espagnol. Je vous prie
» de m'en donner avis.

» Les corsaires d'ici ont amené sept prises, savoir :
» deux vaisseaux Portugais chargés de diverses marchan-
» dises, deux vaisseaux Hollandais, un vaisseau Anglais
» dont on a confisqué les marchandises, pour s'être
» trouvé avec un passeport du Roy Jacques ; l'équipage
» et le dit vaisseau a été relaché. Les galères ont amené
» aussi une barque Génoise chargée de sel ; il arriva
» hier un autre corsaire, lequel a fait une prise d'une

» pinasse Danoise avec environ mille quintaux de fer ; il
» a coulé le bâtiment à fond. Voilà, Messieurs, ce qui se
» passe pour le présent et suis, etc..... »

« Alger, le 15 janvier 1692.

» MESSIEURS,

» La barque qui avait pris une tartane du Martigues
» est arrivée ici le 4 de ce mois ; vous voudrez bien,
» Messieurs, que je vous dise que, pour ne lui avoir
» rendu justice en faisant mettre tout l'équipage en
» galère, elle a fait une autre sottise ; elle a fait prendre
» une petite tartane Génoise, qu'elle a amenée ici char-
» gée de citrons et d'oranges. Tous les gens se sont
» sauvés à terre ; il n'est resté qu'une femme de Monaco,
» que je fus prendre à l'arrivée de la dite barque, aupa-
» ravant qu'elle eut mouillé. Je me suis fait rendre ladite
» tartane ; j'ai fait châtier tous les officiers et particu-
» lièrement le capitaine, qui a eu 700 coups de baton et
» ensuite mis aux fers et envoyé au Beylik avec les autres
» esclaves. Le 4 de ce mois, il est arrivé ici un petit
» vaisseau Anglais venant de Londres et chargé de
» cables et autres cordages et quantité de draps. Le
» vaisseau qui porte la présente est un vaisseau Anglais,
» chargé de morue, pris par une Frégate de St Malo,
» laquelle a été obligé de relâcher ici, y ayant quatre
» jours que l'équipage était réduit à un verre d'eau. Je
» leur ai donné, Messieurs, tout ce qu'ils avaient de besoin.
» Il arriva avant-hier au soir un corsaire d'ici, lequel
» rencontra un vaisseau Anglais avec deux pavillons,
» un Livournais et l'autre Anglais ; comme il eut connu
» que c'était un Algérien, il se servit de son pavillon et
» jeta le passeport de Livourne à la mer. Cela n'empêcha
» pas le corsaire de le faire de bonne prise ; comme ils
» fesaient route pour Alger, ils furent rencontrés par
» quatre vaisseaux, qui, avec pavillon Anglais, étaient

» au vent d'eux, lesquels leur donnèrent chasse ; ledit
» Algérien mit pavillon Hollandais ; comme ces quatre
» vaisseaux l'approchaient, il fut obligé de couper sa
» prise, qu'ils reprirent ; un d'eux étant bon voilier, il lui
» vient à la portée de son canon, et l'Algérien ayant mis
» son pavillon d'Alger, il amena le pavillon Anglais, mit
» une flamme blanche au grand mat, pavillon blanc
» d'arrière et d'avant, et commença à tirer dessus. Ledit
» Algérien fit force de voiles pour fuir ce vaisseau,
» dont le canon l'incommodait beaucoup ; il lui donna
» chasse un jour et deux nuits.

» Il arriva hier au soir un vaisseau corsaire, qui dit
» avoir rencontré un vaisseau Français au détroit,
» chargé de blé, qui lui a dit avoir rencontré ladite prise,
» que les autres vaisseaux avaient relâchée ; il se plaint
» fort de ce qu'un vaisseau Français lui a tiré quelques
» coups de canons, et qu'il lui a fort incommodé.

» Il me semble, Messieurs, qu'il serait bon que, quand
» on rencontrera des vaisseaux de ce pays, de ne les
» point insulter que le moins qu'on pourra. Ce sont des
» affaires qui nous obligent à des discussions avec les
» Puissances, mélées toujours de chagrin.

» Il vient d'arriver deux vaisseaux corsaires de ce
» pays, lesquels ont fait prise de deux vaisseaux Hollan-
» dais, l'un desquels ils ont coulé à fond, après lui
» avoir ôté tout ce qu'il pouvait avoir de bon, et l'autre,
» ils l'ont amené ici, chargé de fers, draps et morues.

» Je viens d'avoir un grand procès avec le Dey au sujet
» d'un vaisseau qui est arrivé cette nuit, lequel a trouvé
» un Français qui l'a aussi maltraité. Je vous prie
» d'écrire fortement en Cour pour que l'on donne des
» ordres aux capitaines des vaisseaux du Roy et autres
» armateurs particuliers qu'ils n'insultent en aucune
» manière ces gens ici ; autrement je ne peux pas
» répondre des événements qui en pourraient arriver, et
» suis, etc. »

« Alger, le 20 mai 1692.

» Messieurs,

» J'ai eû l'honneur de vous informer par les vaisseaux
» du Roy l'Aquilon et l'Arc-en-Ciel en date du 23 mars
» de tout ce qui se passait à Alger; depuis la partance
» desdits vaisseaux, il est arrivé une barque venant de
» Marseille commandée par patron Jean Daniel, de Cassis,
» laquelle était chargée d'un peu de vin et de l'eau-de-
» vie et de 150 quintaux de soufre en baton, qui ont été
» chargés à Marseille, comme il appert par la police de
» Lion Caracauza, marchand Juif, résidant audit Mar-
» seille, pour le compte de Philipert et Alexandre Lion,
» aussi marchands Juifs résidans à Alger; comme ce sont
» des marchandises prohibées, je les ai laissé débarquer
» sans rien dire; mon dessein était de les confisquer.
» Comme toutes les marchandises passent à la maison
» du Roy, les Puissances se sont emparées dudit soufre,
» et ça été autant de perdu pour lesdits Juifs; il vaut à
» présent ici 40 à 45 fr. le quintal. La conjoncture des
» temps où nous sommes ne permet pas d'en venir à de
» grandes explications ni de se gendarmer avec lesdites
» Puissances, prévoyant que, si je disputais cette affaire
» pour m'en faire rendre le montant, je n'aurais rien pu
» avancer, et cela même aurait pu causer qnelque froi-
» deur dans l'esprit de ces pirates. J'ai appris qu'il s'en
» chargeait de grandes quantités à Marseille, et même
» fort publiquement, pour ces côtes de Barbarie. Je vous
» prie, Messieurs, de m'informer si, quand il en viendra
» ici, je les puis confisquer; il est arrivé le 14 de ce mois
» un petit vaisseau Français, venant de Constantinople,
» commandé par Etienne Fougasse, qui a apporté un
» Pacha pour Alger, lequel a touché à Tripoli; sans ledit
» Pacha, ledit vaisseau aurait été arrêté dans le port;
» ledit capitaine a eû toutes les peines du monde de
» pouvoir avoir la permission de parler à mon frère,
» lequel ne lui put donner ni lettres, ni même lui dire de

» bouche la moindre chose touchant les affaires du pays.

» La perte de deux vaisseaux, Messieurs, dans ces
» deux dernières guerres, et plus de 40,000 fr. d'effets,
» cinq années d'esclavage, trois fois la peste et deux fois
» la bouche du canon que j'ai essuyés dans ce maudit
» pays, joint l'exemple de mon frère à Tripoli (1), devrait
» être suffisant pour vous prier, Messieurs, de vouloir
» faire trouver bon à Monseigneur de Pontchartrain que
» je me retirasse, quoique je me ferai toujours gloire de
» sacrifier ma vie pour notre Invincible Monarque.

» Je vous prie, Messieurs, de vouloir bien payer à mon
» frère Claude qui est à Marseille, les appointements que
» Sa Majesté a eû la bonté de m'accorder du temps qu'il
» y a que j'ai rempli ce poste, afin que je me puisse
» dégager des grandes dépenses que j'ai été obligé de
» faire pour le bien du service ; vous priant de m'honorer
» de vos commandements, je suis, etc. »

« Alger, le 13 août 1692.

» MESSIEURS,

» Nous avons eû nouvelles des heureuses conquêtes
» remportées par notre Invincible Monarque par une
» tartane que M. Levasseur a expédiée le 30 juillet avec
» un paquet de la Cour pour M. Dusault. Elle passa en
» deux jours et demi.

» Monseigneur de Pontchartrain nous donne ses ordres
» pour faire des réjouissances ; après avoir fait chanter
» le Te Deum, nous les avons faites autant que le pays
» où nous sommes peut le permettre.

» Le Consul-Anglais, lequel a une tartane qui ne fait
» autre trafic que d'aller et venir de Livourne ici pour y
» apporter de fausses gazettes et des impostures, qui ne
» servent qu'à se faire moquer de lui, a bonne intention

---

(1) Son frère venait d'être incarcéré à Tripoli, et était mourant des
souffrances subies.

» de nous nuire, s'il pouvait. Je ne m'attache à autre
» chose, Messieurs, qu'à examiner tous les mouvements
» qu'il fait; il est, grâce au Seigneur, hors d'état de nous
» donner le moindre chagrin. A l'arrivée de sa tartane,
» qui fut le 4 du mois passé, il débita la plus imperti-
» nente nouvelle que l'on puisse jamais inventer (1),
» disant que l'armée navale d'Angleterre et celle de
» Hollande, ayant rencontré celle du Roy dans la Manche,
» l'a fait entièrement périr, à la réserve d'un vaisseau
» qu'ils n'avaient pas voulu prendre, afin qu'il en portât
» les nouvelles; il fit plusieurs présents pour marque
» de réjouissance de cette nouvelle, qui ne lui servit du
» tout en rien; ceux à qui il l'avait donnée, me disaient
» eux mêmes qu'il fallait que la cervelle lui eut tourné,
» de mettre en lumière des choses qu'il était impossible
» qu'elles puissent être; ils ont eû un tel chagrin d'ap-
» prendre la prise de Namur à la barbe du prince
» d'Orange, sans avoir osé faire le moindre mouvement,
» et l'action énergique de M. de Tourville dans la Manche,
» que j'appuie, comme vous ne devez pas douter. Il se
» retira dans son jardin, sans montrer le nez, depuis
» l'arrivée de notre tartane; il partit deux jours après
» avec la Nation (2) Anglaise, pour aller au-devant du
» Dey, qui revenait de la guerre que les Puissances
» avaient avec le Roy du Maroc (3). Croyant de le trouver

---

(1) La nouvelle était malheureusement vraie, quoique fort exagérée
par nos ennemis, qui cherchaient à tirer parti de ce désastre pour
faire croire aux Puissances que la France était entièrement désarmée
sur mer; il s'agit de la bataille de La Hogue, où Tourville perdit
douze vaisseaux, après avoir soutenu le combat avec quarante-quatre
navires contre quatre-vingt-dix-neuf anglais et hollandais.

(2) *Nation*, c'est-à-dire les résidents de la nation.

(3) Muley-Ismaïl avait envahi le territoire de la Régence, à la tête
d'une armée de vingt-cinq mille hommes environ. En 1692, Chaban
marcha à sa rencontre, le fit reculer, et l'atteignit près de la Mou-
louïa, où il lui infligea une défaite sanglante; il le poursuivit, l'épée
aux reins, jusque sous les murs de Fez, où le vaincu fit sa soumission
la plus complète.

» avant nous, il envoya avant partir s'informer de moi
» dessous main si nous n'irions pas aussi au-devant.
» Je lui fis réponse que nous avions une tartane du Roy
» à dépêcher èt qu'il nous était impossible d'y aller.
» Nous partimes cependant deux jours après, et les
» devançâmes de cinq heures, sans les avoir trouvés,
» ayant marché jour et nuit. Sitôt que nous fûmes au
» proche du Dey, lequel était en marche au milieu de
» toute sa cavalerie, y ayant sept grands étendards aux
» côtés de lui, il fit faire halte; nous descendimes aussi-
» tôt de cheval et lui fûmes faire compliments; il nous
» reçut avec mille témoignages d'amitié, nous dit ensuite
» de remonter et de le suivre; nous marchâmes côte à
» côte avec lui, M. Dusault et moi, en discourant
» ensemble de plusieurs choses; entre autres, nous lui
» débitâmes de bonnes nouvelles que nous avions de
» France, desquelles il témoigna être bien aise.

» L'on ne sait pas les conditions avec lesquelles les
» Puissances et le Roy de Maroc ont fait la paix; il doit
» arriver dans quelques jours un de ses fils. Les
» corsaires ont pris cinq vaisseaux Portugais depuis le
» 5 avril jusqu'à cette heure, l'un desquels était chargé
» de blé et les autres de vin, planches, fers et quelques
» balles de cacao. Voilà, Messieurs, ce qui se passe pour
» le présent, vous priant de m'honorer de vos comman-
» dements, et suis, etc. »

« Alger, le 3 octobre 1692.

» MESSIEURS,

» J'ai eû l'honneur de vous écrire par la barque du
» patron Montolieu en date du 14 août, par laquelle je
» vous marquais que je ne vous envoyais point l'enre-
» gistration des arrêts du Conseil d'État, non plus que
» de ceux de Monseigneur l'Intendant, comme aussi le
» certificat de la publication, et que je vous l'enverrai
» par le vaisseau L'Eclair.

» Il y a un an que j'écris en Provence pour avoir un
» Chancelier ; ce poste est tellement cauteleux (1) que
» personne n'ose se hasarder d'y venir ; mon frère a fait
» toutes les diligences possibles auprès de M. Ficher
» pour m'envoyer son fils, qui est arrivé ici depuis deux
» jours ; je l'ai mis en possession de la Chancellerie de
» ce Consulat ; je tiendrai la main, Messieurs, comme
» j'ai déjà eû l'honneur de vous marquer par ma dernière,
» qu'il n'exige aucun droit que ceux qui sont portés par
» l'ordonnance de Sa Majesté du 15 juin.

» Comme nous avons cinquante procès à décider tous
» les jours avec les Puissances de ce Royaume par
» l'évasion qui se fait journellement des Chrétiens à
» bord du vaisseau de guerre, et le peu de temps qu'il y
» a que mon Chancelier est arrivé, fait que je n'ai pas le
» temps de vous envoyer les copies des enregistrations
» des arrêts du Conseil d'État, non plus que ceux de
» Monseigneur l'Intendant ; je le ferai par une autre
» occasion.

» M. Dusault passe en France sur le vaisseau L'Eclair
» pour aller lui-même chercher une vingtaine de Turcs
» qu'on est obligé de rendre à cette République ; si vous
» saviez, Messieurs, le schisme qu'a causé ce vaisseau
» en arrivant ici auprès des Puissances, en n'amenant
» que huit Turcs, que je fus prendre à bord, et les menai
» à la maison du Roy de l'ordre de Monsieur Dusault ;
» ils n'y furent pas plutôt entrés, qu'ils présentèrent de
» grands mémoires au Dey. Le Divan étant assemblé,
» avec une grande quantité de lettres des Turcs de cette
» milice, qui se trouvent encore sur les galères du Roy,
» les Puissances me dirent qu'apparemment on se
» moquait d'eux, que on leur apportait huit Turcs pour
» voler trente Chrétiens ; comme la vérité est telle, qu'il
» s'en sauve beaucoup et que la plupart se noient. J'ai

---

(1) Ce mot est pris ici dans le sens inusité de : — qui exige de la
cautèle.

» à tous les moments du jour, depuis l'arrivée dudit
» vaisseau, des procès à démêler des patrons des esclaves
» qui fuient.

» Je vous informe par celle-ci de ce qui s'est passé
» ici depuis la dernière que je me donnai l'honneur de
» vous écrire; ces corsaires ont fait des prises considé-
» rables; sur les Génois, entre autres, ils ont pris un
» vaisseau nommé le Fin, sur lequel il s'est trouvé un
» Savoyard et un Français que j'ai réclamés et retirés
» comme passagers; ils ont pris aussi un petit vaisseau
» Anglais sans passeport, sortant de Tetouan, chargé de
» cuirs et cire pour l'Espagne. Le Consul Anglais le
» réclama à l'arrivée du corsaire qui l'avait pris. Les
» Puissances lui accordèrent avec toutes toutes les peines
» du monde le corps du batiment et son équipage, et
» firent de bonne prise les marchandises; il se trouva
» un Français, marié en Espagne depuis plusieurs
» années, passager sur ledit vaisseau; quelque instance
» que fit le Consul Anglais pour le ravoir, on ne le lui
» voulut accorder; je fus le réclamer, et on me le rendit.

» Le 1er juillet, un corsaire de cette République fit prise
» d'un vaisseau Portugais, chargé de blé, avec 23 Portu-
» gais dedans, et quatre Français, l'un desquels était gen-
» tilhomme de Bretagne, passager, lequel je fus réclamer
» et je l'obtins sur le champ. Il avait chargé au Port
» Louis pour Marseille. Comme le corsaire le rencontra
» de nuit, il lui parla en hollandais; eux, ayant deux
» pavillons et deux passeports, l'un français et l'autre
» portugais, et croyant effectivement que le vaisseau qui
» lui parlait était Hollandais, ils jetèrent le passeport et
» le pavillon Français à la mer. Ayant été amené dans
» ce port de la sorte, je me suis trouvé hors d'état de
» pouvoir réclamer ledit vaisseau, non plus que son équi-
» page.

» Un des 44 enfants mâles du Roy du Maroc est venu
» à l'audience pour témoigner à ce Divan la joie que son
» père avait d'avoir fait la paix avec Chaban Dey, et qu'il

» l'avait envoyé pour la confirmer; on le reçut fort hono-
» rablement.

» Le 25 août dernier, jour de la Pâque des Turcs, il
» arriva une révolution, où les Turcs firent main basse
» sur les Maures et en tuèrent environ 400. Le Dey était
» dehors pour lors avec le Pacha et tout le Divan; le
» tumulte cessa à leur entrée en ville (1).

» J'aurai l'honneur de vous informer, Messieurs, de
» tout ce qui se passera en ces quartiers, vous priant de
» m'honorer de vos commandements, et suis, etc. »

« Alger, le 6 novembre 1692.

» MESSIEURS,

» Je profite de la commodité de la tartane du patron
» Balthazar Feraud, du Martigues, pour vous informer
» de ce qui s'est passé à Alger depuis la partance de
» M. Dusault. J'ai cru nécessaire, tant pour le bien du
» service que pour le bien du commerce, d'envoyer ladite
» tartane en droiture à Toulon, quoique son voyage est
» pour Livourne, pour informer Monseigneur de Pont-
» chartrain de toutes choses. Je vous fais passer des
» nouvelles, Messieurs, en peu de paroles. Le 23 du mois
» passé, il est arrivé ici un vaisseau marchand Tripo-
» litain, avec un Boulouk-Bachi, que les Puissances de
» Tripoli ont envoyé auprès du Dey d'Alger, lequel a
» apporté des présents assez considérables. Comme il
» est intime ami de mes frères, il m'est venu voir le jour
» qu'il est arrivé. Je lui ai rendu ensuite plusieurs visites,
» pour voir d'approfondir le sujet de mon voyage.

» Il m'a toujours dit qu'il avait la bouche fermée, et
» qu'il ne pouvait rien dire, que je pouvais apprendre
» toutes choses de la bouche du Dey.

---

(1) Le massacre des Berranis eut lieu le jour de l'Aït-el-Kebir
(12 Doul-Hadja 1104), à la suite d'un violent incendie, qui détruisit
beaucoup de vaisseaux dans le port d'Alger, et que la population
attribua aux Kabyles.

» Je pris l'occasion qu'il s'en allait seul à son jardin,
» là où je l'accompagnai ; après plusieurs discours, je le
» fis tomber sur les affaires de Tripoli, le priant de me
» vouloir donner quelques nouvelles. Il me dit en confi-
» dence que lesdits Tripolains lui avaient envoyé ce
» navire pour le prier de lui accorder sa protection
» contre Mamet Bey de Tunis, qui avait ravagé tout leur
» pays, du temps qu'il était en guerre avec le Roy de
» Maroc.

» Il leur a promis de sortir au printemps (1) avec
» 300 tentes pour aller détroner ledit Mamet Bey. Il fit
» partir hier au matin quatre Ya Bachys pour lui aller
» faire une querelle d'Allemand ; les Tripolains se pro-
» mettent de sortir 200 tentes, à ce qu'il me dit ; je lui
» fis connaître que, tant qu'ils auraient la guerre avec
» l'Empereur de France, ils étaient hors d'état de rien
» entreprendre par terre ; qu'ils devaient s'attendre que
» cet été on irait achever de les mettre en poussière, et
» qu'il ne dépendait que de lui de leur procurer la paix.

» Il me pria d'écrire à Monseigneur de Pontchartrain
» pour savoir les intentions de Sa Majesté et les condi-
» tions avec lesquelles l'on pourrait finir cette affaire ;
» qu'il se faisait fort que les Tripolains approuveraient
» ce qu'il ferait.

» Tous ces Corsaires sont dehors depuis deux mois, il
» n'en paraît encore aucun. Voilà, Messieurs, tout ce
» qu'il s'offre pour le présent à vous dire. Je vous informe-
» rai exactement de tout ce qui se passera, et suis, etc. »

« Alger, le 18 juin 1693.

» MESSIEURS,

» Je me suis donné l'honneur de vous écrire plusieurs
» fois sans avoir reçu aucune réponse, ce qui me fait

---

(1) M. Lemaire se montre là fort bien informé, comme on le verra
par la suite.

» croire que mes lettres ne vous sont pas parve-
» nues.

» J'ai eû l'honneur, Messieurs, de vous marquer l'arri-
» vée de mon frère en cette ville, le 13 de ce mois d'avril,
» sur une caravelle de Tripoli, que l'on a armée exprès,
» pour l'amener ici avec ses deux Vice-Consuls, de
» Lane et Bengazy, et deux de ses domestiques. Le
» lendemain de son arrivée, le Dey lui envoya dire de
» l'aller trouver chez lui, où je l'accompagnai pour lui
» rendre compte de la manière que tout s'était passé
» touchant la rupture; après une heure et demie d'au-
» dience, le Dey lui dit qu'il fallait qu'il retournât audit
» Tripoli pour travailler à rétablir une bonne paix (1); que,
» pour ces gens qui étaient venus avec lui, il pouvait les
» envoyer en France. Il nous dit qu'il écrirait aux Puis-
» sances de Tripoli de le rétablir dans sa maison, de la
» même manière qu'il était dans le temps qu'ils ont
» rompu, soit que les affaires se terminassent ou non; et
» qu'il ne convenait nullement, tant pour Alger que
» Tripoli, de violer la bonne foi, de la manière que Mezzo-
» morto avait commencé de le faire; que s'il continuait
» à suivre ses traces, il ne se trouverait aucun Français
» qui voulut rester pour Consul dans cette Échelle.

» Le Boulouk Bachy qui accompagna mon dit frère
» ici, avait ordre desdites Puissances de Tripoli de
» de suivre de point en point ce que Chaban-Dey lui
» prescrivait; son dessein était de passer en France,
» avec la même Caravelle qui l'avait apporté, pour
» demander la paix au Roy. Monsieur Dusault trouva
» qu'il convenait mieux pour le bien du service d'aller
» lui-même audit Tripoli, pour conclure là les affaires.
» Le Dey lui avait proposé de passer sur le vaisseau

____

(1) Le Bey de Tripoli avait fait des excuses à M. Dusault, et mis
les captifs français en liberté, avouant qu'il avait été poussé aux
violences commises, par les Anglais et les Hollandais. (V. la *Gazette
de France*, 1693, p. 115).

» Tripolin, avec des lettres qui lui donnait, ce qu'il ne
» jugea pas à propos. Il obtint un vaisseau de cette
» République pour le porter, en payant l'armement. Il
» est parti d'ici le 4 du mois passé, et a embarqué mon
» frère et ses gens avec lui; il y a toutes les apparences
» du monde, Messieurs, que les affaires se finiront à
» l'amiable.

» Ledit Boulouk Bachy qui est venu de Tripoli, a voulu
» entrer un peu trop avant en discussion avec Chaban-
» Dey, touchant les affaires de la paix; il vint même
» jusqu'à lui dire qu'il était un des principaux chefs de
» ce gouvernement, qu'il ne désespérait point de se voir
» un jour sur le trône; on le fit arrêter et mettre en lieu
» de sûreté. Je demandai au Dey avant-hier, venant de
» son jardin avec lui, pourquoi il ne l'avait pas laissé
» embarquer, et ce qu'il en avait fait. Il me répondit qu'il
» l'avait envoyé en ambassade à Maroc; depuis le jour
» qu'il a été arrêté, on ne l'a vu, ni entendu parler de lui.

» Monseigneur de Pontchartrain me recommande de
» contribuer en tout ce qui dépendra de moi pour l'exécu-
» tion de la paix avec les Tripolins; pour peu que
» Monsieur Dusault m'ait voulu rendre justice auprès
» de sa Grandeur, il l'aura informé de la manière que
» j'avais négocié cette affaire avec le Dey d'Alger; un
» autre que moi pourrait s'être endossé cet honneur.
» Je trouve qu'il me suffit de remplir mon devoir dans
» les formes, et de procurer le repos aux sujets de Sa
» Majesté; l'honneur de le faire sera suffisant pour m'en
» récompenser, sans que je m'en donne aucune vanité.

» J'ai informé ces Puissances qu'il était passé un
» Envoyé de France à Maroc. Discourant avec le Dey, lui
» et moi, touchant les affaires de la paix avec les Maro-
» cains, il me dit que le Roy du Maroc était un homme
» fort brusque et de peu d'entendement; qu'au cas qu'il
» ne conclut rien avec l'envoyé de Sa Majesté, qu'il se
» faisait fort, qu'en lui écrivant une lettre, les affaires se
» termineraient à l'amiable.

» J'en écris à Monseigneur de Pontchartrain pour me
» donner ses ordres là-dessus. Je crois qu'il sera aussi
» facile audit Dey de le faire, comme il lui a été de faire
» sortir mon frère de ses fers, le rétablir dans sa maison,
» et de plus le faire venir ici. J'ai retiré deux Français
» d'une barque qui avait fait naufrage au port Stora, que
» les Maures avaient déportés à la montagne ; le Dey m'a
» fait payer 200 piastres, tant pour les racheter des mains
» desdits Maures, que pour les autres dépenses. Je lui
» représentai, Messieurs, que, quand quelqu'un de leurs
» batiments fesait naufrage sur les côtes de France, qu'il
» se sauvait de leurs gens, outre leur liberté et le bon
» traitement qu'on leur fesait, on les renvoyait aux
» dépens du Roy. Il me répondit que l'endroit où ils
» avaient fait naufrage était indépendant d'Alger (1), qu'il
» n'était pas juste qu'il supportât cette dépense ; qu'il
» croyait m'avoir obligé en envoyant quatre spahis dans
» la montagne pour les chercher. Je suis, etc. »

———

« Alger, le 26 juillet 1693.

» MESSIEURS,

» J'ai eû l'honneur de vous informer de tout ce qui se
» passait à Alger, par deux tartanes parties d'ici le 19 juin
» dernier.

» M. le Chevalier Mongon est arrivé hier en cette rade
» pour voir, à ce qu'il m'a dit, de la manière que les Algé-
» riens se comportaient ; ils se tiennent autant dans leur
» devoir comme on le peut espérer. Comme le navire va
» en croisière, et qu'il se trouve une tartane ici qui doit
» passer en France, j'aurai l'honneur, Messieurs, de
» vous rendre compte par icelle de tout ce qui se passe
» ici. J'ai fait embarquer sur ledit vaisseau quatorze
» esclaves Français que Monsieur Dusault avait envoyé

———

(1) Cette réponse de Chaban confirme les allégations des voyageurs,
qui nous représentent presque toute la Kabylie comme indépendante.

» de Tripoli. Ci-joint est l'état de la dépense qu'ils ont
» faite depuis le jour de leur arrivée ici jusques aujour-
» d'hui, se montrant à 217 livres, que vous aurez la bonté
» de compter à mon frère de Marseille. Je suis, etc. »

« Alger, le 15 février 1694.

» MESSIEURS,

» J'ai vu par une lettre que mon frère m'a écrit comme
» vous aviez refusé de lui payer mes appointements, à
» cause que je ne vous rendais pas compte des consulats
» que j'ai reçus depuis que j'ai l'honneur de remplir ce
» poste.

» J'espérais de vous, Messieurs, comme je l'espère
» encore, que vous auriez égard aux excessives dépenses
» que je suis obligé de faire pour contrebalancer la pro-
» fusion des ennemis de la France qui répandent de
» toutes mains.

» J'ai déjà eû l'honneur de vous marquer qu'un autre
» que moi pourrait vivre et faire ses affaires avec 6,000 l.,
» mais non pas celles du Roy ni les vôtres.

» Vous avez vu les fâcheuses suites qui sont arrivées
» à mon prédécesseur, pour s'être voulu attacher à ses
» seuls intérêts, qu'il préférait au bien du service (1).

» Pour moi, je ne sais ce que c'est que la menus-
» serie (2) ; si la fortune m'avait donné des biens, je les
» dépenserai avec beaucoup de plaisir pour le service
» du Roy.

» Mon frère vous produira les comptes que je lui
» envoie, tant desdits consulats que des dépenses que
» je fais, par lesquels vous verrez, Messieurs, le profit
» qui m'en revient. Je ne doute pas que, si vous voulez
» avoir la bonté d'examiner avec un peu d'attention

---

(1) On ne sait s'il fait allusion à Piolle ou à Mercadier, qui s'étaient
tous deux plus occupés de leurs affaires privées que du bien public.

(2) *Menusserie*, pris dans le sens de *minutie, petitesse.*

» toutes choses, vous n'ayez les égards que j'espère de
» votre justice.

» Tous ces Corsaires sont dehors depuis environ vingt
» jours. Ils ont fait prise de deux vaisseaux Anglais sans
» passeport, un chargé de planches, qui est arrivé ici il
» y a cinq jours, l'autre chargé de blé, lequel n'a pas
» encore paru. Ils en ont aussi coulé un à fond en l'abor-
» dant. Un de ces Corsaires est arrivé ici depuis trois
» jours avec une prise d'une Frégate Hollandaise qui
» portait le paquet à la flotte d'Espagne, avec trente
» hommes d'équipage, parmi lesquels il y avait quatre
» Français refugiés, que je fus réclamer; mais, comme
» ils étaient à la solde (1), je ne les pus obtenir. Je
» suis, etc. »

———

« Alger, le 30 avril 1694.

» Messieurs,

» J'ai reçu celles que vous m'avez fait l'honneur de
» m'écrire, du 18 décembre 1693 et 8 mars dernier, avec
» le verbal fait au sujet du petit vaisseau Anglais repris
» sur les Algériens par un valsseau Malouin, lequel ne
» m'est parvenu que depuis huit jours.

» Il faut, Messieurs, que je vous dise, à la vérité, que
» ce me sont de rudes fusées à démêler; ces Puissances
» n'entendent pas d'autres raisons que celles qui leur
» tournent à compte, et, pour cet effet, ils m'ont suscité
» une avanie qui n'est pas de peu d'importance, dont j'en
» informe la Cour.

» Ils m'accusent de ne faire les diligences que je dois
» au sujet de ce qui les regarde. Ils m'ont même menacé
» de me faire embarquer et de demander un autre Consul
» à ma place, ce que je crois qu'ils font. Ils ne me feront

———

(1) Les marins inscrits à la solde d'un navire devenaient, aux yeux
des Algériens, de bonne prise, si ce navire appartenait à une nation
ennemie.

» pas un grand déplaisir, puisque je ne peux plus
» subvenir, m'étant épuisé comme j'ai fait pour contre-
» balancer les profusions de nos ennemis, qui répandent
» de toutes mains, ayant de bons fonds pour cela, ce qui
» fait qu'ils se maintiennent toujours au vent de nous
» dans ces lieux.

» Le sieur Amphoux est arrivé ici le 7 de ce mois,
» lequel me remit votre lettre, avec une copie de son
» brevet. Je le mis aussitôt en possession de la Chan-
» cellerie; je ne doute nullement de sa probité; des
» personnes comme vous, Messieurs, ne sont pas capa-
» bles de faire des méchants choix.

» Je le fais jouir, comme vous me marquez, de tous les
» droits qui sont attribués à sa charge, et lui donnerai
» toutes les lumières nécessaires pour la bien remplir.

» Je ne doute pas, Messieurs, que vous ne m'ayez
» rendu justice touchant les comptes des dépenses que
» j'ai été obligé de faire depuis que j'ai l'honneur de
» remplir ce Consulat, et je vous prie, Messieurs, d'être
» persuadés que ce que j'en ai fait, ce n'a été que pour
» empêcher nos ennemis de venir à bout de leurs entre-
» prises, à quoi j'ai, grâce à Dieu, toujours bien réussi
» jusqu'à présent.

» La nation est fort tranquille en cette Échelle; il n'y a
» que moi qui sois chagriné par ces gens, lorsqu'il arrive
» quelques contraventions, qui ne sont pas peu fré-
» quentes.

» J'aurai l'honneur de vous informer exactement de
» tout ce qui se passera en ces quartiers.

» Je suis, etc. »

« Alger, le 8 juillet 1694.

» Messieurs,

» Depuis la dernière que j'ai eû l'honneur de vous
» écrire, les Corsaires ont fait deux contraventions
» formelles au traité de paix.

» La première est que deux vaisseaux de cette ville
» ont pris une barque de Savone, avec huit personnes
» d'équipage à une lieue au large du cap de Nagay; elle
» était chargée de riz, chanvre et autres marchandises
» pour Marseille. Je la fus réclamer à son arrivée, repré-
» sentant au Divan l'article de paix qui marque qu'ils ne
» pourront faire la course, que dix lieues au large de la
» côte de France.

» La personne qui gouverne à la place du Dey (1), m'a
» dit qu'on lui en donnerait avis, et qu'il ne pouvait rien
» faire sans ses ordres; que cependant il mettrait les
» marchandises en dépôt, aussi bien que l'équipage,
» jusqu'à ce qu'on eût répondu du camp (2).

» Il n'a pas laissé, nonobstant la parole qu'il m'avait
» donnée, de faire vendre l'équipage et les marchandises
» de ladite barque; quand je lui en ai fait mes plaintes,
» il m'a dit qu'il serait toujours à temps de rendre le
» montant de ladite prise.

» La seconde est, Messieurs, qu'un brigantin de cette
» ville, ayant eû rencontre d'un bateau mené par quatre
» Catalans, chargé de soldats Français malades et blessés
» que l'on avait embarqués à Palefregère, pour les porter
» à l'hopital de Roze, il l'a abordé après leur avoir tiré
» quelques coups de mousquets, et, de 62 personnes qu'il
» y avait dessus, suivant la relation que l'on m'en a fait,
» ils en ont pris 32, et ils ont laissé les plus malades
» dans ledit bateau; l'on ne sait pas ce qu'il sera devenu,
» attendu qu'ils n'y ont laissé aucune personne capable
» de les pouvoir mener.

» De ceux qu'ils ont amenés ici, il en est mort sept, et
» les 25 autres, je les ai fait mettre à l'hopital pour les
» faire traiter, en attendant l'ordre du Dey pour les
» relaxer.

---

(1) Chaban-Dey, parti en guerre contre Tunis, avait laissé le
gouvernement au Khaznadji.

(2) L'armée turque était campée, partie près de Tunis, partie près
de Constantine, qui venait de se révolter.

» J'ai fait tenir à ce sujet un Divan général, où tout le
» reste de la milice s'est trouvé, à qui j'ai demandé justice
» de ses infractions.

» Ils m'ont répondu tous en corps, que j'eusse un peu
» de patience, qu'ils allaient dépêcher un courrier au
» Dey, et lui donner avis de ce qui s'était passé ; que
» leurs intentions étaient, tant grands que petits, de
» maintenir une bonne paix ; que l'on me rendrait justice
» d'une manière dont l'Empereur de France aurait lieu
» d'être content.

» Cela ne doit nullement interrompre le commerce. Il
» n'y a rien à appréhender du côté de ces corsaires. Je
» suis, etc. »

———

« Alger, le 24 décembre 1694.

» Messieurs,

» Je vois par celle que vous m'avez fait l'honneur de
» m'écrire du 10 novembre dernier, que vous avez reçu
» les miennes du 8 et 20 juillet. J'ai vu l'arrêt du Conseil
» du 8 septembre, par lequel Sa Majesté prétend de faire
» lever les droits de tonnelage dans cette Échelle d'Alger,
» comme à celles du Levant aux batiments qui y viennent,
» soit Français ou Étrangers.

» J'ai déjà eû l'honneur de vous expliquer par diffé-
» rentes lettres que cette Échelle n'est point une Échelle
» de négoce, mais bien de pirates (1). Les anciennes
» coutumes ont été que tous les batiments qui vien-
» draient en Alger paieraient 80 piastres, tant pour
» l'entrée que pour la sortie. Par ci-devant, ayant voulu
» exiger les droits de consulat sur le pied que Sa Majesté
» l'ordonne, toute la synagogue, à qui la plupart des
» batiments sont adressés, tant de Livourne que des

———

(1) C'est une distinction que la Chambre de commerce ne voulut
jamais faire, et son obstination coûta cher à tous les Consuls succes-
sivement.

» autres pays, se souleva contre moi et alla à la maison
» du Roy crier en plein Divan : Charalla ; qui signifie en
» langue arabe — Justice de Dieu, — représentant que je
» voulais faire des usances nouvelles (1). L'on m'envoya
» appeler par un chaoux, et, ayant été là, le Dey me
» demanda par quelle raison je voulais établir une autre
» loi que celle qui était écrite dans la maison du Roy; je
» lui représentai que, conformément à l'article du traité
» de paix fait avec le Grand Seigneur l'an 1601, tous les
» batiments qui viendraient sous la protection de la
» bannière de France, devaient payer deux pour cent des
» marchandises qu'ils apporteraient. On me répondit
» là-dessus que j'eusse à agir comme mes devanciers
» avaient agi à ce sujet, et qu'ils ne voulaient en aucune
» manière faire des usances nouvelles. C'est pourquoi,
» Messieurs, de la manière que je connais la situation
» des esprits de ces Puissances, il me serait impossible,
» comme j'ai eû l'honneur d'en informer Monseigneur de
» Pontchartrain, de pouvoir rien avancer au sujet des
» arrêts que Sa Majesté a ordonnés; vous pouvez être
» persuadés, Messieurs, que je n'oublie rien de mes
» soins pour servir la Nation, qui est en petit nombre
» ici, et pour exécuter les ordres du Roy.

» La nation Hébraïque, qui réside dans cette Echelle,
» laquelle est d'une superbe la plus grande du monde,
» mangerait tout ce qu'elle a, plutôt que d'en boire le
» démenti; c'est pourquoi je n'ai pas jugé à propos de
» me mettre en compromis, tant pour le service du Roy,
» que pour celui du commerce; et tout le monde n'a pas le

---

(1) Le droit coutumier était la grande loi d'Alger, au point qu'un
don gratuit lui-même, s'il était renouvelé pendant un certain temps
à des époques fixes, arrivait à se transformer en une dette, et devenait légalement exigible. (V. Laugier de Tassy, p. 109). Si on ajoute
que les Juifs avaient soin de faire des présents aux principaux de la
Régence, et qu'ils les intéressaient même dans leurs cargaisons,
on comprendra facilement combien le Consul était mal venu à
réclamer.

» don de foire de Champagne (1) de savoir ce qui se passe
» en Alger, quoique je vous en aie écrit plusieurs fois.
» Je vous ai demandé, Messieurs, par différentes lettres,
» d'envoyer ici un homme de votre faction pour remplir
» mon poste, à quoi vous ne m'avez pas répondu.

» Je souhaiterais de toute mon âme qu'ils prit envie à
» quelqu'un de MM. les Députés du commerce de venir
» faire un tour à Alger, pour voir comme on y gagne le
» pain.

» A l'égard des comptes que j'ai eù l'honneur de vous
» envoyer, j'y ai gardé toute la droiture en conscience,
» comme un véritable chrétien le doit; je ne m'attache
» qu'au bien du service du Roy et du commerce.

» J'ai fait embarquer le sieur Amphoux sur la présente
» barque, suivant l'ordre que Monseigneur de Pont-
». chartrain m'a donné. J'ai établi mon secrétaire à sa
» place, jusqu'à ce que la Cour ait pourvu à un autre
» chancelier.

» Je suis, etc. »

« Alger, le 13 septembre 1695.

» Messieurs,

» J'ai reçu par la tartane du patron Jean Baptiste
» Bompard de Marseille celle que vous m'avez fait l'hon-
» neur de m'écrire du 2 du courant, comme aussi deux
» paquets de Monseigneur de Pontchartrain, un pour
» moi, et l'autre pour Monsieur Estelle, Consul à Sallé,
» que lui enverrai par la première commodité sûre qui
» se présentera.

» Ladite tartane arriva ici le dix; elle part aujourd'hui
» pour s'en retourner à Marseille; Dieu la conduise! Elle

---

(1) Les foires de Champagne étant très courues, et attirant un
grand nombre d'étrangers de divers pays, on y récoltait force nouvelles; cela avait donné naissance au dicton : — *Don de foire de
Champagne*, — signifiant : — Don de savoir tout ce qui se passe, çà
et là.

» n'a payé aucun droit d'ancrage ; l'on ne prend ici ledit
» droit que sur les batiments qui chargent ou déchargent
» des marchandises dans ce port.

» La barque d'Alger, commandée par Amet-Raix qui a
» touché à Marseille, auquel vous avez fourni quelques
» agrés qu'il avait de besoin, n'a pas encore paru ici ; à
» son arrivée, je lui en demanderai le paiement, en vertu
» de son reçu que vous m'avez envoyé.

» Tout va bien en cette ville, grâce au Seigneur ; je
» suis, etc. »

« Ci joint est le paquet de la Cour, que vous aurez la
» bonté d'acheminer le plutôt que vous pourrez. »

« Alger, le 5 février 1696.

» MESSIEURS,

» J'avais proposé au Dey de faire venir des marchands
» Français pour s'établir à Sarcel, qui est à dix lieues à
» l'Ouest d'Alger, là où il sort abondamment de tout ce
» que la divine Providence fait croître ; on y pourrait
» charger du blé, d'orge et de fèves vingt batiments
» toutes les années pour le moins. J'ai employé tout le
» peu de crédit que j'ai pour faire réussir cette affaire,
» de laquelle je n'ai pu venir à bout, le Dey (1) m'ayant
» répondu lors de la proposition que je lui en fis ; *qu'il*
» *n'avait qu'une tête et qu'il la voulait conserver*, sans
» en venir dans de plus grandes explications (2). Je
» compris ce qu'il voulait me dire, et lui coupai chemin,

---

(1) Le Dey était Hadj' Ahmed, qui avait succédé à Chaban, assassiné le 15 août 1695. Il était fort mal disposé pour la France, ayant reçu de ses ennemis quarante mille piastres pour lui déclarer la guerre.

(2) Hadj' Ahmed, vieillard craintif et soupçonneux, ne voulait pas laisser ouvrir de nouveaux comptoirs d'exportation de céréales, de peur d'être accusé d'avoir laissé affamer le pays, ce qui serait certainement arrivé lors de la première mauvaise récolte.

» lui demandant la permission de faire charger les bati-
» ments Français qui viendraient ici avec leurs marchan-
» dises.

» Il me promit qu'il les ferait charger à la côte de ce
» qui s'y trouverait, pourvu que cela ne met pas la disette
» au pays.

» Voilà, Messieurs, de quoi je dois vous informer, ne
» se passant ici que des négoces de paix et de guerre,
» lesquels je ménage de la manière que vous voyez. Il
» m'en coûte à la vérité; ma consolation est, Messieurs,
» que, quand je serait réduit à l'hôpital, Sa Majesté aura
» compassion de moi (1). Je suis, etc. »

« Alger, le 15 juillet 1696.

» Messieurs,

» Les sieurs Michel et de Bernard, qui passent sur le
» présent vaisseau, auront l'honneur de vous informer
» de bouche de l'état du commerce d'Alger. J'avais obtenu
» de ces Puissances de faire charger des fèves, d'orge,
» et autres légumes, à Sarcel, qui est à 60 mille au Ponant
» d'Alger, et, sous le masque de l'orge et des fèves, le
» Dey avait consenti que l'on y chargerait aussi du blé;
» mais comme la récolte n'a pas été belle cette année
» dans cet endroit là et par toute la côte, les sauterelles
» y ayant fait un dégat considérable, il s'est rétracté de
» la permission qu'il m'avait donnée, ce qui fait,
» Messieurs, que j'ai l'honneur de vous en informer. Et
» si encore le Dey revient à son premier sentiment, je
» vous en donnerai avis, afin qu'on puisse retirer du
» secours de cette côte, autant qu'il se pourra. J'ai appris

---

(1) Le malheureux Lemaire ne se croyait pas si bon prophète;
il mourut, en effet, à l'hôpital, comme on le verra prouvé par une
lettre de son successeur; triste sort d'un homme qui avait passé toute
sa vie au service de son pays, et qui y avait dépensé une fortune
considérable pour l'époque.

» que le sieur Boyer avait fait arrêter mes appointements
» entre vos mains. Je n'en sais pas jusqu'à présent la
» raison ; je ne crois pas lui devoir rien. C'est pourquoi,
» Messieurs, je vous prie de les vouloir consigner à mon
» frère pour qu'il me les envoie pour vivre, et je vous en
» serai obligé. J'espère que vous me ferez cette grace,
» étant, etc. »

———

« Alger, le 24 juillet 1696.

» Messieurs,

» J'ai reçu par voie du Bastion celle que vous m'avez
» fait l'honneur de m'écrire du 18 mai dernier. Ci-joint
» est le certificat que vous me demandez au sujet du
» patron Bompard.

» Je ferai donner aux patrons des batiments qui char-
» geront à Alger et qui termineront leur voyage en France
» la copie de leur manifestes authentiques, comme vous
» me l'ordonnez. J'ai demandé au nommé Amet-Raix le
» paiement des 90 l. 14 s. qu'il vous doit pour ce que la
» Chambre lui a fourni. Il m'a répondu qu'il n'a pas le
» sol, et que, quand il s'est perdu avec sa barque au
» retour de Marseille, il a perdu tout ce qu'il avait au
» monde. Je suis, etc. »

———

« Alger, le 3 janvier 1697.

» Messieurs,

» J'ai reçu celle que vous m'avez fait l'honneur de
» m'écrire le 31 août, laquelle m'a été rendue par le sieur
» Clairambault.

» Je vois par icelle comme vous avez reçu celles que
» j'ai eû l'honneur de vous écrire les 15 et 24 juillet. Je ne
» doute nullement, Messieurs, que vous ne soyez surpris
» de voir arriver la présente par la barque du patron
» Jouvin, laquelle a été prise par un vaisseau d'Alger à
» la hauteur de Mayorque, et envoyée ici avec une partie

» de son équipage, qui consiste en neuf Français et deux
» Anglais prisonniers de guerre, et le reste dudit équi-
» page, qui consistait en cinq Génois et un Maltais. Le
» corsaire les a embarqués sur son bord, prétendant qu'ils
» sont de bonne prise, contravention formelle aux traités,
» qui n'est jamais survenue depuis que j'ai l'honneur de
» remplir ce poste. Après plusieurs discussions au
» Divan, j'ai enfin obtenu que la barque serait relaxée
» avec tout son chargement et que l'on me rendrait le
» reste de son équipage à l'arrivée du Corsaire, lequel je
» poursuivrai avec toute la vigueur qu'il faudra pour
» avoir raison de tout ce qui aura été pillé sur ladite
» barque. Tout le chagrin qui me reste, Messieurs, c'est
» que, dans le règne présent, il n'y a nulle justice à
» espérer, vinssent les plus doctes et plus expérimentés
» philosophes que le ciel couvre aujourd'hui.

» Si je n'eusse crû, Messieurs, que les patrons qui
» partent de cette Échelle pour Marseille ne vous eussent
» rendu un fidèle compte de bouche de la manière que
» toutes choses se passent ici, j'aurais eû l'honneur de
» vous informer de toutes les calamités et misères que
» suis obligé de souffrir. Patience, il n'y a que moi qui
» en ai souffert jusqu'aujourd'hui. J'en ai toujours rendu
» compte à la Cour, et n'ai pas cru vous faire plaisir de
» vous informer de bien des choses qui n'auraient pu
» que vous causer du chagrin. Si vous souhaitez que je
» rende compte par le détail de ce qui se passe en cette
» Échelle, qui est une place où l'on ne parle que de plaies
» ou de bosses, et non de négoce, je le ferai, Messieurs,
» avec plaisir. Je me remets au patron Jouvin à vous
» rendre compte de bouche de son affaire ; tout ce qu'on
» lui a pu attribuer ici, c'est qu'on lui avait trouvé un
» pavillon Génois (1). Je l'ai renvoyé le plus promptement
» qu'il m'a été possible, lui ayant donné des matelots

---

(1) L'emploi des pavillons étrangers était une des plus grandes
causes de ces sortes d'avanies.

» Maures pour lui aider à mener son batiment, les choses
» changeant ici d'une heure à l'autre. Tout le pays est
» dans une grande consternation de voir qu'il y a plus
» de quatre mois qu'il n'est venu aucun batiment fran-
» çais, et je trouve qu'il est fort inutile qu'il en vienne,
» si ce n'est des vaisseaux du Roy, n'y ayant ici aucun
» négoce, les Juifs faisant ici tout le peu qu'il y a à faire,
» qui consiste en marchandises de prises. Ces Corsaires
» ont pris trois vaisseaux depuis environ trois mois;
» l'un hollandais, venant de Dantzik, chargé d'acier et de
» fer, de douves et autres bois, du port d'environ
» 10,000 quintanx; un autre Portugais, chargé de sucre,
» d'environ 4,000 quintaux, et un autre Génois, chargé
» de barrilhe et d'auffe avec 60 balles de laine fine.

» Toutes ces marchandises se sont débitées sur le
» pays, à la réserve de l'auffe et de la barrilhe, que les
» Juifs ont acheté. Voilà, Messieurs, ce qui s'offre à vous
» informer pour le présent du courant du négoce
» d'Alger.

» A l'égard de ce que vous me marquez, Messieurs,
» des appointements du sieur Clairambault, je vous dirai
» qu'il arriva à Bone le 21 de septembre, et en Alger le
» 14 novembre. A l'égard de sa nourriture, cela ne devait,
» Messieurs, nullement vous faire de peine; quand il
» en serait venu encore une demi-douzaine avec lui, il
» ne m'en aurait pas plus coûté qu'il ne m'en coûte, y
» ayant tous les jours à ma table dix ou douze couverts,
» qui y sont pour ceux qui y veulent venir manger, sans
» que pour cela j'en mette plus grand pot-au-feu; je pré-
» sentai le sieur Clairambault au Dey; je vous dirai fort
» peu de chose de la réception qu'il lui fit; il se leva
» comme un foudre contre moi, disant que je fesais venir
» des espions de Turquie (1); je lui laissai passer sa

(1) M. de Clairambault venait de Constantinople, où il avait été élevé
comme *enfant de langue*; Hadj' Ahmed, toujours soupçonneux, le
supposait investi d'une mission de la Porte.

» furie, et lui laissai vomir contre moi tout ce qu'il voulut
» et essuyai ses menaces ordinaires, qui sont de me
» sacrifier à sa rage.

» Si tout ce que je souffre vous était raconté par un
» autre que moi, je vous jure, Messieurs, que vous en
» auriez compassion.

» Je suis, etc. »

———

« Alger, le 12 février 1697.

» MESSIEURS,

» Depuis ma dernière que j'ai eu l'honneur de vous
» écrire le 3 janvier, dont le duplicata est ci-joint, la
» barque qui avait été envoyée ici par un corsaire d'Alger
» (comme je vous marque par ma dite lettre) a été prise
» par un corsaire Anglais deux jours après son départ.
» Comme l'Anglais l'envoyait à Alicante, elle fut rencon-
» trée par une petite Frégate de St-Malo, qui la reprit
» cinq jours après que les Anglais l'eurent prise. Comme
» le vaisseau de St-Malo l'envoyait à Marseille pour la
» vendre, les vents contraires l'ont obligé de relâcher
» ici, ce qui a renouvelé un autre procès entre le Dey et
» moi. Je lui ai demandé le paiement de ladite barque,
» alléguant que, si un de ses vaisseaux ne l'avait pas
» prise, elle serait allée en sauvement à Marseille ; que,
» par conséquent, c'était aux armateurs à la payer.

» C'est la mer à boire que demander justice à cet
» homme. Je reçus pour toute satisfaction ses brutalités
» ordinaires (1). C'est cependant une affaire qui est fort
» importante ; j'en rends un compte exact à Monseigneur
» de Pontchartrain, et je poursuivrai le corsaire et ses

———

(1) Les *Mémoires de la Congrégation de la Mission* citent une autre
lettre de R. Lemaire, où nous trouvons la phrase suivante : « J'ai vu
» régner Trick, Baba-Hassan, Mezzomorto, Chaban ; mais aucun
» d'eux n'a fait ce que fait le Dey d'aujourd'hui ; ils avaient tous
» quelques bonnes qualités, au lieu que celui-ci n'en possède
» aucune. »

» armateurs vigoureusement pour voir d'avoir répara-
» tion de cette affaire. Le 13 de janvier, un vaisseau de
» cette République prit un petit vaisseau de Brest sur les
» côtes d'Espagne; tout son équipage était Irlandais.
» Comme ils arborèrent pavillon Anglais, le corsaire lui
» fut à bord; l'équipage ayant tout fui à terre, le corsaire
» lui fit signal pour retourner; le Capitaine et quatre de
» ses gens se rembarquèrent dans leur chaloupe et
» vinrent à bord, le reste de son équipage ne l'ayant
» voulu suivre.

» L'Algérien mit une vingtaine d'hommes dessus, et
» fit faire route audit vaisseau pour Alger, afin d'être
» informé qui il pouvait être. Le capitaine Irlandais, qui
» parle bon français, garda ses expéditions de Monsieur
» l'Amiral, qu'il avait prises à Brest. Cette dernière
» affaire n'était qu'une équivoque, à quoi on pouvait
» remédier facilement, n'eut été le malheur qui leur
» arriva. Il vint à travers à un quart de lieue d'Alger, et
» se brisa sur les roches. Ce vaisseau avait pour tous
» chargements neuf cents petites planches de sapin et
» des douves pour faire des tonneaux. J'ai fait travailler
» pour voir de retirer du naufrage quelque chose; on n'a
» pas pu sauver de quoi payer les gardes que j'avais mis
» le long des plages. Je fais repasser en France les cinq
» Irlandais qui étaient sur ce vaisseau; leur affaire était
» un peu délicate; ils m'ont avoué qu'ils avaient tiré
» plusieurs coups de canon et de mousquet sur le
» corsaire avec pavillon Anglais; ils n'ont jamais montré
» celui de France. Par bonheur, c'était un batiment de
» 90 tonneaux, lequel n'avait qu'une misère dedans.

» Les six vaisseaux qui étaient au service du Grand
» Seigneur sont de retour depuis quinze jours. Le Grand
» Seigneur demande qu'on les envoie tous en Levant la
» campagne prochaine; on commence à se préparer pour
» en envoyer une partie, mais non pas tous.

» Mon frère me fait de sanglants reproches sur ce que
» je n'ai pas l'honneur de vous écrire et de vous infor-

» mer exactement de tout ce qui se passe en Alger. Il
» semble que j'avais prévu ces reproches, comme vous
» verrez par le duplicata ci-joint, puisque je voyais que
» cela vous a donné quelques chagrins, desquels je me
» ressens beaucoup, parce que vous ne m'auriez pas
» oublié de la manière que vous avez fait, espérant
» toujours que la Cour aurait égard aux excessives
» dépenses que je suis obligé de faire, la justice régnant
» là plus qu'en aucun lieu du monde. J'ai passé ici toute
» ma jeunesse, en gémissements et en danger de ma
» vie comme vous savez; trois fois avoir été exposé à la
» bouche du canon et une fois mené pour être cloué,
» deux fois la peste et vingt mille piastres que nous
» avons perdues, mon frère ou moi, devait être suffisant à
» tout autre homme que moi pour prier Sa Majesté de
» me retirer d'ici; je n'ai jamais envisagé de vivre en ce
» monde, mais bien de sacrifier ma vie pour le service
» du Roy et celui de ses sujets; tous les honnêtes gens
» qui naviguent dans ces quartiers en pourront rendre
» un fidèle compte; je les cite tous à témoin.

» Pourriez-vous croire, Messieurs, comme vous verrez
» par le certificat ci-joint de M. Laurence Vicaire Aposto-
» lique, qu'il y a plus de trois ans que je paye quinze pata-
» ques toutes les lunes pour un chirurgien français d'O-
» riol, lequel voulant abattre les catarattes (1) des yeux
» d'un Turc, il ne lui mourut pas entre les mains, mais
» peu de temps après; ayant été appelé dans la maison du
» Roy, où étaient assemblés le Divan et les Docteurs de
» la loi, ledit Chirurgien fut condamné à être brûlé vif.
» Je représentai au Dey que je ne reconnaissais autre
» justice que la sienne, et non celle de ses marabouts.
» Il me répondit que, comme c'était des affaires de la Loi,
» il ne s'en mélait point, et ne voulait point que je m'en
» mélâsse, et me fit sortir de force du Divan, où toute la
» justice était assemblée. Je leur criai tout haut qu'ils

---

(1) (Sic), pour cataractes.

» prissent bien garde à la sentence qu'ils allaient pro-
» noncer, et que c'était un sujet de l'Empereur de France;
» on révoqua la première sentence de mort, et fut con-
» damné de payer mille cinq cents piastres aux héritiers
» du défunt ou de rester leur esclave, ou de demeurer
» dans ma maison en payant quinze pataques toutes les
» lunes, juqu'à concurrence des mille cinq cent piastres,
» à quoi il avait été condamné (1). Je croirais, Messieurs,
» abuser de votre patience de vous parler de mille autres
» cas, lesquels je suis obligé d'étouffer dans la conjonc-
» ture présente. Je sais que vous êtes trop raisonnables
» pour ne pas avoir égard à toutes les excessives
» dépenses que j'ai été obligé de faire pour contreba-
» lancer les profusions des ennemis qui ont répandu de
» toutes mains pour porter les Algériens à rompre avec
» nous.

» Le corsaire qui avait pris la tartane arriva hier; il y
» eut Divan général assemblé au sujet de la contraven-
» tion qu'il venait de faire, où il n'y eut rien de décidé;
» on me rendit seulement les cinq Génois et le Maltais
» que ledit Corsaire avait pris sur la dite barque, lesquels
» je fais repasser avec le même batiment. J'informe la
» Cour de toutes choses et attendrai ses ordres pour
» poursuivre ce corsaire de la manière que l'on m'or-
» donnera.

» Je suis, etc. »

« Alger, le 22 mars 1696.

» MESSIEURS,

» Depuis les deux dernières que j'ai eû l'honneur de
» vous écrire, les 3 janvier et 13 février, j'ai jugé à propos
» pour le bien du service de faire passer en France la
» barque de patron Mirabel qui a chargé ici pour Livourne

---

(1) Voir, plus loin, pour la conclusion de cette singulière affaire,
une lettre de M. de Clairambault.

» pour le compte des Juifs, sur l'avis que donne un
» courrier d'Oran, venu depuis huit jours, lequel donne
» pour nouvelles que trois vaisseaux Anglais, deux
» armés en guerre, et un marchand, chargé de tous les
» biens du monde pour Alger, devaient être ici au premier
» jour. Cette nouvelle confirme la première que j'en avais
» eue par une caravelle Portugaise, qui fut prise sortant
» de Cadix par un vaisseau de cette République.
» Appréhendant que Soliman Boulouk-Bachi (1) ne
» vienne ici dans le temps qu'ils s'y trouveront, se voyant
» les bien reçus comme ils seront, apportant tout ce qui
» est nécessaire à cette République, soit pour leur arme-
» ment que pour autre chose, ils ne manqueront pas
» d'être soutenus et protégés. Il ne faut pas, Messieurs,
» que le raisonnement de tant de gens de bon sens se
» fonde sur un traité de paix, quoique ce soit la pierre
» fondamentale de raison. Ceux qui apportent en Alger
» sont toujours les bienvenus, et particulièrement le jour
» d'aujourd'hui. J'ai cru en devoir informer la Cour;
» c'est ce qui m'a obligé de faire passer cette barque
» en France. Dieu nous envoie bientôt ici l'Envoyé
» d'Alger (2), et qu'il apporte quelques esclaves. Le Dey
» persiste toujours à vouloir rendre les Français, pourvu
» qu'on lui renvoie les Turcs qu'il demande. Il m'en a
» donné des marques, parce que, dans l'armement de
» tous leurs vaisseaux qui vont sortir, où il y avait la
» plus grande partie de nos Français embarqués dessus,
» je lui fus représenter que, s'il les envoyait à la mer, ce
» n'était pas le moyen, au cas que l'Empereur de France
» lui accorde des Turcs qu'il demandait, de les débar-
» quer, si nos Français étaient dehors, et que ce serait
» toujours à recommencer. Il donna ordre à tous les
» Capitaines de n'en embarquer aucun. Dieu veuille que

____

(1) Il revenait de Versailles, où il avait obtenu audience le 11 mai
1696, et présenté au Roi dix étalons barbes.

(2) Soliman Boulouk-Bachi, dont il a été parlé précédemment.

» cette affaire se finisse, afin que tout le monde puisse
» être en repos. Je continuerai, Messieurs, à vous deman-
» der la grâce de vous souvenir de moi, et qu'il y a sept
» ans que je contrebalance les profusions des ennemis
» qui ont répandu de toutes mains. Ils ne m'ont pas mis
» seul à l'hopital, mais bien mon frère, qui ne m'a jamais
» abandonné. Qu'il vous fasse voir les comptes et les
» lettres de change que j'ai tirées sur lui, et vous verrez
» si, dans les mémoires que je lui ai envoyés pour vous
» présenter, il y a quelque altération; bien loin de là.
» J'espère, Messieurs, tout de votre justice, et que vous
» ne me laisserez pas dans le labyrinthe, d'où je ne
» pourrais sortir, si vous ne m'aidez.
» Je suis, etc. »

La correspondance de M. René Lemaire se termine par
cette lettre. En proie à mille déboires, menacé d'être mis
à la bouche du canon, il se refugia à bord du vaisseau
royal l'*Heureux Retour* (30 avril 1697), laissant les sceaux
à son chancelier Jean de Clairambault dont nous donnons
ci-après une curieuse lettre (1), relative à l'affaire bizarre
du *chirurgien d'Oriol*. Nous continuerons par la publication des lettres (2) du consul Philippe-Jacques Durand,
successeur de M. Lemaire, installé à Alger le 20 février
1698. On y trouvera de curieux détails sur les embarras
suscités par les Juifs, sur les fuites des esclaves à bord
des vaisseaux royaux, et sur l'abus des changements de
pavillon et des ventes de passeports délivrés par les
Deys. M. Durand lutta avec beaucoup de zèle et de sagacité contre ceux qui voulurent profiter de ces infractions
pour nuire à son pays.

(1) Archives de la Chambre de commerce de Marseille, AA, 492.
(2)　　　　　　id.　　　　　　id.　　　　　AA, 471.

Notice sur le Consulat de M. Philippe Jacques Durand

Avant de partir d'Alger, M. Dusault y avait installé comme consul M. Durand, qui vécut en assez bons termes avec Hadj' Ahmed. Le caractère ombrageux de ce Dey n'eut pas le temps de se manifester à son égard ; car il tomba malade peu de temps après l'arrivée du consul et mourut quelques mois plus tard. Son successeur fût Hassan Chaouch, qui se montra bien disposé pour la France, mais qui se fatigua en moins d'un an des gens qu'il avait à gouverner, et donna sa démission ; Ali lui succéda, et ne gouverna lui-même que quelques mois. La famine et la peste sévissaient à Alger ; le Bey de Tunis Mourad avait envahi la province de Constantine, et assiégeait cette ville elle-même, dont le Bey avait été tué dans un combat. Hadj Mustapha fut élu Dey. A peine arrivé au pouvoir, il marcha sur Mourad, l'atteignit près de Sétif, le 3 octobre, le battit complètement, lui prit son canon et ses bagages, et le poursuivit l'épée dans les reins jusqu'à la frontière. Le 28 avril de l'année suivante, il marcha contre l'armée marocaine, qui se disposait à s'emparer de Tlemcen, l'atteignit sur l'Oued Djidiouïa, à Hassian Tipazin, et la mit en complète déroute (1).

A l'occasion de ces victoires, M. Durand fit, pour la première fois, des présents officiels d'investiture au Dey ; ce fut un fâcheux précédent ; car il fallut depuis les

---

(1) « Une lettre d'Alger du 2 mai, nous annonce que le Dey Mustapha » à la tête de son armée apprit le 28 avril que le Roi du Maroc s'ap- » prochait avec 50,000 hommes et qu'il devait camper en un lieu » appelé *Acchi Bogazi*. Il lança aussitôt sa cavalerie en avant, et ren- » contra l'armée ennemie auprès d'un ruisseau nommé *Gédia*. Le Roi » de Maroc fut complètement battu après un combat très sanglant qui » dura de midi à quatre heures du soir Les algériens ont remporté un » grand butin de tout espèce, une quantité considérable de chevaux » et de prisonniers, 3,000 têtes de simples soldats et 50 de capitaines » principaux. Le Roi de Maroc est, dit-on, blessé. » (*Gaz. de F.*, an 1701, p. 240).

renouveler à chaque instant, et on prit même peu à peu
l'habitude d'en faire chaque année. Les autres nations,
qui cherchaient toujours à prendre la prépondérance
sur la France, faisaient des cadeaux plus riches encore
que ceux du consulat français, en sorte que cette nouvelle manière de faire ne servit qu'à obérer les différents
consuls qui se succédérent, sans leur permettre de lutter
avantageusement contre les autres puissances de l'Europe. Cependant, le consulat de M. Durand continua à
être calme; il fut protégé par Mustapha dans les circonstances assez critiques d'une révolte, comme il en
arrivait si souvent à Alger, sous les prétextes les plus
futiles. Vers le printemps de 1705, le Dey déclara la guerre
à Tunis pour punir Ibrahim Bey de quelques incursions,
et surtout pour se procurer l'argent nécessaire à son
trésor épuisé. Bien qu'au commencement de la campagne, il eût battu Ibrahim, dont il s'empara, la fin de
l'expédition fut malheureuse; une conspiration s'or-
ganisa contre lui pendant son absence; il ne put pas
rentrer dans Alger révolté contre lui et s'enfuit à Collo,
où il tomba entre les mains de la milice qui l'étrangla
après l'avoir promené sur un âne par dérision (1).

Cet événement eut lieu le 5 novembre 1705; depuis
longtemps, M. Durand, dont la santé était très mauvaise,
sollicitait son rappel; il l'obtint à ce moment même, et
quitta Alger, laissant pour remplir l'intérim son chancelier, M. de Clairambault.

---

(1) D'autres disent que le fait en question se passa à La Calle,
mais ce doit être une erreur.

*Lettre de M. de Clairambault à MM. les Maires, Échevins et Députés
du Commerce de Marseille*

« Alger, le 21 août 1697.

» Messieurs,

» Il y a si peu de choses ici qui puisse mériter votre
» attention que cela me prive de l'honneur de vous écrire
» aussi souvent que je le souhaiterais. Mais, comme je
» ne puis m'en dispenser absolument sans manquer à
» mon devoir, je me donne l'honneur de vous écrire la
» présente pour vous donner avis que M. Dusault a ter-
» miné une affaire qui ne pouvait que donner beaucoup
» de chagrin dans la suite. C'est l'avanie faite au nommé
» Hiérosme Robert, chirurgien, dont vous avez déjà été
» informés ; il restait encore onze cents piastres à payer
» à ce sujet, ce qui se devait acquitter en payant en dé-
» duction quinze piastres toutes les lunes, et, comme il
» fallait un temps considérable pour finir de cette ma-
» nière, il était à craindre que cela ne passat en cou-
» tume (1), ce qui détermina ledit sieur Dusault a en
» sortir, moyennant quatre cents piastres Sévillanes,
» qu'il a payé comptant pour toutes prétentions.

» Le Dey ne témoigne plus aucune répugnance à me
» permettre l'exercice de mes fonctions ; ainsi, Mes-
» sieurs, je pourrai dorénavant remplir tous mes devoirs
» sans difficulté et il y a apparence que nous serons
» assez tranquilles.

» Quoique M. Dusault vous informe apparemment de
» de tout ce qui se passe en cette Echelle, j'ai cru que
» vous ne serez pas fâché que j'aye quelquefois l'hon-
» neur de vous écrire, ou, du moins, que vous pardon-

---

(1) C'est-à-dire que, suivant les habitudes Turques, la rente men-
suelle eût été à jamais exigible.

» nerez au désir extrême que j'ai de vous faire connaître
» avec combien d'attachement et de respect je suis, etc. »

———

*Lettres de M. Durand à MM. le Maire. les Échevins et Députés
du Commerce de Marseille*

« Alger, le 14 mars 1698.

» MESSIEURS,

» Après vous avoir remercié de nouveau de vos hon-
» nétetés et prié de me conserver les assurances de
» bonté, pour la suite, que vous avez bien voulu me
» témoigner à Marseille, souffrez que je vous donne avis
» de l'état des affaires en ce pays, en abrégé à la vérité;
» mais j'ai cru que, M. Dusault repassant en France, il
» était inutile pour cette fois de m'étendre plus au long.
» Je suis arrivé le 19 février sur le vaisseau du Roy le
» *Trident ;* les saluts se sont faits de part et d'autre à la
» manière accoutumée. J'ai été très-bien reçu des Puis-
» sances. Elles m'ont assuré de la passion qu'Elles ont
» de maintenir la bonne intelligence que Sa Majesté
» voulait bien qui fut entre la France et Elles. Les affaires
» sont ici très-tranquilles ; les esclaves en échange de
» ceux que nous repassions furent envoyés à bord du
» vaisseau du Roy, avant que les Turcs en descendissent;
» le rachat de ceux qui appartenaient aux particuliers
» s'est fait sans discussion. Le Dey a même plus fait,
» ayant fait remettre entre les mains de M. Dusault, ce
» qui ne s'était encore jamais pratiqué en ce pays, les
» échanges que quelques-uns gardaient jusqu'au retour
» de leurs frères, qui n'ont pu être trouvés, faute de nu-
» méros, dans la dernière recherche. M. Dusault aussi,
» de son côté, s'est obligé de les renvoyer incessament,
» comme ils sont en petit nombre, je ne doute pas que
» la Cour ne l'accorde sans difficulté, cela étant de con-
» séquence. Voilà une affaire terminée.

» Il y a neuf Corsaires en mer ; il en est rentré trois
» depuis que je suis ici avec trois prises, une Portugaise,
» une Génoise et une Catalane.

» Il court ici un bruit sourd de mal contagieux ; Dieu
» veuille qu'il n'ait pas de suite.

» Quand au droit de Cotimo (1), sur quoi vous m'avez
» fait remettre un mémoire, afin de voir s'il serait pos-
» sible de le retirer ici, à cause des difficultés que l'on a
» la-dessus aux pays étrangers à l'arrivée des batiments,
» les difficultés sont bien plus grandes ici, étant abso-
» lument impossible d'innover la moindre chose contre
» la coutume ordinaire ; il n'est point encore arrivé de
» batiments ; mais j'ai sondé le gué sous main, et trouvé
» qu'il n'y faut pas seulement penser.

» Les Consuls qui sont en chrétienté, et par conséquent
» en pays de loi, le peuvent retirer, si ils veulent y don-
» ner leurs soins.

» Je vous puis assurer, Messieurs, que, pour peu que
» j'y eusse vu de possibilité, j'en serais venu à bout.

» Depuis un an, il n'est venu ici que trois barques ; le
» peu de commerce qu'il y a leur en doit faciliter la
» recherche.

» Faites-moi l'honneur de m'écrire quelquefois et de
» me donner vos ordres, je les exécuterai fidelement.

» Je suis avec respect, Messieurs, votre très-humble
» et très-obéissant serviteur. »

———————

« Alger, le 28 avril 1698.

» MESSIEURS,

» Je me suis donné l'honneur de vous écrire, le 14 du
» passé, par le retour du vaisseau le *Trident* ; j'ai crû
» qu'il était inutile de vous en envoyer un duplicata.

———

(1) *Cotimo*, ou *Cottimo*, droit variable que les Consuls du Levant
imposaient, au prorata de la valeur des cargaisons. Le produit était
affecté au paiement des dépenses extraordinaires.

» Il ne s'y est rien passé de nouveau qui puisse méri-
» ter beaucoup d'attention ; il serait à propos, Messieurs,
» de détruire autant comme il serait possible les bruits
» imaginaires que l'on fait courir, tant à Marseille que
» dans le Levant. A Marseille, suivant ce que Monsei-
» gneur me fait l'honneur de m'en écrire, que les Algé-
» riens, ou du moins quelqu'un de leurs vaisseaux, ont
» pris le pavillon de Salé, et m'ordonne d'en demander
» raison ; nulle apparence n'a donné lieu à ce bruit ; il
» n'est pas possible que cela puisse arriver, je vous en
» réponds sur ma vie.

» En Levant, on y a fait courir le bruit que le Roy
» avait déclaré la guerre aux Algériens ; les Hadjis n'ont
» osé s'embarquer sur des batiments Français ; le Dey
» en a eû nouvelles de trois ou quatre endroits et m'en
» a demandé le sujet ; je ne doute pas que ces bruits ne
» s'évanouissent d'eux-mêmes. Le dessein de faire aug-
» menter les assurances (1) pourrait bien y avoir de la
» part, c'est un assez mauvais moyen.

» L'établissement du Cotimo en ce pays est absolument
» impossible ; je l'ai tenté sur ce batiment avec toute
» l'activité possible, et n'ai pu y réussir ; c'est la faute
» de mes prédécesseurs, à laquelle il n'y a plus de re-
» mède.

» Le Dey paraît être dans de très bonnes dispositions
» en ma faveur ; je tâcherai avec soin de le maintenir
» dans ces bons sentiments.

» Pierre Fort de Marseille, qui s'est perdu en Por-
» tugal avec un batiment de Nantes qu'il commandait, a
» été pris sur un batiment Portugais ; l'équipage l'a dé-
» claré passager, je l'ai réclamé et il m'a été remis ; je
» l'envoie à Livourne avec les autres Français qui sont

---

(1) C'est ce qu'on appelle maintenant une *manœuvre de Bourse* ; ce vol déguisé se reproduisait assez fréquemment, et engendrait quelquefois des écarts énormes ; la *Gazette de France* nous apprend, qu'à la fin de 1716, les assurances maritimes sautèrent brusquement de 1 1/2 à 45 p. 0/0.

» ici, dont voici l'état (1). M. de Gibercourt aura soin de
» les faire passer en France ; ayez la bonté, Messieurs,
» de faire payer leur passage au patron d'*Orgalec*. La
» contagion qui est ici m'a fait prendre le parti de les
» faire passer par ce batiment, au défaut d'aucun pour
» France.

» Les Puissances d'ici préparent toutes leurs forces
» contre le Roy de Maroc, dont le fils aîné s'est révolté
» et leur est venu demander secours ; cela les a em-
» pêché d'accorder leurs vaisseaux à un Capidji Pacha
» qui les leur est venu demander de la part du Grand
» Seigneur.

» Je suis, etc. »

————

« Alger, le 4 août 1698.

» Messieurs,

» N'ayant laissé passer aucune occasion sans me don-
» ner l'honneur de vous avertir de tout ce qui s'est passé
» en ce pays, je ne doute point que vous n'ayez appris
» par mes précédentes, la mort d'Hadj'Ahmed, Dey d'Al-
» ger, et l'élection d'Assan Chaoux, nommé présentement
» Babassen, qui est homme de raison et de vigueur ; je
» m'étais très bien mis auprés du défunt ; je suis encore
» mieux auprès de celui-ci.

» Il est homme qui prétend pousser la marine d'Alger
» le plus loin qu'il pourra, employant tout ce qu'il peut
» pour remettre la course de cette ville en vigueur. Il est
» sorti, les 13, 14 et 15 juillet, neuf vaisseaux de cette
» ville ; il s'en prépare six autres, qui mettront à la voile,
» au plus tard dans trois ou quatre jours, et on com-
» mence à travailler à mettre les autres en état.

————

(1) M. Durand joint à cette lettre un état, comprenant quatre Français rendus par les Algériens : Pierre Fort, de Marseille, — Étienne
Ballestre, de la Seyne, — Nicolas Domergue, de Toulon, — François
Mallègue, de Marseille, ces trois derniers destinés à être échangés
contre les Turcs captifs, suivant convention faite avec M. Dusault.

» L'Amiral et deux conserves ont amenés ici deux
» prises, une d'un vaisseau Portugais fort riche, et
» l'autre d'nn Hollandais qui ne l'est pas tout à fait tant.

» Il y avait sur chacune un passager Français, qui
» m'ont été rendus ; celui pris sur le Portugais a eû for-
» tune, son équipage et un groupe de 365 piastres lui
» ayant été restitués, ce qui ne s'était jamais pratiqué,
» ni avec Français, ni avec Anglais ; l'autre était un
» Dunkerquois, pélerin de Saint-Jacques, nommé Fran-
» çois Made ; le premier un marchand de Saint-Malo,
» nommé Pierre Tiphaine.

» Les affaires sont dans la meilleure situation du
» monde, et vos marchands n'ont à appréhender aucune
» insulte des Algériens. Le Dey, en ma présence, leur a
» recommandé à la Marine de les obliger en ce qu'ils
» pouvaient. La peste a diminué considérablement, et,
» comme voici le temps qu'elle a accoutumé de finir, il
» y a lieu d'espérer que nous en serons bientôt délivrés.

» Je n'ai point laissé prendre de communication à cette
» barque, les matelots n'étant point descendus à terre. »

*(La lettre se termine par des protestations de dévoue-
ment.)*

———————

« Alger, le 27 septembre 1698.

» MESSIEURS,

» Je me suis donné l'honneur de vous écrire par voie
» de Mayorque ; mais, comme cette voie me paraît très
» incertaine, je vous donne le même avis par celle-ci.

» Le vaisseau le Saint-Jean-Baptiste, capitaine Pascal
» Rouvière, allant de Marseille au Havre, appartenant à
» MM. La Croix et Nattes, parti dudit Marseille le 23 août,
» a péri le 29 à la pointe du jour, a mi-canal entre Car-
» thagène et Oran, et hors d'aucune vue de terre, beau
» temps et vent arrière ; un coup de mer l'ayanf mis un
» peu à la bande, il n'a jamais pu se relever ; son trop
» de chargement principalement a causé son malheur.

» Après avoir été ainsi environ une demi-heure, il s'est
» brisé tout d'un coup en mille pièces, et le fond du na-
» vire est venu sur l'eau ; tout l'équipage s'est noyé, à la
» réserve de six, qui, par un bonheur extraordinaire,
» ont été trouvés sur l'eau par un brigantin de cette ville,
» après avoir été cinq jours et cinq nuits, tous nuds, et
» à la grâce de Dieu ; ils étaient sept, mais un mourut,
» et se noya la veille de leur salut, n'ayant pu y résister,
» ces pauvres gens sont arrivés ici les jambes toutes
» crevées et dans un pitoyable état ; je les ai réclamés, et
» ils m'ont été rendus.

» Voici leur noms :

» Louis de L'Estrade ; Jean Baptiste, marin ; Etienne
» Gaillard, de Marseille ; Antoine Canapet, de la Ciotat ;
» Jean Baverne, de Toulon ; André Bassat, de Frontignan.

» Ils sont entre les mains du chirurgien, qui les vient
» panser, et sont en bonne santé présentement.

» Il est a remarquer, Messieurs, qu'un bateau Espagnol,
» traversant d'Oran en Espagne, les a trouvés sur l'eau,
» et leur ayant préféré quelque barrique d'huile ou autre,
» les a abandonnés.

» J'ai été obligé de donner une récompense aux ar-
» mateurs du brigantin, duquel le voyage a été rompu
» par cette occasion, et qui en a eû tous les soins pos-
» sibles. La somme n'est pas fort considérable, et, de
» même que vous verrez que je cherche à ménager vos
» intérêts, j'espère que, vous envoyant une attestation
» de toutes choses, vous ne ferez aucune difficulté de
» m'en rembourser.

» La peste est heureusement finie : personne n'en
» meurt ni n'en est attaqué depuis plus de quinze jours,
» et il y a lieu de croire que nous en sommes absolument
» délivrés.

» Les affaires sont très tranquilles et au meilleur état
» qu'on le puisse souhaiter ; je n'oublierai rien pour les
» maintenir ainsi.

» Je suis, etc.... »

« Alger, le 18 octobre 1698.

» Messieurs,

» Je me suis donné l'honneur de vous écrire par
» Mayorque et par voie de la Calle, pour vous donner
» avis de la perte du vaisseau le Saint-Jean-Baptiste,
» commandé par le capitaine Pascal Rouvière, allant de
» Marseille au Havre ; je m'en rapporte à mes précédentes,
» et à ce que les six Français échappés par hasard de ce
» malheureux naufrage, que je renvoie, vous pourront
» dire sur ce sujet.

» Le 25 du passé, un corsaire de cette ville prit à la
» hauteur d'Alicante le vaisseau l'*Espérance* de Dunker-
» que, capitaine Jacob Rogier, sur ce qu'il le prit pour
» Hollandais, n'y ayant que le capitaine et le maître qui
» écorchassent un peu le français ; qu'il ne mit point de
» pavillon ; que, sautant à bord, il les surprit jetant un
» pavillon Hollandais à la mer ; et qu'enfin, au lieu de
» passe-port, il leur montra, par une simplicité flamande,
» l'acquisition de son vaisseau à Flessingue. Le 27 au
» soir, il arriva ici ; je me fis apporter ses papiers à la
» maison du Roy, où, ayant trouvé toutes ses expéditions
» en forme, je le réclamai, et fit de grosses plaintes
» contre le corsaire. Le Dey, qui est très juste, le traita
» comme un malheureux, et l'obligea dans le moment
» de remettre le dit capitaine et son équipage en posses-
» sion de son navire, et que sa tête lui répondrait s'il lui
» manquait seulement une aiguille ; ce que j'allai faire
» exécuter en même temps. Le vaisseau ne resta pas
» une heure dans le port entre leurs mains, et tout lui
» fut exactement rendu, à quatre chemises de matelot,
» six vieilles cuillères d'étain, et quelques couteaux
» près, que les esclaves du corsaire avaient dérobés, et
» qui ne se purent trouver, ne valant pas en tout six
» livres. Le 29, au soleil levant, il était en route pour
» continuer son voyage.

» Voici un role des neuf Français que j'ai retirés, et
» que je vous envoie par cette occasion ; il n'arrive ici
» aucun batiment de prise ou il n'y en ait quelqu'un, ce
» qui me donne de continuelles affaires, et m'en donnera
» encore davantage à l'avenir, le Dey que nous avons
» présentement donnant entièrement dans la course, et
» voulant à quelque prix que ce soit, rétablir celle de
» cette ville, il ne donne point de relâche aux corsaires,
» les obligeant de réarmer aussitôt qu'ils sont rentrés,
» ce qui, en détruisant les étrangers, doit donner de
» grands priviléges aux batiments Français, et faire va-
» loir le commerce de Marseille. Ce Dey me témoigne
» toutes les amitiés possibles ; je me ferai toujours un
» plaisir d'employer sa bonne volonté à l'avantage de la
» nation.

» Vous ne devez point douter, Messieurs, de mon zèle
» pour vos intérêts et votre service ; je vous le témoi-
» gnerai toujours dans toutes les occasions, et surtout
» par une correspondance très exacte : j'espère aussi
» que de votre côté, vous voudrez bien me rendre la
» justice nécessaire.

» C'est un abus, Messieurs, de prétendre que le casuel
» puisse payer les dépenses extraordinaires ; voici un état
» au vrai de celles que j'ai été obligé de faire depuis mon
» arrivée, y non compris plus de 400 piastres de dona-
» tives particulières et journalières ; je me donne l'hon-
» neur d'en écrire à Monseigneur, afin qu'il règle le tout.
» Je lui propose que vous autres, Messieurs, à l'avenir,
» me teniez au moins compte des dépenses pour les Fran-
» çais que je retirerai, et de celles qui sont imprévues et
» nécessaires pour le bien de la nation ; que, moyennant
» le casuel, je supporterai les ouaïdes (1), les usances et
» les donatives journalières qui le consommeront et au-
» delà ; cet article est juste, je demande vos voix pour

---

(1) Présents coutumiers, offerts en diverses occasions, telles que la
fin du Ramadan, la naissance où la circoncision d'un fils du Dey, etc.

» l'obtenir, afin de n'avoir jamais aucune discussion la
» dessus.

» J'envoie à M. Eon une lettre de change de quinze
» cents livres, à compte desdites dépenses, dont voici
» les états certifiés de la nation ; je me donne l'honneur
» d'en écrire à Monseigneur, et vous prie de la vouloir
» bien acquitter.

» Vous devez considérer, Messieurs, que, quoique cette
» place semble à charge au commerce, ne s'y faisant
» presque aucun négoce, que cependant, d'elle dépend
» la sureté du commerce de France et principalement de
» Marseille (1). Qu'il y a ici 22 vaisseaux de course, plu-
» sieurs barques et 2 galères, que cette Échelle, sous les
» auspices du Roy, facilite à vos batiments des nolis au
» préjudice des Étrangers ; que les Anglais connaissent
» si bien cette vérité que, quoiqu'ils ne fassent presque
» aucun commerce ici, ils ne laissent pas de donner à
» leur consul trois mille deux cents piastres sévillanes,
» plus quinze cents piastres de donatives à faire tous
» les ans, et tout le casuel ; le consul de France a le
» double de charges que lui, et la moitié moins de bé-
» néfice sans donatives.

» Il ne peut en ce pays sans se ruiner soutenir l'in-
» térêt de la nation comme il faut, ni y balancer les in-
» trigues de l'Anglais ; mes prédécesseurs en sont des
» témoins irréprochables, ils s'y sont ruinés ou ils y ont
» péri ; il n'y en a que trop d'exemples, aussi bien que
» du préjudice que cela a causé à la nation.

» Ayez la bonté d'ouvrir les yeux là-dessus et de con-
» sidérer qu'il n'est pas raisonnable qu'un consul, qui,
» pour le service du Roy et le vôtre, est sujet aux bour-
» rasques de ce pays, à la peste, et à des discussions
» continuelles, soit encore obligé de se ruiner pour faire
» son devoir avec honneur et réputation.

---

(1) En effet, lorsque la France était en guerre avec Alger, tout le
commerce du Levant se trouvait en danger.

» Cela posé, comme cela est effectivement, je ne doute
» point que vous ne me rendiez la justice nécessaire,
» non seulement quant au payement de ma lettre, mais
» encore en m'accordant vos voix pour une augmentation
» d'appointements et pour un réglement entre nous ;
» dont je vous aurai obligation, et dont je vous témoi-
» gnerai ma reconnaissance, en vous donnant sujet de
» vous louer de ma conduite.

» Les affaires sont dans une parfaite tranquillité ; la
» peste, grâce au Seigneur, nous a quitté, et il y a plus
» de 40 jours qu'il n'est mort personne et que personne
» n'en a été attaqué.

» Faites-moi l'honneur de m'écrire quelque fois et de
» me croire entièrement dévoué à votre service, étant
» avec passion, Messieurs, etc. »

« Les Turcs des Galères à Marseille font de grosses
» plaintes sur ce qu'on a abattu partie des murailles
» de cimetière ; ayez la bonté, Messieurs, d'y donner
» ordre.

» Si c'est effectivement un vaisseau d'Alger qui a mal-
» traité la barque du patron Touache, le Dey m'en a pro-
» mis une sévère justice et exacte satisfaction à son
» arrivée ; envoyez-moi un état des dommages par la
» première occasion, s'il vous plait. »

« Alger, le 12 décembre 1698.

» MESSIEURS,

» Je n'ai pas voulu laisser partir ce batiment Espagnol
» qui va à Barcelone, sans vous donner avis que j'ai eû
» toute la justice possible du Dey au sujet de la contra-
» vention faite au patron Touache et à la saïque com-
» mandée par le capitaine Pascal ; j'en ai eû ample sa-
» tisfaction et tout à l'avantage de la nation ;
» Je vous en écrirai plus amplement à la prochaine

» occasion ; je vous prie seulement d'une chose, qui est
» de faire accuser juste les capitaines et patrons qui font
» de pareilles plaintes (1).

» Le patron Touache a accusé une boutte d'huile et
» une boutte de vin ; cela est faux, la boutte d'huile s'est
» concentrée en un très-petit quarteau, qui est le même
» qui a été pris, suivant le rapport des quatre Génois,
» qui m'ont été rendus aussi bien que l'huile, et les
» bouttes de vin en deux fiasques seulement. Vous pour-
» rez questionner la-dessus lesdits Génois, lorsque je
» vous les renverrai.

» Quant à la saïque (2), on m'a rendu les six Grecs et
» Maltais, un porte-voix, une flamme ; il y avait encore
» quelques bagatelles, que j'ai laissées en compensation
» d'un sac de biscuit que le Corsaire lui avait donné.

» Ledit Reis a été mené à la maison de l'Agha, et con-
» damné à 500 coups de baton, pour le mal traitement
» fait auxdits équipages.

» Je suis faché du mal traitement fait à l'équipage de
» la barque ; quant à la saïque, le capitaine Pascal a eu
» fortune d'en être quitte pour quelque bastonnade ; il
» n'avait autre passeport que celui du Consul, avec
» lequel il y avait neuf mois qu'il naviguait ; peut-être,
» si le Corsaire l'eut amené, y serait-il resté esclave. C'est
» un coureur du Levant, que j'ai connu à Tripoli, avec
» un passeport de dix années.

» Tels gens, Messieurs, ne font ni votre bien ni celui
» de la nation ; je souhaite que ce châtiment lui apprenne
» à suivre les ordonnances de sa Majesté.

» Je suis, etc. »

---

(1) C'était une des plus grandes causes de discussion ; les capitaines marchands exagéraient la valeur de leurs pertes, et on n'arrivait pas à s'entendre.

(2) Petite barque, dite aussi *chebek*.

« Alger, le 12 janvier 1699.

» Messieurs,

» J'ai reçu la lettre que vous m'avez fait l'honneur de
» m'écrire du 13 octobre seulement le 16 décembre.

» Les affaires d'ici, Messieurs, sont au meilleur état
» que vous le puissiez désirer pour la tranquillité publi-
» que. Car, pour la notre particulière, elle est un peu
» altérée par un soupçon de peste, qui, semblant rouler
» sous l'eau, nous donne lieu d'appréhender ce printemps
» quelques bourrasques.

» Le Dey et les Puissances continuent d'être très rai-
» sonnables, et, grâce au Seigneur, me paraissent très-
» bien portés en ma faveur. Je tâcherai avec un soin
» extrême, de les entretenir dans cette situation, et pour
» vos intérèts, pour ceux du public, et pour ma réputa-
» tion.

» Un des plus sûrs moyens pour y parvenir est de ne
» rien demander que de juste et de ne laisser trainer
» aucune affaire.

» Vous aurez appris par les lettres que je me suis
» donné l'honneur de vous écrire, par Barcelone et
» Mayorque, quelle justice j'ai exigé au sujet des con-
» traventions faites au patron Touache dont vous me
» parlez, et au capitaine Pascal allant à Toulon avec une
» saïque; il suffit de vous répéter ici en abrégé qu'on
» m'a rendu les dix chrétiens, savoir quatre de la barque
» et six de la saïque; et tout ce qui avait été pris, sui-
» vant le rapport des mêmes chrétiens, lesquels étant
» entre mes mains, j'ai envoyé avec le truchement pour
» reconnaître toute chose. En voici le mémoire, et le
» Reis a été condamné à 500 coups de baton pour répa-
» ration et sur le champ transporté au logis de l'Agha,
» lieu ordinaire des exécutions des Turcs.

» M. de Vauvré m'avait averti de la première contra-
» vention, et j'ai découvert la seconde. Vous pouvez
» compter, Messieurs, que je périrai plutôt cent fois que

» de laisser quelque chose en arrière. Je veux faire
» mon devoir en votre avantage ; mais, Messieurs, vous
» devez contribuer à m'y aider en trois moyens ; savoir :

» En n'aigrissant jamais les choses à la Cour ; cela est
» de conséquence.

» En obligeant les patrons d'accuser juste.

» Et en ne couvrant point de batiments étrangers,
» sous quelque prétexte que ce puisse être (1). Ce n'est
» point l'intention de la Cour que j'en réclame aucun.

» Le premier moyen, Messieurs, est fondé sur ce qu'il
» est bien plus aisé de détruire que de construire, et
» qu'il faut entrer un peu dans les raisons d'autrui,
» avant de mettre les fers au feu. Votre tranquilité en dé-
» pend. Les Algériens ont trouvé 200 batiments Français
» à la mer sans seulement leur demander le passeport,
» quoique tous les batiments Portugais qu'ils ont pris,
» ils les aient trouvé avec pavillon français (2) ; ils ont
» donné du biscuit et de l'eau a plus de vingt qui en
» manquaient ; ils ne s'en sont plaints qu'à moi. Plus de
» vingt leur ont tiré des coups de canon (3) et tué du
» monde, entre autres le commandant de la *Charente*,
» qui tua cinq hommes il y a onze mois au plus honnête
» des Corsaires d'Alger, le plus brutalement du monde,
» lequel cependant, quoique avec un vaisseau de 40 ca-
» nons et 300 hommes, ne tira pas un seul coup.

» Ils ne disent mot cependant, et s'il arrive qu'un
» malheureux, indigne d'être de leur nombre, fait une

---

(1) Le Dey délivrait au commerce Français un certain nombre de
passeports ; mais il arrivait, malgré les Ordonnances, qu'on en prê-
tait à des navires Italiens, et autres, ce dont les Algériens se plaignaient avec raison.

(2) Voir la note précédente.

(3) On eut toujours beaucoup de peine à empêcher ceux de nos
navires de commerce qui étaient bien armés, d'ouvrir le feu, sans
autre explication, sur les navires Barbaresques, alors même qu'on
était en paix avec eux. Presque toutes les *ruptures* viennent de là.

» contravention, qui est chatiée exemplairement d'abord
» qu'elle est sue, d'abord tout est en feu et tout le monde
» cri : *Tolle;* un peu de flegme et d'indulgence sont né-
» cessaires.

» Le second moyen, je m'en plains sur ce que le patron
» Touache a accusé un tonneau d'huile, un tonneau de
» vin et plusieurs agrés ; sur le rapport certain des
» quatre Génois, le tonneau de vin est faux ; le Corsaire
» n'en a pris que deux bouteilles. Le tonneau d'huile
» m'a été remis ; c'est un baril qui ne tient pas une mil-
» lerolle et demi ; c'est le même et au même état qu'il a
» été enlevé ; et, *plusieurs agrès;* il n'y en avait pas pour
» trente sous.

» Quand au passeport, le capitaine Pascal en avait
» seulement un du Consul de Mil, avec lequel il y avait
» neuf mois qu'il naviguait. Jugez si avec telle pièce j'au-
» rais pu le réclamer, si le Corsaire l'eut amené.

» J'ai déja remontré aux patrons qui sont venus de
» Livourne une partie des raisons que vous me mandez
» au sujet du Cottimo.

» Je les leur ferai encore mieux comprendre avec
» votre lettre ; après quoi, tant pis pour eux, s'ils n'y
» veulent pas entendre. Je ne le puis exiger que de leur
» volonté ; d'autant que, de force, ils se plaindraient aux
» juifs, les juifs au Dey, auprès duquel cela ferait un
» mauvais effet, outre que je n'y avancerais rien, non
» plus que ceux qui ont voulu tenter quelque nouveauté.
» Soyez persuadés que je n'oublierai rien pour vous en
» faire avoir satisfaction.

» Je suis, etc. »

———

« Alger, le 20 mai 1699.

» MESSIEURS,

» Vous aurez sans doute reçu ma lettre, par laquelle je
» vous rendais compte de l'arrivée, du séjour, et de l'in-

» tention de l'escadre Anglaise en cette rade, et de tous
» les mouvements, démarches, etc., que je me suis
» donnés pour éluder leurs mauvaises intentions, savoir;
» de nous faire déclarer la guerre, de faire la paix des
» Hollandais, d'avoir ici un magasin en toute franchise,
» etc. (1). Vous pourrez voir le tout dans ma précédente
» du 16 avril. Grâces à Dieu, malgré les présents consi-
» dérables qu'ils ont distribués, ils en sont sortis à leur
» honte et n'ont rien obtenu ; ce n'a pas été sans peine
» de ma part ; mais, enfin, j'en suis assez récompensé
» par l'honneur que j'en reçois d'être utile à votre com-
» merce. Soyez persuadés que je ne m'endormirai jamais
» sur vos intérêts et sur mon devoir.

» Cependant permettez-moi de me plaindre de vous à
» vous-même ; il part deux batiments de Marseille pour
» ici ; vous savez la contravention faite par les habitants
» de Minorque au sujet de la barque du patron Roux, ve-
» nant de Livourne, qui s'y est perdue; vous savez qu'ils
» ont retenu et voulu vendre un homme et cinq femmes,
» Turcs appartenant au Dey ; vous êtes chargés d'en
» procurer la justice. Vous devez savoir de quel in-
» térêt il est ici quelle soit prompte, le tout s'étant passé
» presque à la vue d'Alger, et le Dey y étant interessé ;
» et cependant vous ne me donnez aucune nouvelle la-
» dessus, ni de ce que vous avez fait sur ce sujet.

» Au nom de Dieu, Messieurs, ce sont encore plus vos
» affaires que les miennes. Songez que je suis votre ser-
» viteur et que vous devez m'aider et de vos avis et de
» vos soins ; le bien des affaires le demande. Ce n'est
» point que je veuille disputer de lettres et réponses
» avec vous ; je ferai toujours mon devoir ; c'est l'uni-
» que bien de vos affaires qui me fait agir, et je suis
» assez libre de toute ostentation.

» Je suis, etc.

---

(1) La flotte Anglaise était commandée par l'amiral Aylmer.

» Ces Insulaires tyrannisent furieusement tous vos
» batiments qui y touchent ; cela est de grosse consé-
» quence. »

———

« Alger, le 24 juillet 1699.

» MESSIEURS,

» La copie de la lettre que je me donne l'honneur
» d'écrire à Monseigneur et que je vous prie de faire
» tenir à Monsieur le Bret après l'avoir lue, vous infor-
» mera de tout ce qui s'est passé ici depuis l'arrivée du
» vaisseau du Roy le *Téméraire*.

» Il est facheux que nous-mêmes fassions notre
» malheur ; tout ce que la flotte Anglaise, ses présents,
» ses offres, ses remuements n'avaient pu faire ni seu-
» lement altérer, nous a pensé arriver par un de nos
» vaisseaux.

» Il y a eû deux véritables séditions coup sur coup ; le
» Dey, au désespoir, et craignant pour sa tête, qui est or-
» dinairement le but des révolutions de ce pays. Si quel-
» qu'un de vous, Messieurs, avait pu être témoin d'une
» pareille bourrasque, des peines, des mouvements, et
» des risques nécessaires pour l'apaiser, peut-être con-
» naitriez-vous mieux ce que c'est qu'Alger, et cherche-
» riez-vous du moins avec quelque plaisir les occasions,
» si ce n'est de faire du bien, au moins de dédommager
» un pauvre diable qui vous sert avec zèle dans un pays
» où rien ne se fait qu'en donnant ; essuyer des pestes,
» courir bourrasque et se ruiner n'est pas affaire conve-
» nable à un honnête homme.

» Tout est presque apaisé (1), et j'espère que, dans
» peu, je ramènerai les affaires à leur premier état,

———

(1) Il y avait eu des fuites d'esclaves à bord du *Téméraire* ; comme
toujours, les propriétaires d'esclaves s'étaient ameutés, et avaient
demandé vengeance au Dey, qui n'avait pas d'autre moyen de calmer
la sédition que de faire indemniser les plaignants de leurs pertes.

» qui était sans doute le plus tranquille qui eut jamais
» été en ce pays ; tout cela ne sera rien, à condition que
» l'esclave sauvé avec le canot sera payé. Je suis, etc. »

« Alger, le 24 août 1699.

» MESSIEURS,

» Il n'y a pas trois jours que j'ai reçu la lettre que vous
» m'avez fait l'honneur de m'écrire par voix de La Calle,
» datée du 22 mai.

» Ce batiment partant à l'imprévu pour le même lieu,
» je n'ai pas le temps de vous répondre aussi ample-
» ment que je le souhaiterais ; j'y suppléerai à la pre-
» mière occasion, n'en laissant passer aucune sans me
» donner l'honneur de vous écrire.

» C'est aux distributeurs de passeports et non aux
» Consuls a y tenir si fort la main, et, de votre connais-
» sance même, vous n'ignorez pas que quantité de
» Génois trouvent moyen d'en obtenir, malgré tous les
» réglements dont vous m'avez envoyé l'imprimé (1).

» Vous m'obligerez, Messieurs, et il est de votre jus-
» tice, de ne donner créance aux plaintes des patrons
» qu'avec connaissance de cause ; vous m'assurez que
» vous prendrez ce parti. Vous en savez les consé-
» quences.

» J'ai reçu avis du paiement des 2,288 livres, je sais
» parfaitement ce que Monseigneur m'a mandé sur ce
» sujet ; est-il bien possible, Messieurs, qu'aucun de
» vous ne daigne considérer quel est le Gouvernement
» d'Alger, ni connaître vos véritables intérêts !

» Faites réflexion, que rien de conséquence ne s'y fait
» sans présents ; vous savez que les Turcs sont gens
» sans discrétion, qui demandent toujours et ne veulent
» pas être refusés ;

---

(1) Voir les notes précédentes sur le prêt abusif des passeports.

» Qu'il faut presque toujours donner, tantôt aux uns,
» tantôt aux autres ; que, faute d'une bagatelle, les af-
» faires pourraient aller à l'extrémité.

» Vous savez tout cela, mille autres choses encore
» inutiles à rapporter, et, cependant, au lieu de tacher à
» procurer quelque soulagement à un de vos plus affec-
» tionnés serviteurs assurément, il semble par votre
» article que vous me reprochiez la grâce et la justice
» que Monseigneur m'a rendue (1).

» Songez, Messieurs, qu'un Consul Anglais a ici 3,500
» piastres Sévillanes d'appointements et 1,500 piastres
» pour donations tous les ans, le tout payé à Alger, et le
» casuel.

» Qu'un Consul Français, qui a la préséance et bien
» plus d'embarras, a 6,000 livres, qui, rendues à Alger, ne
» valent pas plus de 4,500 ; après cela, étonnez-vous si
» les Anglais ont souvent emporté la balance dans les
» affaires de conséquence.

» Alger ne vous rend rien ; mais il fait la sureté de
» toutes vos Echelles (2), de vos batiments et de votre
» commerce.

» Cela signifie, Messieurs, que je me recommande à
» vos bonnes volontés ; le casuel ne m'a valu l'année
» passée que 220 piastres, et cette année 160 jusqu'à
» présent.

» La restitution des esclaves retenus injustement à
» Minseque est absolument nécessaire ; je ne puis reve-
» nir de mon étonnement qu'ils aient été refusés aux
» Galères. J'en écris fortement ; ayez la bonté de me
» seconder, l'autorité du Pavillon le demande ; ayez la
» bonté d'y donner attention. Vous aurez sans doute
» appris les deux séditions arrivées coup sur coup au

---

(1) Cette phrase fait allusion à l'augmentation d'appointements,
que venait de recevoir le Consul.

(2) C'est toujours le même argument, très vrai, mais peu en faveur
auprès de la Chambre de Commerce.

» sujet des esclaves sauvés, ou noyés voulant le faire, à
» bord de M. Le Chevalier de Forbin, et celui sauvé à la
» mer avec le canot. Les séditions n'ayant ordinaire-
» ment pour but que la tête du Dey et des Puissances,
» elles en ont été si épouvantées que le Dey n'a pu encore
» en revenir.

» Je puis assurément dire que j'ai disposé de tout ce
» que je voulais à l'avantage de la Nation ; je ne dispose
» plus de rien.

» Il m'a rendu justice à la vérité depuis ; mais plus de
» grâces.

» Je ne sais si, avec le paiement de l'esclave sauvé,
» avec le canot qu'il faudra payer, je remettrai les choses
» au même état qu'elles étaient, que les Turcs mêmes
» disaient que pour obtenir du Dey quelque chose, il
» fallait s'adresser à moi.

» Je suis, etc. »

————

« Alger, le 3 septembre 1699.

» Messieurs,

» J'ai reçu celle que vous m'avez fait l'honneur de
» m'écrire du 14 août.

» Le commerce d'Alger est si peu de chose, qu'il y
» vient très-peu de batiments et principalement de Mar-
» seille ; je ne laisse pas de prier M. Eon de vous donner
» avis du départ des batiments qui pourront venir à sa
» connaissance.

» Vous avez appris, Messieurs, par le retour des ga-
» lères et par ma dernière, que les habitants de Minorque
» n'ont donné aucune satisfaction sur les Turcs et sur
» le chargement retenus contre le droit des gens. Vous
» voyez qu'il est besoin de nouvelles diligences de votre
» part. Vous en savez les conséquences, et pour l'au-
» torité du Pavillon du Roy, et parceque cela se passe
» en vue d'Alger, et que le Dey y a intérêt. Je serais fa-

» ché que ma lettre du 16 avril ne vous soit pas par-
» venue ; vous avez appris d'ailleurs le peu de succès
» des Anglais en ce pays. Ils n'ont pu s'empêcher de se
» plaindre de la hauteur des Algériens à leur égard;
» peut-être leur en eussè-je donné une autre raison
» plus considérable, si les séditions causées par la fuite
» des esclaves, dont je vous ai amplement informé,
» n'avaient rompu mes mesures, et n'avaient interrompu
» l'extrême confiance que le Dey me témoignait.

» Comptez, Messieurs, sur mon devoir et sur votre
» service; je ne dors pas, et il ne tiendra pas à moi que
» vous ne soyez contents de mon zèle.

» Je vous remercie, Messieurs, d'avoir fait payer mes
» appointements, et voudrais bien vous remercier d'une
» augmentation qui serait très-nécessaire, n'y ayant pas
» ici de l'eau à boire à qui veut faire son devoir.

» Le patron Charles Bertrand, qui vous rendra la pré-
» sente, vous rendra compte des plaintes qu'il est venu
» faire ici, sur ce qu'il a été enlevé par une galiotte
» d'Alger, qui lui a pris tout son chargement et s'est ban-
» nie à Tétouan (1). Voilà ce qui s'est passé la-dessus, et
» l'affaire en est à ma perquisition.

» Le Dey a protesté d'en rendre entière justice, et m'a
» assuré qu'il fera en sorte qu'il n'y aura rien de perdu.

» Il s'est fait informer par les habitants de Cherchel
» qui sont en cette ville de ceux qui avaient pris part à
» l'armement, et de ceux qui composent son équipage,
» qui sont tous dudit Cherchel.

» Il envoya d'abord deux spahis, avec un rôle, avec
» ordre aux Aghas de Cherchel et de Tenes, de saisir
» tous les effets qui pourront leur appartenir et d'arrêter
» et lui amener pieds et mains liés tous ceux pourront
» revenir dans la suite, et de déclarer aux habitants dudit

---

(1) C'est-à-dire : avait été se réfugier au Maroc, pour y vendre sa
prise, et se soustraire au châtiment que le Dey eût fait infliger au
Reïs.

» Cherchel que, s'ils ne trouvent moyen de faire revenir
» la dite Galiotte et les effets qu'elle a enlevés, qu'il les
» rendra tous responsables du payement (1).

» Il envoie, de plus, par un vaisseau qui doit partir
» demain, auquel il ordonne de toucher à Tétouan, un
» homme exprès pour réclamer ladite Galiotte, l'argent
» et les effets, dont je lui remettrai ce soir un mémoire
» en Arabe entre les mains; tous les Reïs et Grands
» Écrivains se sont joints à mes demandes, et ont prié
» le Dey d'en faire une justice exemplaire. Il s'y prend
» d'une manière qu'il y a lieu d'en espérer peut-être plus
» de raison qu'on n'en pourrait obtenir en Chrétienté
» d'un forban qui se serait retiré dans un pays ennemi
» des deux parties intéressées.

» Le Dey a fait donner au patron Bertrand une chaloupe,
» une ancre et tout ce qui lui pouvait être nécessaire.

» Il m'a remis deux Français passagers de la Rochelle,
» pris sur un Portugais, allant des Canaries à la Madère;
» je vous les enverrai incessamment. J'ai donné avis à
» Cadix et à Tunis, et les ai priés, aussi bien que vous,
» Messieurs, d'avertir partout qu'une Galiotte armée de
» 3 canons, 8 pierriers, de 18 à 20 bancs, munie de mon
» passeport, s'est bannie d'Alger, afin que chacun y
» prenne garde. Je suis, etc. »

« Alger, le 12 septembre 1699.

» MESSIEURS,

» J'ai eu l'honneur de répondre amplement le 24 du
» passé à celle que vous m'avez fait l'honneur de
» m'écrire du 14.

---

(1) Il est peut-être bon de remarquer ici, que le système tant attaqué de la *responsabilité collective*, était déjà employé par les Deys,
qui avaient sans doute reconnu que c'était un bon moyen d'action
sur les indigènes.

» Je ne doute pas que la mienne du trois de ce mois ne
» vous soit parvenu par le patron Ferrand.

» Le Dey se donne tout le mouvement possible pour
» nous rendre satisfaction au sujet de la Galiotte qui
» s'est bannie à Tétouan. Il attend la réponse de ce qu'il
» a écrit au Caïd dudit lieu, sur la prière qu'il lui a fait
» de se saisir de ce qu'il pourrait des marchandises en-
» levées et de l'argent, et de les lui renvoyer.

» Trois personnes de ladite Galiotte qui sont revenues,
» sont aux fers. Le Dey me promet positivement que je
» serai content, et vous devez compter, Messieurs, que
» je n'oublierai rien de ce qui sera à mon pouvoir et de
» mon devoir.

» Souffrez que je vous recommande toujours les Turcs
» qui sont à Minorque ; le Dey les attend de la sureté du
» Pavillon du Roy ; cela est de conséquence.

» Il y a douze vaisseaux dehors, et les autres sortiront
» incessament.

» Je suis, etc. »

———

« Alger, le 4 octobre 1699.

» Messieurs,

» M'étant donné l'honneur de vous écrire fort au long
» les 4 et 14 septembre, celle-ci est seulement pour vous
» donner avis que, suivant les avis de Tétouan, à la
» prière du Dey d'Alger, le Caïd s'est emparé de tous les
» effets pris sur la barque du capitaine Bertrand, aussi
» bien que de l'argent ; qu'il attendait les ordres du Roy
» de Maroc pour les remettre au Consul Français, ou
» pour les renvoyer ici. Comme le Dey en a encore écrit
» depuis par une barque Française qui doit revenir ici,
» je vois bien de l'apparence que le tout pourra revenir.
» Je m'endormirai pas la-dessus, et j'espère que vous
» en apprendrez des nouvelles.

» M. de Villars toucha ici le 20 du passé. Grâces au
» Seigneur, je n'eus point de chagrin au sujet des es-
» claves. De deux qui se voulaient sauver, un se noya,
» et l'autre fut repris. Cet article a ruiné et ruinera tou-
» jours les affaires de ce pays.

» Le Dey est dans de très-bonnes intentions ; je suis
» bien auprès de lui, mais peu s'en est fallu que les es-
» claves sauvés avec M. de Forbin n'aient tout rompu,
» principalement celui sauvé à la mer, qui fit soulever le
» pays et qu'il faudra payer. Il faut connaître la Taïffe
» d'Alger pour comprendre à quelles extrémités elle est
» capable de se porter pour des bagatelles, sans aucune
» réflexion de ce qui peut arriver ensuite.

» Il partit hier d'ici un frère de Ferhat-Bey, qui se
» joignit à Chaban Dey à l'affaire de Tunis ; il venait de-
» mander un camp au Dey, pour chasser Mourat-Bey et
» s'établir à Tunis, où il prétend être désiré des Turcs et
» Maures.

» Le camp lui a été refusé ; cependant il compte d'en
» venir à bout tout seul avec ses partisans ; cela pourra
» bien causer encore quelques nouveaux mouvements à
» Tunis, d'autant plus que le jeune Bey y est déjà très-
» mal voulu.

» Je suis etc. »

Alger, le 1er novembre 1699 (résumé).

Monsieur Durand annonce qu'on lui a remis deux
nouveaux esclaves français, Grégoire Nau, de Saintes,
et Français Beaussire, de Dunkerque ; que le bâtiment
mené à Tétouan est restitué avec ses marchandises ;
il prie qu'on s'occupe activement de l'affaire des Turcs
pris à Minorque, dont il a parlé dans ses lettres précédentes ; il rend compte de quelques prises faites par

les corsaires sur les Hollandais, et de l'arrivée devant
Alger du vaisseau du Roy le *Triton*, commandé par
Monsieur le chevalier de Mongon, qui a mouillé en
rade le 31 octobre (1).

———

Alger, le 16 janvier 1700 (résumé).

Monsieur Durand annonce qu'il renvoie deux nouveaux captifs, Christian Lucas et Jean-Baptiste Gheso ;
il se plaint de nouveau de l'insuffisance de son traitement, en présence des dépenses excessives qu'il est
forcé de faire, tant pour le soulagement des esclaves
que pour les donations obligées, indispensables pour
soutenir l'influence française, surtout en présence des
énormes frais que font les Anglais pour y substituer
la leur. Il déclare que la position n'est plus tenable, et
que, si on lui refuse sa demande, on devra aviser à le
remplacer, ou tout au moins à déléguer quelqu'un qui
sera chargé de recevoir le casuel, et en même temps
de payer les dépenses obligatoires.

———

« Alger, le 20 février 1700.

» MESSIEURS,

» Vous verrez par la copie de la lettre que j'ai reçu
» du sieur Estelle, le peu de bonne foi avec laquelle

———

(1) Mémoire des passagers français qui m'ont été rendus, que je
renvoie par ce bâtiment :

Saubat de Palanqué, de Cap Breton ;
Louis Rousseau, de La Rochelle ;
Pierre Ferrand,　　　　id.
Antoine Verde, de Marseille.

» Mouley Ismael correspond aux instances du Dey
» d'Alger (1).

» Il a envoyé de nouveau un homme exprès avec
» menaces, en cas qu'on ne lui fasse pas raison sur
» cette affaire. Si ce dernier mouvement ne réussit pas
» plus que les premiers, et que deux vaisseaux qu'il a
» fait toucher exprès, je ne sais plus comment je dois
» m'y prendre. Je sais que les Puissances ne paieront
» pas le montant des effets de leurs fonds, d'autant
» qu'ils se plaignent qu'il les a volés aussi bien que nous,
» et que, d'ailleurs, ils ne peuvent être responsables en
» leur propre du procédé d'un forban, qu'ils ont donné
» ordre de prendre partout où on pourrait le trouver.
» Je sais d'un autre côté que le peu d'armateurs restés
» à terre, qui étaient des misérables, informés des
» intentions du Dey, ont déserté.

» Le Dey me rend le maître de faire tout ce que l'on
» souhaitera sur ce sujet. Il l'a fait jusqu'à présent,

------

(1) *Lettre de M. Estelle, consul à Tétouan.*

« Monsieur,

» Il n'y a qu'une heure que j'ai reçu l'honneur de la vôtre, par
laquelle vous souhaitez savoir l'éclat de l'affaire des effets pris par
la *Galiotte* sur *Patron Bertrand* ; sur quoi, je vous dirai que toutes les
réclamations que ceux d'Alger ont pût faire ici, n'ont servi de rien,
puisque le Roy de Maroc les a toutes envoyé prendre, et, suivant
son ordre, sont toutes parties pour Mequenez. Jugez par là si on
songe à me les remettre, puisqu'elles partirent après que je lui eus
fait voir votre lettre.

» Le patron de la *Galiotte* a été ici se plaindre qu'on lui avait tout
oté sans lui rien donner. Il disait auparavant qu'il voulait armer de
nouveau pour aller en course contre les Français, mais, maintenant
il a changé de ton, car il est misérable, sans argent et abandonné
de tout son équipage. De la dite prise, le Roy de Maroc a rendu à
un Juif de Salé qui y était enbarqué, les marchandises qui lui appartenaient, consistant en une partie d'émeraudes, contaries et autres
bagatelles. »

On voit par cette lettre que la cupidité de l'Empereur de Maroc
rendit inutiles les démarches actives de notre consul et le bon vouloir du Dey d'Alger.

» jusqu'à compromettre son autorité, comme il est
» arrivé par les continuels refus de Mouley Ismael.

» Dans l'infortune des marchands, ce qui est de plus
avantageux, est que le forban a été bâtonné par Mouley
Ismael, que tout lui a été enlevé, et qu'il est très-misé-
rable. Peut-être aussi se viendra-t-il brûler à la chan-
delle; cela otera du moins l'envie aux autres de suivre
un tel exemple.

» Le capitaine Cravat, Anglais, commandant la flute
nommée *Le Pèlerin*, vous remettra trois Français que
j'ai retiré avec des peines infinies, d'autant qu'ils pas-
saient aux Indes d'Espagne et s'étaient embarqués
comme Espagnols sur le bâtiment qui a été pris par un
Algérien.

» Ils s'appellent :

» Louis de l'Herbe, de Montpellier ;
» Augustin Fontaine, de Nantes ;
» Michel Gazon, de Martigues.

» Vous aurez la bonté de donner la satisfaction au
» capitaine anglais pour la nourriture et passage.
» Il n'y a point ici de mouvement contre Tunis.
» Je suis, etc.

» Il manque encore deux barques de prise chargées
» de grains, et il est venu nouvelle qu'un vaisseau de
» Saint-Mâlo en a pris et perdu sur la côte de Cadix une
» des deux. Les Turcs et Maures devront être ren-
« voyés. »

Alger, le 28 juin 1700 (résumé).

Le commencement de la lettre est consacré aux
plaintes ordinaires de M. Durand, sur la parcimonie
qu'on montre à son égard; il envoit une attestation
des dépenses signée de M. le Vicaire apostolique et de

quelques notables (1). Il termine par les nouvelles
suivantes :

« Les mouvements de Maroc et de Tunis font détenir
» les vaisseaux dans le port, afin de pouvoir porter du
» secours où il en serait besoin (2). Cinq vaisseaux
» cependant, qui ont obtenu la permission de sortir,
» sont partis le 26 du courant.

» La peste, depuis 8 ou 10 jours, a attaqué quelques
» personnes et trois ou quatre en sont morts. Cette fu-
» neste situation surprend d'autant plus tout le monde
» que, de mémoire d'homme, on ne se souvient pas
» qu'elle ait jamais commencé dans cette saison ; on
» espère qu'elle ne durera pas ; Dieu nous en fasse la
» grâce.

» La nouvelle vint hier que le Bey de Tunis avec un
» armement considérable était entré dans les terres
» d'Alger et venait à Constantine. Tout est ici en mou-
» vement pour envoyer au Bey du Levant des secours et
» par terre et par mer. Les Turcs ici fulminent de colère

---

(1) Nous soussignés, Vicaire apostolique, Agents de la Compagnie du Bastion de France et Chancelier du Consulat de France,
résidants à Alger, certifions que M. Durand, consul, a, réelle-
ment et de notre entière connaissance, payé à la maison du Roy,
mille quatre cents piastres sévillaines et mexicaines, savoir : mille
piastres pour les nommés Lucas Christian et Jean-Baptiste Gheso
et 400 piastres pour M^r D'Hache, sauvé en mer par le canot de
M. le chevalier de Forbin, desquelles sommes il en a même le reçu
du Dey. Certifions de plus, qu'Alger n'ayant point de commerce
réglé ni de cours de place, le moindre change, même pour les lettres
à 15 jours de vue, est de vingt pour cent, qui même en de certaines
conjonctures, soit de prises ou autres, on aurait de la peine à en
trouver à trente ou quarante pour cent. En foi de quoi, nous avons
signé le présent certificat.

Alger, le 26 juin 1700.

Signé : LAURENCE, *Vicaire apostolique* ; MICHEL ; DESPALLEAUX
et CLAIRAMBAULT, *Chancelier*.

(2) Le bey de Tunis, allié à celui de Tripoli, assiégeait Constantine.

» de la hardiesse dudit Bey ; le temps nous apprendra
» l'évènement.

» Je suis, etc. »

« Alger, le 16 juillet 1700.

» MESSIEURS,

» J'ai reçu hier la lettre que vous m'avez fait l'honneur
» de m'écrire du 20 juin.

» Si je puis jamais trouver quelque moyen, soit par
» accommodement entre Alger où Maroc, dont cepen-
» dant il n'y a encore nulle apparence, soit par quelque
» chose, des effets pris sur le patron Bertrand, je n'en
» manquerai pas l'occasion, je vous prie d'en être per-
» suadé.

» J'ai reçu les Turcs par le patron Arvieux Beaumont ;
» ceux d'Espagne retenus à Cadix n'ont point encore
» paru ; il ne manque plus que ceux la, les effets de la
» barque échouée à Faro, et les esclaves et effets de
» celle perdue à Minorque. J'ai reçu le mémoire touchant
» le patron René Guillebert. Est-il bien possible, Mes-
» sieurs, que vous ne sachiez pas que les Maures, depuis
» Bougie par de là Gigery, ne reconnaissent nulle domi-
» nation, ne payent aucun impot à Alger ; que les Turcs
» n'osent pas seulement y mettre le pied avec leurs
» camps, et que, même, quand il y a péri quelques bati-
» ments d'Alger, qu'ils les ont tous taillés en pièces.
» L'équipage dudit Guillebert doit rendre mille grâces
» au Seigneur, d'avoir pu se sauver dans la misérable
» forteresse des Turcs, dont même ils n'osent sortir, et
» d'avoir eu affaire à un brave Agha ; car de mille Chré-
» tiens, ni Alger, ni qui que ce soit n'en eut pas pu sau-
» ver un seul, et, de cent batiments qui s'y perdraient, il
» n'y faut pas attendre un clou. »

La lettre se termine par les plaintes ordinaires de M. Durand sur l'état de misère dans lequel on le laisse. Il continue a demander son remplacement, si on ne consent pas à lui venir en aide.

Alger, le 2 juillet 1700 (résumé).

M. Durand écrit qu'il vient d'envoyer ses mémoires de dépenses à M. de Pontchartrain; il en envoie copie à MM. du Commerce de Marseille, en les priant de les faire vérifier avec soin, et de s'assurer par eux-mêmes qu'il lui est impossible de continuer dans les mêmes conditions.

Il termine ainsi sa lettre : « Tout est ici en mouvement » pour ramasser des troupes et remédier aux désordres » que Mourat Bey à causés dans le pays en détruisant le » camp du Levant; jeunes et vieux, tout doit marcher; » le temps nous apprendra le succès ?

» Je suis, etc. »

« Alger, le 26 avril 1700.

» Messieurs,

» Depuis ma précédente du 21 du courant, les affaires » ont changé de face, comme vous le pouvez voir dans la » relation ci-jointe, que je me donne l'honneur de vous » envoyer.

» Nous voici encore dans un nouveau changement de » gouvernement (1), et sous celui d'un Dey, homme » aussi vif et bouillant que l'autre était tranquille; on le

---

(1) Voir la note précédente; à la suite du mécontentement causé par Mourad-Bey, une émeute avait éclaté, à la suite de laquelle Hadj' Musṭapha avait été proclamé Dey.

» prétend très honnête homme et de beaucoup d'esprit ;
» je me flatte que les affaires n'en recevront aucune
» altération, et je vais m'appliquer à étudier son humeur
» et ses maximes.

» Je ne puis mais, Messieurs, des évènements du sort
» et des révolutions.

» Il est question de commencer par donner ; c'est un
» usage établi et indispensable ; il faut absolument en
» passer par là. Pour éviter sur ce sujet toute sortes de
» discussions avec la Chambre, je prends le parti, Mes-
» sieurs, de vous prier de vouloir bien faire exécuter
» vous-même le mémoire ci-joint de ce qui est néces-
» saire, avec soumission d'en suivre la distribution de
» la connaissance de tous les Français résidents ou
» passagers qui seront ici et de vous en envoyer les at-
» testations, de la manière que vous trouverez à propos.

» Il n'est pas question, Messieurs, de balancer ni de
» reculer dans cette occasion ; elle est de la dernière
» conséquence, et, comme je n'ordonne rien sur ce sujet
» à mon correspondant, je vous prie de m'en envoyer le
» contenu au plutôt, avec les réponses de la Cour, même
» par batiment exprès.

» Je ferai seulement de mon côté les avances les plus
» pressées, comme frais de la confirmation du traité, et
» autres. C'est une chimère de croire pouvoir se dis-
» penser à Alger de donner ; ce sont usages établis, que
» les grands et les petits observent et sont obligés
» d'observer.

» Si vous ne pouvez, Messieurs, vous résoudre à le
» comprendre, vous me ferez plaisir de solliciter ma
» révocation ; je ne puis voir les affaires prendre un
» mauvais chemin entre mes mains. Je sers le Roy, la
» nation, et vous, Messieurs, avec zèle et plaisir ; mais
» j'aime encore bien mieux me retirer que d'avoir à chi-
» caner perpétuellement avec des gens que je respecte et
» qui devraient naturellement être mes protecteurs, ou
» à me trouver engagé à me ruiner dans un pays tel que

» celui-ci ; le séjour de la peste, des incidents et des
» mortifications pour le bien de vos affaires.

» La barque qui devait porter mes précédentes est
» celle qui a été accordée au Dey pour porter son pré-
» décesseur en Levant, dont j'ai obtenu le nolis. Dans le
» besoin de donner avis de ce qui se passe, par délibé-
» ration de la nation, j'ai obligé le patron Simon Mon-
» ginon d'Agde, commandant la barque St-Antoine-de-
» Padoue, nolisée par des Maures, de toucher à Marseille,
» moyennant la somme de deux cents livres, pour
» indemniser en quelque façon ce patron de la perte que
» lui cause un pareil détour. Je l'ai en mon particulier
» fait franc de tonnelage ; je vous prie, Messieurs, de lui
» ordonner le paiement desdites deux cents livres.

» Je suis, etc... »

Alger, le 15 août 1700 (résumé).

Monsieur Durand commence sa lettre par ses plaintes
habituelles sur la situation pécuniaire qui lui est faite;
il ajoute qu'il espère vivre avec le nouveau Dey en
aussi bonne intelligence qu'avec son prédécesseur et
termine sa lettre ainsi qu'il suit : — « Les nouvelles de
» ce pays sont encore à peu près dans la même situation
» que j'ai eû l'honneur de vous mander par mes pré-
» cédentes qu'elles étaient.

» Mourat, Bey de Tunis, assiège toujours Constantine,
» et quoiqu'ils manquent de munitions de guerre, il n'a
» encore rien avancé.

» Les secours se préparent assez lentement, à cause
» de la division des forces, les Algériens n'ayant jamais
» pu s'imaginer que Mourat-Bey osât les venir attaquer
» dans leur pays. A mesure que quelque camp se ras-
» semble, on le fait défiler, et le Dey en personne doit
» marcher avec le dernier rejoindre le tout ensemble.

» Le Bey nouveau de Constantine (1) rassemble de son
» côté nombre des plus braves maures. Le camp gé-
» néral sera gros, et malheur mille et mille fois aux
» pauvres habitants du Royaume de Tunis, si leur Bey
» vient à être battu. Les Algériens, enragés de ce qu'il
» n'a fait quartier à personne, à la déroute du petit camp
» qu'il a surpris, et de ce que il a envoyé à Tunis les
» oreilles des Turcs tués, ne respirent que feu et sang,
» et ne menacent pas moins que de tout couper sans dis-
» tinction et sans quartier, et femmes et enfants ; la
» rage est commune, et commune est la résolution de
» l'exécuter ; le temps en apprendra le succès.

» Le bruit commun veut ici que l'armée du Roy ait
» pris Tanger, et travaille à s'y fortifier ; à la bonne
» heure !

» Je suis, etc. »

« Alger, le 16 août 1700.

» MESSIEURS,

» Mon paquet fermé, le Dey et les Puissances d'Alger
» m'ont prié de faire tenir sûrement les incluses à Mezzo
» Morto, Capitaine Bacha ; je ne puis les adresser en de
» meilleures mains que les vôtres ; ce sont des lettres
» qui sont de la dernière conséquence ; ayez la bonté de
» les consigner au premier capitaine de batiment qui
» pourra partir pour Smyrne, Constantinople ou la Ca-
» née, enfin à celui qui les pourra faire remettre le plutôt,
» avec ordre de les donner en mains propres à Mezzo
» Morto, ou de charger le consul du lieu ou pourra aller
» le batiment de les faire remettre sûrement et d'en faire
» venir la réponse ; si par hasard il se pouvait trouver

---

(1) Mourat-Bey venait de battre et de tuer l'ancien Bey ; il ne devait pas tarder à être chatié de son audace, comme le prévoit bien
le consul.

» sur le lieu quelque occasion favorable, ou par voie de
» France ou par celle de Barbarie. Daignez, Messieurs,
» ordonner la-dessus toute l'attention possible et les re-
» commander le plus fortement qu'il se pourra.
  » Je suis, etc. »

Alger, le 20 août 1700 (résumé).

Monsieur Durand écrit que le Dey d'Alger a envoyé
le 19 au soir cinq vaisseaux pour aller chercher un
camp de 50 tentes qui avaient été envoyées au printemps renforcer la garnison de Tlemcen. Cette troupe
était devenue inutile, l'Empereur de Maroc ayant fait
retirer ses troupes de la frontière.

« Alger, le 14 avril 1701.

» Messieurs,

  » J'ai reçu la lettre que vous m'avez fait l'honneur de
» m'écrire, du 10 janvier.
  » On n'a point encore reçu ici les réponses du Capi-
» taine Bacha ; apparemment qu'elles viendront par les
» navires d'Alger, qu'on attend incessament.
  » Il est encore très question de discuter sur mon der-
» nier compte ; quelqu'un de vous, Messieurs, perdrait-il
» tranquillement la moitié du bien, après avoir avancé
» sans change son argent depuis deux ans ; la justice de
» Monseigneur le Comte de Pontchartrain en ordonnera,
» aussi bien que du reste, touchant les émoluments.
  » Vous me faites sur cela des propositions si peu vrai-
» semblables de 6,000 francs, change, dépenses, fêtes de
» Turcs, réceptions et autres, que je vous prie de me
» dispenser d'y répondre ; j'aimerai mieux labourer la

» terre que de servir à ce prix ; je jouerais à perdre ma
» réputation ou à m'engager pour toute ma vie. Vous ne
» voulez pas comprendre que 6,000 francs à Marseille ne
» me rendent que 1,300 piastres en cette ville, pour
» change d'argent, assurances et nolis, et que c'est ici
» que j'ai à faire mes dépenses ; je suis dans le poste le
» plus pénible et le plus dangereux, et le plus persécuté ;
» vous me rendriez justice, si vous daignez faire ré-
» flexion à mes obligations et à mon caractère.

» Voyez la copie de la délibération ; je ne comprends
» pas comment j'ai pu oublier de la mettre dans votre
» paquet, lors du départ du patron Amiel, n'ayant pas
» coutume de rien oublier.

» Je vous dirai de plus, que MM. les Agents ne s'at-
» tendaient pas même que le commerce eut à payer
» autre chose que le retard ; il faut rendre justice à un
» chacun ; la barque ayant été dépêchée ici exprès pour
» apporter leurs présents, et chargée de marchandises,
» et ne devant aller charger du blé qu'au défaut de re-
» tour, je ne doute pas que vous n'ayez terminé cette
» affaire.

» J'ai distribué les présents que vous avez envoyés,
» en présence de M. le Vicaire, de M. Duchesne son
» compagnon et de MM. du Bastion ; je vous enverrai le
» compte signé par la première occasion en droiture ;
» l'honneur de la nation étant mon premier mobile, j'y
» en ai même ajouté beaucoup du mien, au su de tout le
» monde, dont cependant je ne prétends jamais parler.

» Le Seigneur veuille vous conserver tous, et vous
» ouvre les yeux sur la fâcheuse situation où je me
» trouve réduit, Messieurs, etc.

» Le Dey est parti il y a trois jours avec toutes les
» forces d'Alger, pour aller combattre Mouley Ismael,
» qui est depuis près de quatre mois sur les terres de ce
» Royaume.

» Il est parti avec une magnificence digne d'un grand
» Roy et peu connue ci-devant à Alger, et dans la dis-

» position, aussi bien que toute la milice, de ne donner,
» ni de recevoir aucun quartier. Si Mouley Ismael est
» assez mal conseillé pour l'attendre, vous entendrez
» parler d'une boucherie encore plus grande que celle
» de Mourat Bey (1), et dans peu (2). »

Alger, le 1er août 1701 (résumé).

Le Consul informe MM. les membres de la Chambre
de commerce des dernières démarches qu'il a faites
à Alger; il annonce qu'il a fait la distribution des
présents qui lui ont été envoyés, et que, le Dey se
trouvant en campagne au moment où les lettres de

---

(1) Mourat-Bey avait été battu près de Sétif, et son armée exterminée.

(2) *Lettre de M. de Pontchartrain à MM. les Échevins et Députés du commerce de Marseille*

« Versailles, le 25 mai 1701.

» Messieurs,

» Le sieur Durand m'informe d'une victoire que vient de rempor-
» ter le Dey d'Alger contre le Roy de Maroc. Comme il a fait paraî-
» tre beaucoup d'affection pour la nation depuis qu'il est élevé à
» cette dignité, le Roy m'a permis de l'en félicité, et de lui faire
» présenter par ce Consul les Turcs invalides ce ce Royaume qui
» ont été congédiés des Galères. L'intention de sa Majesté est que
» vous dépêchiez une barque exprès pour les porter à Alger avec
» une dépêche, et que vous y fassiez embarquer les ustensiles
» nécessaires pour en rapporter des chevaux, si on en peut trouver
» dans ceux qui auront été ramenés de la défaite de l'armée du Roy
» de Maroc, qui soient convenables et propres pour en tirer de
» bonne race. Je mande à M. de Vauvré de faire aussi passer sur
» ce bâtiment un homme entendu pour les choisir. Les présents
» que vous avez envoyés à Alger à l'occasion du changement du
» Gouvernement y ont été reçus, et le sieur Laurence m'adresse
» l'état de la distribution qui en a été faite.

» Je suis, Messieurs, votre très-affectionné à vous servir.

» *Signé* : Pontchartrain. »

Mezzomorto sont arrivées, il a crû devoir les remettre aux Puissances. M. le Chevalier de Clairambault vient de partir pour Mostaganem, afin de tâcher d'y faire quelques achats de chevaux, conformément aux ordres de la Cour et de M. de Vauvré.

————————

« Alger, le 10 août 1701.

» MESSIEURS,

» Je me suis donné l'honneur de vous écrire très
» amplement le 1ᵉʳ de ce mois; le 4, il arriva ici un
» vaisseau de guerre anglais portant l'ambassadeur de
» Tripoli en son pays; il avait une lettre du Roy très-
» forte, au sujet des prétentions dont je vous ai donné
» avis ci-devant. Je les ai heureusement fait avorter (1) et
» ai fait en cela un service au commerce, malgré tous
» leurs présents; ce qui devrait bien vous engager à me
» faire quelque grâce. Par la copie ci-jointe vous verrez
» ce qui s'est passé au sujet d'un batiment de prise que
» j'ai réclamé sur quelques simples indices, faute d'écri-
» tures, le batiment ayant été abandonné le plus vilaine-
» ment du monde, sur le rapport même de tous les
» esclaves du corsaire. Je suis, etc. »

————————

« Alger, le 1ᵉʳ octobre 1701.

» MESSIEURS,

» J'ai reçu la lettre que vous m'avez fait l'honneur de
» m'écrire du 3 septembre.

» J'ai eu le bonheur de rompre le dessein des Anglais,
» faire la paix des Hollandais, obtenir ici un magasin

————————

(1) Il s'agit toujours des demandes de concessions des Anglais et de leurs excitations contre la France.

» de guerre en franchise et retraite à leurs corsaires en
» cas de guerre en Europe ; et ce, d'autant plus heureu-
» sement qu'ils faisaient des offres très-considérables, et
» qu'ils avaient fait courir bien des présents, ce qui
» cependant n'a rien couté à la nation, grâce à mes bons
» services.

» Est-il bien possible, Messieurs, que vous n'ayez
» aucun égard à la justice que j'avais demandée, et à
» mes remontrances ? »

Le reste de la lettre n'est que la répétition de ce qu'a
dit si souvent M. Durand, qu'il lui est impossible d'exercer sa charge avec les émoluments qu'on lui accorde, et
qu'il demande son rappel.

————

« Alger, le 31 octobre 1701.

» MESSIEURS,

» Deux très-violentes discussions l'une après l'autre
» pour des batiments Français abandonnés en Ponant
» fort mal à propos, sur lequel le Dey, au péril même de
» sa vie, tout le pays étant en feu et en flamme, a bien
» voulu me rendre justice, m'ayant engagé d'envoyer ce
» premier batiment réclamé avec un officier du Roy à
» Toulon, porter des lettres du Dey et en apporter les
» réponses. Je n'ai pas voulu manquer cette occasion,
» toute pressée qu'elle est, sans vous assurer de mes
» respects. Comme ledit batiment doit revenir ici, j'espère
» que vous donnerez d'assez bons ordres pour être averti
» de son départ de Toulon, et que j'aurai l'honneur de
» recevoir de vos nouvelles par ici.

» Plût à Dieu, Messieurs, que vous sussiez fidèlement
» ce que nous avons à essuyer dans des soulèvements
» généraux de la milice, et ce que c'est d'avoir à soutenir
» son devoir dans ces occasions. Vous auriez quelque
» égard pour vos serviteurs et peut-être même que vous

» les trouveriez à plaindre. Il en sera ce que vous jugerez
» à propos; mais je vous demande en grace de vouloir
» bien, ou accepter le parti que j'ai eu l'honneur de vous
» mander, ou bien d'obtenir mon congé, et envoyer ici
» qui vous jugerez à propos. Je veux bien vous servir et
» vous servir avec honneur; mais il n'est pas juste de le
» faire à mon dam, ou plutôt à mes dépens.

 » Un corsaire d'Alger a amené ici, le 6 du courant, le
» batiment d'avis qui allait de S^t. Lucar à Carthagène,
» nommé La Portugaise, ou Nostra Senora del Pueblo,
» Capitaine Don Diego de Vega y Guerra avec cent-un
» Chrétiens, dont un Capucin Français, que j'ai retiré,
» nommé le R. P. Antoine, de Bourgogne. Je l'envoie à
» M. le comte d'Estrées. Je suis, etc. »

———

Alger, le 30 octobre 1701 (résumé).

Après avoir déclaré une fois de plus qu'il ne peut pas
rester à Alger dans les conditions qui lui sont faites,
M. Durand confirme ce qu'il a dit dans sa lettre du
1er octobre, sur l'heureuse opposition qu'il a faite aux
manœuvres diplomatiques des Anglais; il annonce de
nouveau qu'il a parfaitement réussi, malgré l'activité
de M. Vernon, fils du secrétaire d'État d'Angleterre, qui
était venu exprès pour conclure, et qui a échoué, malgré les riches présents qu'il a distribués à profusion.

———

« Alger, le 18 décembre 1701.

 » MESSIEURS,

 » Des Turcs passagers qui étaient embarqués avec la
» pinque du patron Barthelemy Morin, parti de Marseille
» le mois passé, ayant enlevé ladite pinque, tué le
» patron, l'écrivain, le caïd, son fils et un autre Turc et

» jeté tous les papiers et lettres à la mer, je vous prie,
» Messieurs, de vouloir bien avertir les intéressés d'en-
» voyer au plutôt le duplicata des polices papiers, et ce
» qu'ils jugeront nécessaire. Lesdits révoltés préten-
» daient emmener le batiment en Levant; mais la Provi-
» dence, qui ne veut pas laisser une telle action impunie,
» les a mis malgré eux dans le port de Bougie; l'Agha
» en a pris un, les autres ont fui au Marabout, et il a
» donné avis de tout au Dey, qui m'envoya chercher.
» Nous avons aussitôt dépêché par terre un courrier et
» par mer un bateau, avec des Turcs porteurs des ordres
» du Dey, de prendre garde à ce qu'il n'y ait rien d'égaré
» de la barque, et de lui apporter les Turcs morts ou vifs,
» avec ordre de les tuer dans le marabout même, s'ils
» n'en veulent pas sortir, et lui en apporter les têtes. Je
» les attends au premier calme, qui est rare l'hiver dans
» ces côtés, pour savoir cette histoire plus à fond.

» Le même mauvais temps, qui a mis ces gens là à
» Bougie, a mis une tartane d'Agde à la côte, patron Jean
» Bousquet, à huit lieues à l'ouest de Cherchel; les
» Maures emmenèrent à la montagne le patron et son
» équipage, composé de sept personnes; à ma solli-
» citation, le Dey a envoyé douze spahis; après qu'ils les
» ont eû heureusement attrapés, et les ont ramenés,
» le Dey me les a rendus; le capitaine Viguier de Fron-
» tignan les doit remettre à Toulon. Il m'en a coûté
» environ vingt cinq piastres Sévillanes de frais. Des
» trois qui avaient échappé des Maures d'auprès de
» Gigery, un est mort de ses blessures, les deux autres
» doivent venir avec la barque de Morin de Bougie.
» Comme ils ne les ont jamais voulu rendre au Dey, à
» ma sollicitation, il a employé leur Grand Marabout
» pour les acheter; à leur arrivée, je dois payer le débour-
» sé. Les affaires facheuses m'ont persécuté cette année;
» grace au Seigneur, que le Dey est un très-galant
» homme; sans cela je n'en serai pas sorti si avantageu-
» sement pour la France que j'ai fait.

» Si les dix esclaves viennent, je les enverrai avec
» M. des Urchaux, venu de la part du Roy pour emmener
» le dernier vaisseau abandonné et vendu ; j'attends les
» réponses de la Cour en dernier ressort.

» Je suis, etc.... »

Alger, le 19 décembre 1701 (résumé).

M. Durand se plaint de ne pas voir donner de solution à sa demande en augmentation de traitement. Il remercie MM. du commerce des éloges qu'ils veulent bien accorder à sa gestion, mais il leur déclare qu'il ne peut et ne veut pas continuer ainsi. J'ai été témoin, dit-il, des justes sujets de mécontement de mon devancier. J'ai été témoin à Marseille de son malheur, et comme, après avoir très-bien servi dans un temps très-difficile, pour toute récompense il s'est trouvé à l'hôpital ; la preuve en est certaine, étant mort sans avoir laissé une obole. — Il termine en disant qu'il est prêt à dépenser sa vie pour le service du Roy et du public, mais qu'il ne veut pas s'endetter au delà de ses moyens, et ruiner ainsi d'autres que lui.

« Alger, le 30 décembre 1701.

» MESSIEURS,

» Je me suis donné l'honneur de répondre le 19 du
» courant à la vôtre du 14 du passé. Je ne puis revenir
» de mon étonnement de voir que vous m'avez mandé
» que j'ai voulu vous abandonner le casuel à la charge
» que vous me feriez tenir ici 6,000 liv. (1); je n'y ai

---

(1) En effet, M. Durand n'avait rien proposé de semblable. Il s'était contenté de demander, ou bien qu'on envoyât un exprès chargé de toucher le casuel et de solder en même temps les dépenses

» jamais pensé; et si vous daignez examiner mes
» mémoires, vous trouverez 2,000 piastres. Le terme de
» livres est inconnu ici, et voilà sans doute ce qui a fait
» que la Cour, en croyant me faire grâce, me réduit à
» demander à me retirer.

» J'ai bien servi, Messieurs, et nul ne peut me re-
» procher le contraire; tous mes prédécesseurs, ou sont
» péris à Alger, ou en sont sortis misérables; je ne dois
» pas espérer un meilleur sort, plutôt je ferai place à un
» autre, et mieux ce sera pour moi. Peut-être même
» serai-je regretté par la suite.

» Il n'y a rien de nouveau présentement, sinon que
» les préparatifs continuent toujours contre Tunis et
» que quatre vaisssaux vont sortir. Les huit qui sont
» en Levant ne sont pas encore de retour. Je suis, etc. »

Alger, le 9 avril 1702 (résumé).

Monsieur Durand se plaint du retard que mettent
MM. du Commerce à régler ses comptes, et des
querelles qu'on lui cherche sur des futilités; il déclare
que ces discussions sans motifs entravent le service,
surchargent la correspondance, et lui font perdre un
temps qui serait précieusement employé ailleurs. Il
termine ainsi sa lettre : — « Voici copie de ma réponse à
» Monseigneur le Ministre au sujet de Jean Bousquet et
» du capitaine Viguier. J. B. est un malheureux qui paye
» mes soins de l'avoir délivré d'un esclavage sans res-

---

extraordinaires, ou bien de convertir le tout, appointements et casuels,
en un fixe de 2,000 piastres, payables à Alger. Cette dernière combinaison avait pour but de le décharger des énormes frais de courtage
et de change, qui lui enlevait le tiers de ce qu'il était censé toucher.
Il semble étonnant que les dignitaires du commerce de Marseille,
auxquels il était si facile de faire parvenir des espèces sur la place
d'Alger, n'aient pas adopté cette combinaison, si avantageuse pour
tout le monde.

» source, d'une indigne ingratitude, cherchant à me for-
» mer une affaire sans raison et sans fondement au
» sujet du capitaine Viguier, qui est de Frontignan ;
» seul propriétaire, et sans aucun participe de son vais-
» seau. Il était à Toulon ; obligez-moi, Messieurs, dans
» une autre occasion de vous informer des choses avant
» d'en former des plaintes qui font tort à la réputation
» du plus sincère de vos serviteurs.

» Je suis, etc. »

« Alger, le 15 juin 1702.

» Messieurs,

» Je me donne l'honneur de vous écrire celle-ci pour
» vous donner un avis, qu'il est de conséquence de
» rendre public, qu'il y a quatre grosses Galliotes du
» Beylyk d'Alger, une moyenne et plusieurs petites par-
» ticulières qui vont tenir la mer apparemment à la côte
» d'Espagne, afin que nos patrons, les prenant mal à
» propos pour Saletins, n'aillent pas abandonner leurs
» batiments (1), ce qui, dans le temps présent, où on ne
» doit pas douter que les ennemis ne mettent tout en
» œuvre pour nous brouiller ici, ne conviendrait nul-
» lement au bien de nos affaires ; cela est de consé-
» quence.

» Ils peuvent prendre leurs mesures en arborant de
» loin leur pavillon, faisant bonne garde dans les rades,
» et se déclarer Français par toutes sortes de manières
» avant l'extrémité ; la confusion embrouillant les af-
» faires les plus claires, surtout se déclarant Français
» et non, par une maudite habitude, de Cassis, de Senay,
» ou autre lieu particulier qui peut-être ignoré, et le mot

---

(1) Il arrivait souvent que les équipages abandonnaient le batiment,
de peur d'être faits captifs, et se sauvaient avec la chaloupe ; l'épave
devenait alors de bonne prise.

» de Français est connu de tous. Je prendrai ici les me-
» sures nécessaires sur le tout. Vous devez, vous et moi,
» Messieurs, aller au-devant de tout accident. Si, pour
» ce sujet, vous jugez à propos de convenir de quelque
» expédient avec Monsieur le Bret, votre prudence vous
» indiquera ce que vous aurez à faire, et ma lettre vous
» servira de motif. J'attend des nouvelles de M. de
» Leshainde sur la paix de Barbarie, et n'oublierai rien
» pour y travailler avec succès pour le bien du com-
» merce. Le Chaoux du G. S. y a passé d'ici, et cela
» pourrait bien réussir.

  » Je suis, etc. »

Alger, le 12 juillet 1702 (résumé).

  M. Durand donne de nouveau avis de la procuration
dont s'est chargé M. Michel, et exprime de rechef le
désir de voir terminer rapidement le réglement de ses
comptes ; la lettre se termine par ces mots : « Si les
» Anglais et Hollandais passent dans ces mers, comme
» ils le publient, je m'attends à avoir bien des affaires
» et de la besogne a essuyer.

  » Obligez-moi, Messieurs, quelle que soit leur entre-
» prise, si le Seigneur la fait échouer, de m'en faire tenir
» le plutôt qu'il se pourra la nouvelle, quand même ce
» devrait être par un batiment exprès.

  » Les Corsaires vont et viennent sans aucune prise
» qui en vaille le parler.

  » Il y a apparence que le Dey enverra deux vaisseaux
» à Constantine avec des présents au Grand Seigneur,
» vers le mois de septembre.

  » Le commerce est entièrement anéanti en cette ville
» par les grandes exactions du Dey pour survenir à la
» paye de la milice, et la famine demeure.

  » Les affaires sont en bonne situation présentement ;

» Dieu veuille que quelque trop favorable succès de nos
» ennemis ne nous vienne pas troubler.

   » Je suis, etc. »

---

*Lettre de M. Durand à MM. les Échevins et Députés du Commerce
de Marseille*

                                    « Alger, le 7 octobre 1702.

   » Messieurs,

   » Il y a bien longtemps que je n'ai eû l'honueur de
» recevoir de vos nouvelles ; j'espère cette faveur par la
» première occasion.

   » M. Dusault m'a mandé le réglement qui avait été
» ordonné ; j'espère, Messieurs, que, l'accomplissant à
» l'avenir de part et d'autre, vous n'entendrez parler
» que de mon zèle et de mon affection à l'honneur de
» vous servir.

   » Le défaut de prises, joint à l'arrivée des Anglais à
» Cadix, à fait soulever ici tous nos jaloux, envieux ; et,
» tous les matins, j'ai eû besoin de toute mon industrie
» et de l'amitié des Puissances pour faire aller le tout en
» fumée ; cela ne m'a pas peu donnné d'embarras ; mais
» j'espère, si les Anglais sont défaits et chassés de Cadix,
» comme il y a lieu de le présumer, que j'aurai mon
» tour. Vous pouvez compter que je ne m'endormirai
» pas sur le bien du service ; mais, au nom de Dieu,
» Messieurs, faites-moi l'honneur de m'accorder votre
» bienveillance.

   » Il part aujourd'hui cinq Corsaires, qui, je crois, fe-
» ront leur course en ces mers de compagnie. Il partit,
» il y a deux jours, une caravelle Flessinguoise. Je vous
» envoie par ce batiment deux jouves (1) qui ont déserté
» ici de leur capitaine, savoir :

---

(1) Sans doute ; *deux mousses.*

» Claude Grasset, de Marseille, du capitaine Pierre
» Nicou ;

» Antoine Maber, du Martigues, du capitaine Joseph
» Coste.

» Vous aurez la bonté d'indemniser le patron Antoine
» Amiel de leur nourriture. Ce n'a pas été une petite
» affaire de les retrouver et de les sauver. Je suis, etc.

» Ayez la bonté, Messieurs, de réitérer les avis à ce
» que nos batiments n'abandonnent pas pour les gal-
» liotes d'Alger, comme j'ai avisé. A la dernière campa-
» gne, on en a trouvé deux abandonnés ; heureusement
» que les Reis de nos amis n'y ont point touché, et les
» ont laissés. »

Alger, le 26 décembre 1702 (résumé).

La première partie de la lettre est consacrée à des
comptes d'intérêts particuliers ; elle se continue en
ces termes : « L'entreprise de Cadix m'a causé ici de
» terribles mouvements ; et, si les Anglais y avaient
» réussi, je ne sais si Alger n'aurait point fait quelques
» sottises ; le défaut entier de prises, et la mauvaise dis-
» position générale des nations contre nous, qui règne
» ici plus qu'ailleurs, joint à leurs grosses et avanta-
» geuses promesses, ne me donnaient pas peu à penser.
» Le Seigneur ayant fait échouer leurs mauvais des-
» seins, j'ai eu quelque temps à respirer ; mais, dans le
» temps que je triomphais, un maudit vaisseau anglais
» venant de Boston, qui est arrivé en cette ville chargé
» de mats, ramés, cordages, et autres lignaments, a
» apporté pour nouvelles que les Anglais avaient brûlé
» à Vigo toute la France, pris tous les gallions et l'ar-
» gent. Ils en ont fait des réjouissances par des canon-
» nades réitérées toute la journée, et mis l'allégresse de
» notre prétendu malheur dans tout le pays, et recom-
» mencé leurs pratiques ; je les combats valeureusement,

8

» et tiens en quelque façon les esprits en suspens, au
» moins les gens qui ont quelque raison, en prouvant
» leurs coutumes ordinaires de mentir impunément. Les
» autres parlant par lettres, je ne puis détruire ces
» bruits, qui sont facheux dans des esprits séditieux,
» remplis de mauvaise volonté et sans circonspection, que
» les Puissances mêmes ne peuvent retenir. Il serait né-
» cessaire, dans des occasions considérables ou d'avan-
» tages ou de malheurs, que je fusse informé par toutes
» occasions, ou, au défaut d'aventuriers, par exprès.
» Un incident peut facilement arriver, et les remèdes
» après coup seraient longs, facheux et peut-être inu-
» tiles. Je ne m'épargnerai pas dans ces occasions pour
» votre service et le bien général de Marseille ; mais,
» étant seul et inavisé, je ne puis faire que mon possible.
» Ayez la bonté d'avoir égard à cela par la suite ; rien
» n'est de plus de conséquence pour Marseille.

» Je tiens toujours ferme, non seulement à la tran-
» quillité, mais encore à ce que aucun corsaire ne soit
» reçu ici. Tunis et Tripoli suivraient cet exemple ; ayez
» la bonté d'y bien penser, et de me seconder par vos avis
» dans toutes les occasions.

» Tous les vaisseaux sont en course ; leur retour
» approche, qui me tient sur le qui-vive, ne manquant
» jamais d'y avoir quelques discussions facheuses.

» Le blé est ici à un prix exorbitant pour le pays, et la
» République très-pauvre, par les dépenses extraordi-
» naires que les guerres ont causées, et le peu de secours
» de la terre et de la mer, ce qui a même causé une assez
» grosse maladie au Dey, dont il commence à se porter
» un peu mieux.

» Je suis, etc. »

« Alger, le 14 avril 1703.

» Messieurs,

» J'ai reçu les deux lettres que vous m'avez fait l'hon-
» neur de m'écrire les 30 août et 15 février, qui ont
» été heureusement sauvées du naufrage du capitaine
» Germont, à douze lieues à l'Est de cette ville, y ayant
» perdu presque toutes les autres qui m'y étaient adres-
» sées. Voici une copie de l'inventaire et écritures tou-
» chant le naufrage dudit capitaine Germont de Cassis,
» commandant ci-devant la pinque Ste-Croix.

» Les quatre grosses Galiotes du Dey, une moyenne,
» et deux escampavies viennent d'être mises en mer ;
» elles croiseront apparemment, cet été. Obligez-moi,
» Messieurs, pour le bien commun, de donner attention
» à ce que, sous prétexte de les prendre pour Salétins,
» ils ne soient point insultés des batiments de France,
» et à ce que les faibles n'abandonnent pas facilement,
» ne pouvant en telle occasion les réclamer, n'ayant
» aucun chrétien qui me pût aviser ni de leur manœuvre
» ni du batiment ; et le perdu serait perdu. Je leur
» recommanderai et ferai recommander nos batiments
» par le Dey à leur départ, mais je ne puis faire que le
» possible.

» Il sera de conséquence que je sois avisé au plutôt, et
» même par exprès, dans les occasions importantes.
» Les Anglais, et, encore plus qu'eux, nos jaloux et nos
» envieux m'ayant presque mis au bout de mon rôle
» l'année passée, cela est de conséqnence.

» Il y a cinq vaisseaux de compagnie dehors, qui ont
» déjà apporté ici un vaisseau vénitien appelé La Invi-
» diosa, chargé de riz, blé et contaries, l'équipage aban-
» donné ; trois autres sortiront dans huit jours, trois
» autres huit jours après, le Dey leur ordonnant d'aller
» ainsi par escadre, un autre vaisseau qui se prépare,

» trois sur le chantier, deux Galères, et les six Galiotes
» ci-dessus, voilà l'état de la marine d'Alger.

» Je suis, etc. »

Alger, le 21 mai 1703 (résumé).

Cette lettre est relative au Reis Ali-Bouchi, Algérien de Cherchel, retiré à Tétouan depuis la capture de la barque du patron Bertrand, dont il a été question pour la première fois dans la lettre de M. Durand du 3 septembre 1699 et dans beaucoup de lettres postérieures.

Ce pirate, fatigué de son exil, a prié les Français de Tétouan d'intercéder pour lui auprès du consul d'Alger, à l'effet de lui faire avoir l'autorisation de rentrer. Pour obtenir cette grâce, il a déposé cinq mille pataques en or, qu'il offre en indemnité du dommage causé par lui au patron Bertrand. Bien que la perte de ce dernier ait été estimée à 33,708 liv. 14 s. 2 d., le consul est d'avis d'entrer en accommodement avec le Reïs, dans l'intérêt du patron, et recommande à messieurs les négociants de Tétouan de chercher à tirer du pirate le plus qu'il sera possible. Il ajoute que le Dey d'Alger lui a donné carte blanche en cette circonstance, et que le forban peut se tenir assuré de son pardon, s'il fait ce qu'on exigera de lui.

« Alger, le 12 juillet 1703.

» Messieurs,

» Le nommé Hadj Braham de Brousse passe à présent
» en France pour aller chercher le capitaine Lion, qui
» est parti avec ses effets des Dardanelles, et doit être
» à présent à Marseille.

» Le Dey lui-même m'a recommandé, Messieurs, de
» vous prier de lui faire rendre justice sur cette affaire :
» il me paraît d'autant plus facile qu'il n'y a point, ni de
» sa faute ni celle du capitaine, le bateau où le Turc
» était embarqué s'étant rompu, et le capitaine n'ayant
» pu apparemment attendre plus longtemps.

» Je vous prie, Messieurs, son affaire terminée, de
» tâcher autant qu'il vous sera possible de l'embarquer
» en droiture pour le Levant, afin qu'il ne vienne pas ici
» nous apporter un déluge de lettres d'esclaves, qui
» nous procureraient des réclamations incommodes. Je
» suis, etc.... »

« Alger, le 26 décembre 1703.

» Messieurs,

» J'ai reçu la lettre que m'avez fait l'honneur de m'é-
» crire du 26 octobre. J'aurai soin, à l'avenir, suivant
» vos ordres, d'exiger des passagers qui seront en état
» de payer leurs dépenses, une obligation en votre faveur ;
» cela est très juste.

» Je vous suis infiniment obligé des bonnes nouvelles
» que vous avez la bonté de me mander ; cela est très-
» nécessaire dans les conjonctures présentes, et j'ai
» soin de les faire valoir pour le bien et l'avantage de la
» Nation ; ayez la bonté de continuer, s'il vous plaît.

» Cinq vaisseaux de guerre Anglais, commandés par
» le Contre-Amiral de l'escadre rouge George Bink,
» arrivèrent en cette rade le 3 novembre, ayant quitté le
» reste de l'armée sur Mayorque. Ils y ont resté jus-
» qu'au onze, à faire de l'eau jour et nuit. Ils n'ont été
» salués que comme un de nos vaisseaux, et j'avais si
» heureusement pris mes mesures avec les Puissances
» que, malgré leurs présents, qui ont été très-magnifi-
» ques, leurs grosses promesses et sollicitations conti-

» nuelles, ils n'ont rien pu obtenir contre nous, ni en
» leur faveur, ni en celle des Hollandais, et, grâces au
» Seigneur, nous avons été quittes à bon marché de leurs
» mauvaises intentions. Ils mirent ensuite à la voile
» pour se rendre en Ponant, après avoir jeté en mer
» quelques morts des leurs en cette rade.

» Le Dey, qui est très-galant homme, mais très-chargé
» de milice et malheureux en prises, compte aller en
» campagne cette année. Il publie qu'il va à Oran ; mais,
» comme je sais que son dessein est d'aller ramasser de
» l'argent dans les provinces, de passer à Tlemcen, et
» de là avec de la cavalerie s'en aller par le Sahara à
» Constantine, il y a apparence qu'il ne fera pas grand
» séjour devant Oran.

» Je suis, etc.... »

« Alger, le 21 juin 1704.

» MESSIEURS,

» Je viens de recevoir tout présentement la lettre que
» vous m'avez l'honneur de m'écrire du 24 avril. Le
» patron Charles Carré ni sa barque ne sont point venus
» ici. S'il eut été trouvé par des Algériens, y ayant quel-
» qu'un à bord, ils ne lui auraient sûrement rien dit ; au
» contraire, ils l'eussent aidé de ce qu'ils auraient pu.
» Vous aurez sans doute appris quelle aura été sa
» destinée ; en tous cas, elle n'est absolument pas
» venue ici ; je n'aurais pas manqué de la réclamer. Je
» vous demande en grâce, Messieurs, que le compte
» dont M. François Michel est chargé soit terminé lors
» de mon passage en votre ville. Le Dey est devant Oran,
» occupé à couper des blés ; il en doit revenir sous peu.

» Je suis, etc.... »

Alger, le 17 juin 1705 (résumé).

Messieurs,

M. Durand envoie la nouvelle que le Capitaine Pierre Marin, de la Ciotat, s'est emparé d'un vaisseau anglais nolisé par des Algériens et chargé de marchandises d'une valeur très-considérable, il envoie l'état des dites marchandises et prie Messieurs du Commerce d'en obtenir la restitution ; il ajoute que l'émotion est très-vive à Alger, qu'on ne sait jusqu'où pourrait aller cette affaire, et qu'il est important de se hâter. Il envoie par le même courrier une lettre du neveu du Dey, que ces Messieurs sont priés de faire parvenir au frère du Dey, à Chio.

———

« Alger, le 20 août 1705.

» Messieurs,

» J'ai reçu les lettres que vous m'avez fait l'honneur
» de m'écrire des 22 juin, 20 et 23 juillet.

» On ne manquera pas, à la fin de chaque année, de
» vous envoyer l'état des batiments qui ont fait com-
» merce à Alger ; comme je tiens un journal exact, cela
» sera facile.

» Jamais vos soins n'ont été plus nécessaires et plus
» utiles que dans l'occasion de la prise du Capitaine
» Marin. On pourrait compter toutes les affaires de
» Barbarie perdues, et le Dey, victorieux comme il est,
» aurait sans doute donné des violentes marques de son
» fier ressentiment ; tout le public vous en doit de vraies
» actions de graces, et bien certainement dues.

» Je n'aurais eû garde de vous envoyer un état des
» marchandises, si je ne vous avais mandé que tous
» les marchands étaient allés porter leurs plaintes au
» camp du Dey.

» Ils sont présentement de retour et ont changé leurs
» malédictions en honnêtetés. Ils ont nolisé cette même
» barque pour aller à Toulon recouvrer leurs effets, et,
» soit avec cette même barque ou autre, en cas qu'elle
» ne suffit pas, les rapporter en cette ville.

» En voici un état, dont j'envoie autant en Cour et à
» M. de Vauvré, suivant les ordres que vous me mar-
» quez avoir reçus ; je ne doute pas que vous n'y fassiez
» donner attention.

» Voici encore copie de l'état de celles restées à bord
» du Grec *Suriano*, pris par M. Dumont ; personne ne
» s'en put charger. Lequel mit à terre les passagers et
» ce qui appartenait à chacun ; cette affaire est encore
» criante. J'en écris à Monsieur le Lieutenant de l'Ami-
» rauté de Toulon ; ce Capitaine devrait être relaché.

» Il y a quatre ou cinq Turcs intéressés au nom de
» tous les autres pour la première affaire, et il en va un
» au nom des autres ; aussi, par vos bons soins, ces dé-
» sagréables épines seront nettoyées.

» Dans de semblables occasions, qui peuvent avoir de
» grosses suites, il me paraît, Messieurs, qu'il serait
» assez convenable pour le bien de vos affaires, de faire
» arrêter et suspendre toute décision, jusqu'aux nou-
» velles des lieux intéressés ; on peut n'avoir pas des
» occasions, et une affaire dissipée est presque irrémé-
» diable.

» J'ai touché quelque chose des nolis de la barque
» envoyée aux marchands ; il ne s'en éloigne pas trop,
» et je crois que vous le pourrez facilement exiger à
» l'amiable, en partie, sans paraître l'exiger de force,
» qui les ferait crier en après.

» Le 11 juillet, le Dey défit entièrement et prit prison-
» nier le Chérif Bey de Tunis, dont il me fit l'honneur de
» me donner avis par une lettre exprès (1).

---

(1) C'était le Bey Ibrahim, qui avait assassiné son prédécesseur
Mourad et ses deux fils.

» Le 12, le Kef, la plus forte place de Tunis, se rendit à
» lui sans coup-férir, par la seule terreur du coup. Il y
» prit sa femme, son père et sa famille, qu'il y avait
» retirée.

» Il y a mis garnison Algérienne au Kef; il a pour-
» suivi sa route et en a mis de même à Bège; par des
» courriers arrivés hier seulement, il n'était plus qu'à
» deux petites journées de Tunis, où il sera arrivé le
» 4 ou le 5 août.

» Il a refusé toutes les propositions que les Tunisiens
» ont faites, à condition qu'il laissât pour Bey un nou-
» veau, qu'ils avaient élu depuis la prise de l'autre.

» Il prétend en disposer à sa volonté, et on croit qu'il
» prétend rendre Tunis et tout le Royaume à l'avenir en-
» tièrement dépendant d'Alger; ce sera un grand chan-
» gement.

» Il partira incessamment sept vaisseaux, avec provi-
» sions, munitions et nouvelles troupes.

» Je renvoie le nommé Barthélemy Recoul de Cassis,
» pris sur une flutte vénitienne de passage, qui m'a été
» remis; son cas été assez douteux.

» Grâce à vos bons offices, nous sommes paisibles
» présentement.

» Je suis, etc.

» Voilà encore une lettre pour Chïo; on vous est bien
» obligé du soin des autres précédentes. »

« En mer, le   octobre 1705.

» MESSIEURS,

» Si les lettres que je me suis donné l'honneur de vous
» écrire du 30 novembre vous sont parvenues, vous
» aurez appris comme, par ordre du Roy, ayant remis
» les affaires d'Alger en très-bon état à M. de Clairambault
» et en très bonnes mains, je me suis rendu à Tunis; j'y ai

» fait ce que les conjonctures m'ont pu permettre et me
» suis ensuite rembarqué pour venir en France en rendre
» compte et attendre mes ordres et ma destinée de la
» Cour. Sitôt que ma quarantaine sera finie à Toulon, je
» me rendrai à Marseille, où j'aurai l'honneur de vous
» rendre compte de toutes choses.

» Je suis, etc. »

Notice sur le consulat de M. Jean de CLAIRAMBAULT

Le commencement du consulat de M. de Clairambault
fut assez orageux. Husseïn Khodja, qui avait succédé à
Hadj Mustapha, fut renversé, l'année suivante, par une
insurrection de la milice, à laquelle il n'avait pas pu
payer la solde ; on l'embarqua pour le conduire à Bougie
avec son Khaznadji ; mais, un coup de vent ayant jeté à
la côte le bâtiment qui le portait, il fut pris par les
Kabyles, qui l'emmenèrent en captivité dans la montagne (1). Bagdach Khodja lui succéda.

M. de Clairambault se vit en butte aux mêmes difficultés
que M. Lemaire au sujet du prélèvement des droits consulaires ordonnés par le Conseil Royal; il ne put jamais
se les faire payer, et les tentatives qu'il fit pour y arriver
animèrent contre lui la population israélite, qui excita
à ce sujet une terrible émeute de la Taïffe, dans laquelle
il faillit perdre la vie.

En 1707, Bagdach envoya à Oran Ouzoun Hassan, son
gendre, en lui donnant l'ordre de s'emparer de la ville,
dont les défenses mal entretenues commençaient à tomber en ruines. Ouzoun s'empara, dans le courant de

---

(1) Ce fut près de Dellys qu'échoua le vaisseau qui emmenait le
Pacha disgrâcié ; les Kabyles le menèrent jusqu'à Kouko, sans lui
faire subir de mauvais traitements ; il y mourut d'un antrax et y fut
enterré. (*Revue Afric.*, an 1869, p. 459).

l'année, des ouvrages avancés. Le 1er novembre, le fort Saint-Philippe tomba entre ses mains, et la ville se rendit au commencement de janvier 1708. La défense de Mers-el-Kébir se prolongea jusqu'au 3 avril (1). Ces nouvelles conquêtes avaient amené à Alger uu grand nombre de prisonniers, la plupart Espagnols ; parmi eux, il se trouvait cependant quelques Français, que le Consul secourut autant qu'il lui fut possible ; trois Chevaliers de l'Ordre de Saint-Jean de Jérusalem faisaient partie de ces derniers, et deux d'entre eux, MM. d'Espènes et d'Esparron, étaient grièvement blessés. Le Consul obtint, avec beaucoup de peine, la permission de les faire soigner, et faillit devenir la victime du dévouement qu'il avait montré à ses compatriotes. Le Dey demandait un prix tellement exorbitant pour la rançon des Chevaliers qu'il tenait à la chaîne, que ceux-ci ne voyaient plus d'espérance que dans la fuite. Ils se créèrent des intelligences avec Malte, et on leur fit bientôt savoir qu'à un jour déterminé, un bâtiment viendrait croiser à la hauteur de la porte Bab-Azoun, et qu'ils eussent à prendre leurs mesures pour être prêts à s'embarquer. Ils s'échappèrent, en effet, de leur prison et se trouvèrent, au jour désigné, sur le bord de la mer, à l'endroit qui avait été indiqué ; mais aucun bâtiment no parut, soit que le Capitaine eût manqué de courage au dernier moment, soit qu'il eût été arrêté par des circonstances indépendantes de sa volonté. Le matin arrivé, les Chevaliers se virent forcés de renoncer à tout espoir et de retourner à leur prison. Les Turcs avaient remarqué, la veille, les singulières allures d'un bâtiment marseillais, commandé par le capitaine Janseaume, qui avait cherché, pendant toute l'après-midi, à se maintenir de ce côté de la baie, en tirant des bordées. Le Capitaine du port avait fait sortir un bâtiment pour lui demander des explications ; et, à ce moment, le bâtiment français avait pris le large.

---

(1) *Gazette de France.* Ann. 1707, p. 521 et ann. 1708, p. 59 et 79.

On ne douta pas qu'il ne fût le véritable coupable ; une enquête sérieuse fut ouverte et le Consul fut insulté et maltraité ; le Dey lui déclara que, si l'évasion des Chevaliers eût réussi, il eut été mis à la bouche du canon.

Quelque temps après, un autre vaisseau français ayant engagé le combat avec un corsaire, sous le canon même d'Alger, le Consul fut en butte à de nouvelles avanies. Au mois de mars 1710, une conspiration de la milice avait éclaté contre Bagdach, qui fut assassiné, ainsi que son gendre Hassan. Dely-Ibrahim, qui lui succéda, eut le même sort au bout de quelques mois, et fut remplacé par Ali-Chaouch. La Porte avait envoyé, pour remplir les fonctions de Pacha, Charkan-Ibrahim ; son vaisseau, battu par la tempête, se réfugia à Collo ; il y tomba malade et y mourut peu de temps après. Une autre tradition (1) dit que ce Pacha serait arrivé à Alger, d'où le Dey Ali l'aurait expulsé en le menaçant de mort, s'il reparaissait. Quoi qu'il en soit, il est certain qu'il fut enterré à Collo, et, qu'à partir de ce moment-là, la Porte n'envoya plus de Pachas à Alger.

Ali gouverna durement ; dans les premiers mois de son commandement, il fit plus de sept cents exécutions. Il reçut de riches présents du Danemark, de la Hollande, de la Suède et de l'Angleterre ; et la course n'en continua pas moins, malgré les promesses qui avaient été faites ; le commerce français eut quelque tranquillité, et M. de Clairambault parvint, non seulement à se faire rendre des prisonniers français, mais put encore voir le Dey racheter aux Kabyles quelques-uns de nos nationaux qui avaient échoué sur leurs côtes. Le 3 février 1716, à deux heures du matin, survint un terrible tremblement de terre qui renversa les deux tiers des maisons d'Alger et endommagea toutes les autres ; l'incendie et le pillage vinrent encore ajouter au désordre. Le tremblement de terre continua le 4 et le 5, un peu moins violent, mais

---

(1) *Histoire du Royaume d'Alger*, Laugier de Tassy, p. 52.

avec des secousses toutes les demi-heures. Le 26 février, le phénomène recommença encore plus violemment que le 3 (1). Les Algériens, pour réparer leurs pertes, se mirent à écumer les mers avec plus d'activité que jamais et tombèrent sur les bâtiments Hollandais, auxquels ils avaient déclaré la guerre. Le 27 février 1717, M. de Clairambault, qui avait été appelé à un autre poste, quitta Alger, où il fut remplacé par M. Baume.

———

Lettres de M. de Clairambault à MM. le Maire, les Échevins et Députés du Commerce de Marseille

« Alger, le 30 novembre 1705.

» MESSIEURS,

» Comme M. le Consul a eû l'honneur de vous écrire
» et vous informer de tout ce qui regarde cette Echelle
» jusqu'aujourdhui je me contenterai de vous assurer,
» Messieurs, que j'aurai à l'avenir un soin exact à main-
» tenir les affaires en tranquillité, et à vous en donner
» avis ponctuellement et par toutes sortes de voies, son
» départ m'en laissant le soin par ordre de la Cour.

» Comme il m'a témoigné que ses affaires de famille
» l'obligeaient de demander son congé et de laisser ce
» Consulat vacant, me trouvant en exercice pour le
» seconde fois, j'ai pris la hardiesse de supplier très-
» humblement Monseigneur le Comte de Pontchartrain
» de m'en accorder les provisions; s'il me fait cette
» grâce, je vous supplie très-humblement, Messieurs, de
» m'accorder l'honneur de votre agrément.

» J'ai l'expérience de près de vingt années de résidence
» en Turquie, dont les neuf dernières ont été consécu-
» tives en cette ville. Je me suis acquis pendant ce temps

---

(1) *Gazette de France.* Ann. 1716, p. 97.

» l'amitié et familiarité des Puissances et de tous les
» Capitaines de la marine. Cela me donne les facilités à
» pouvoir diriger les affaires à votre satisfaction. Les
» Français qui sont ici, me connaissant incapable d'avoir
» aucun égard à mon intérêt particulier, au préjudice du
» général, me témoignent par avance le plaisir qu'ils se
» promettent de me voir en place.

» Je tâcherai de conserver leurs bons sentiments par
» tous les soins et la bonne conduite que vous devez
» attendre d'une personne qui aspire à l'honneur de
» votre estime.

» Je suis avec beaucoup de respect, Messieurs, — votre
» très-humble et très-obéissant serviteur. »

« Alger, le 2 mai 1706.

» Messieurs,

» J'ai fait embarquer sur la tartane de patron Jean
» Abeille trois femmes échappées du naufrage de la
» barque de patron Bonname d'Antibes ; il leur a fourni
» la nourriture depuis le 25 mars ; je ne pouvais faire
» autrement, sans les réduire à la nécessité de prendre
» parti avec les Anglais.

» Il y en a une qui est d'Antibes ; les deux autres sont
» étrangères, pour lesquels le patron Abeille m'a dit que
» vous ne vouliez rien payer. Je lui ai promis, en ce cas,
» que je le ferais payer par M. Eon, qui n'en fera point de
» difficultés sur la présente. Je vous prie de me donner
» vos ordres pour une pareille occasion.

» Je suis avec beaucoup de respect, Messieurs, — votre
» très-humble et très-obéissant serviteur. »

« Alger, le 29 mai 1706.

» Messieurs,

» Vous aurez vu par celle que j'ai eu l'honneur de
» vous écrire le trois du courant l'état des affaires
» d'Alger.

» La barque de la Compagnie du Bastion arriva le 24;
» j'ai reçu mes provisions pour le Consulat, mais je n'ai
» reçu aucune lettre de la Cour.

» Le Dey me fit appeler le cinq au matin pour me
» demander quelle nouvelle je lui apprendrais du vais-
» seau du Capitaine Jacomo Suriano; je ne puis lui en
» donner aucune. Il presse très-sérieusement cette
» affaire, qui pourrait avoir de facheuses suites, si on
» ne donne quelque satisfaction. Je vous supplie,
» Messieurs, d'avoir la bonté d'y donner un peu d'atten-
» tion et de la représenter à Monseigneur le Comte de
» Pontchartrain; il avait fait espérer la restitution des
» effets des Algériens, ce qui était d'autant plus juste,
» qu'au pis aller ce vaisseau ne pouvait être considéré
» que comme batiment neutre, et qu'il a été pris en
» sortant du port et à la vue de terre.

» Toute la prise ensemble est trop peu considérable
» pour obliger à compromettre les affaires. Le Dey se
» laisse préoccuper facilement, et nous avons des
» ennemis; il serait dangereux de leur donner un pré-
» texte; ils sont dans la nécessité et n'ont aucune
» circonspection. Vous recevrez un exemple de leur
» emportement par l'extrait de ma lettre à Monseigneur
» le Comte de Pontchartrain; cette affaire m'a attiré
» quantité de compliments; mais j'ai été obligé de payer
» dix piastres et demi pour racheter les manteaux de ces
» Religieux et pour gratification au Mezoard et aux
» sbires.

» Le 23, un vaisseau d'Alger amena une prise d'un
» vaisseau Génois, chargé de sucre, laine d'Espagne et

» barilhe; l'équipage s'est sauvé, à la réserve de trois
» hommes dont un s'est dit Français, qui m'a été remis;
» je le renvoie par cette barque du patron Clavier.

 » Je suis, etc. »

Alger, le 15 juin 1706 (résumé).

M. de Clairambault écrit que le Dey persiste toujours
à demander la restitution du vaisseau du capitaine
Jacomo, dont il a été question dans la lettre, et qu'il
menace d'une rupture, si on ne lui donne pas satisfaction. Le consul est d'avis qu'on fasse le plus tôt possible
ce que le Dey désire; il y aurait, dit-il, de grands inconvénients à offrir aux Algériens le prétexte d'une guerre,
dans laquelle ils auraient tout à gagner et rien à perdre;
d'ailleurs, la réclamation du Dey est fondée en droit, et
la prise a été faite, au mépris des traités, à la sortie du
port d'Alger, et presque sous le canon de la place.
 La lettre se termine ainsi qu'il suit :

 « Le patron Jean Ortigues, de Cassis, qui était venu de
» Tripoli, ayant eu différend avec un Turc en carénant
» sa barque, et celui-ci disant qu'il avait mal parlé de
» leur religion, il courut risque d'être assommé par plus
» de 200 Turcs qui étaient sur le quai; en ayant eu avis
» j'y courus, mais j'arrivai trop tard; le Dey, qui était à
» la Marine, avait déjà fait prendre ce patron et lui fît
» donner quarante coups de bâton; je me plaignis de
» cette violence, et le Dey me fît quelques excuses, dont
» j'ai fait semblant de me contenter, ne pouvant mieux
» faire.

 » Je suis, etc. »

« Alger, le 7 juillet 1706.

» MESSIEURS,

» J'ai été assez surpris de ne recevoir aucune lettre de
» votre part par la barque de patron Louis Féraud ; je
» n'en ai point non plus reçu de la Cour, et n'ayant ainsi
» pû donner au Dey aucune réponse touchant le vaisseau
» Grec, il est absolument déterminé à envoyer un Ambas-
» sadeur, et c'est avec beaucoup de peine que je l'ai fait
» résoudre d'attendre la barque de patron Augier, qui
» doit partir d'ici dans quinze ou vingt jours. Je connais
» toute la conséquence et le désagrément que donnent
» en France de semblables Ambassades ; j'aurais peut-
» être pu empêcher celle-ci, si j'avais donné parole posi-
» tive et m'étais engagé à la restitution de ce vaisseau ;
» mais je n'ose pas m'émanciper jusque là.

» Un matelot de la barque du capitaine Féraud ayant
» été reconnu pour avoir été de l'équipage de Papafume,
» lorsqu'il prit un sambeki d'Alger, et le Reïs disant qu'il
» lui avait pris 200 piastres, dont ce matelot lui en avait
» rendu trente, apparemment pour n'être pas obligé à
» déclarer le reste, ce même matelot eut encore l'impru-
» dence de dire que l'équipage de Papafume était la moitié
» de Français ; tout cela fit que le Dey m'ayant appelé,
» j'ai été obligé de donner trente piastres pour assoupir
» cette affaire. Je vous enverrai cet homme par la barque
» de patron Augier ; il est bien juste qu'il supporte cette
» avanie, à laquelle il a donné lieu, et que j'aurai pu
» éviter, s'il m'avait averti.

» Je suis etc....... »

———

« Alger, le 3 août 1706.

» MESSIEURS,

» Le porteur de la présente, Jean Baptiste Butto, qui
» se dit frère du Consul de France à Berg en Norvège,

» ayant été pris sur un vaisseau Danois par deux vais-
» seaux d'Alger, et qui m'a été remis, m'a prié de lui
» donner ce mot de lettre pour vous, espérant que vous
» aurez la charité de l'assister, en attendant qu'il ait
» trouvé quelqu'un de sa connaissance, ou qu'il ait reçu
» des lettres de St. Martin de Ré, d'où il est. Je suis
» etc.... »

« Alger, le 4 août 1706.

» MESSIEURS,

» J'ai eù l'honneur de vous écrire hier par le vaisseau
» le Diligent qui partit avec sa prise et la barque de
» patron Féraud pour Livourne. J'ai expédié aujourd'hui
» cette barque de Capitaine Augier, pour qu'ils puissent
» profiter de leur escorte, étant encore en vue d'ici, le
» calme ayant régné toute la nuit.

» Le Dey fait embarquer le nommé Osman Reïs, qui va
» réclamer le vaisseau du Capitaine Suriano, Grec. Il fait
» embarquer quatre ou cinq hommes qui avaient conspiré
» contre lui; je n'ai pù lui refuser, m'ayant dit que le
» Capitaine pouvait les mettre partout où il voudrait,
» pourvu qu'il en fût débarrassé. Des mal intentionnés,
» à ce qu'on m'a dit, avaient proposé au Dey de faire
» arrêter la prise de M. de L'Aigle; leur mauvais dessein
» n'a pas réussi. C'était sous prétexte du vaisseau de
» Suriano. Mais le Dey ne m'en a rien témoigné, et les
» affaires se sont passées en tranquillité.

» J'aurai toujours l'œil au guet, et ménagerai toujours
» les affaires en sorte que, quelque incident qui arrive,
» les choses soient en état d'être dissimulées ou poussées,
» suivant les ordres que je recevrai. Je suis, etc.... »

Alger, le 22 septembre 1706 (résumé).

M. de Clairambault réclame les gratifications d'usage,
pour les dépenses d'installation et de réception ; il ajoute
que, le capitaine de l'Aigle s'étant emparé d'une barque
de Trapani, y a trouvé une Mauresque d'Alger, qui a été
rendue au Dey, par les soins du consulat ; les Puissances
en ont manifesté leur reconnaissance.

« Alger, le 20 janvier 1807.

» Messieurs,

» J'ai reçu celle que vous m'avez fait l'honneur de
» m'écrire le 23 décembre.

» Le vaisseau du Capitaine Suriano est arrivé ; il a
» manqué au chargement quelque chose, que j'ai ordre
» de leur payer sur ce qui est dû au Roy, pour ce que
» divers bâtiments d'Alger ont reçu au port de Toulon.

» Le Dey a accepté ce moyen, et je vais travailler à
» cette liquidation. J'ai rendu à M. Le Vicaire la lettre que
» vous m'avez adressé pour lui.

» J'ai reçu du Capitaine Sanson douze cent cinquante
» livres sur ce qu'il devait au port de Toulon. J'en envoie
» mon billet à M. de Vaùvré, pour recevoir cette somme
» de vous ; je vous prie de la lui payer, en déduction de
» mes appointements.

» Le sieur Cuisel, commandant le vaisseau le Mercure,
» a amené ici un vaisseau Anglais de 24 canons, chargé
» d'huile. Le sieur Cuisel n'ayant pas jugé à propos de
» vendre cette prise ici, il y a laissé huit hommes, et doit
» la venir prendre à la fin de sa course. Nous avons
» remis au Consul Anglais les prisonniers consistant en
» quarante Anglais et quatrevingt Portugais. Ce vaisseau
» était infecté de maladies ; le Capitaine Anglais est mort
» en cinq jours.

» Les affaires sont ici en tranquillité, et je ne comprends
» pas ce qui peut donner l'alarme à nos patrons de
» barque. Je ne sais pas qui prend plaisir à semer ces
» bruits de guerre, qui n'ont aucune apparence de fonde-
» ment. Si c'est un piège que quelque mal intentionné
» me veuille tendre, il est bien malin et bien grossier.
» Je ne crois pas devoir le soupçonner. Je suis etc...... »

Alger, le 15 février 1707 (résumé).

M. de Clairambault annonce que le droit d'un et demi
pour cent sur les marchandises d'entrée et de sortie
chargées sur les bâtiments français se perçoit maintenant conformément à l'arrêt du Conseil; cet impôt a
fort irrité les Juifs d'Alger, qui ont déclaré ne plus vouloir
noliser de bâtiments français, tant que cet arrêt n'aura
pas été révoqué.

« Alger, le 27 août 1707.

» MESSIEURS,

» J'ai eû l'honneur de vous écrire le 28 du mois passé
» par le Capitaine Forbin; il n'est arrivé aucun change-
» ment à nos affaires en cette ville. Le siège d'Oran
» continue; on fait partir aujourd'hui ou demain six
» vaisseaux qui portent encore 2000 hommes, de la
» poudre et des balles.
» Cependant je ne vois pas d'apparence qu'ils puissent
réussir; on cache avec soin l'état de ce siége, et je ne
» doute pas que vous n'en soyez mieux informés que
» moi.
» Le patron Cérés Berger, du Martigues, commandant
» la barque Ste. Anne, allant de Carthagène à Marseille,

» ayant été chassé par une barque d'Iviça, a échoué en
» cette côte à un endroit où il avait lieu de tout appré-
» hender pour lui et son équipage. Mais, heureusement,
» il s'y est trouvé un bateau d'Alger qui les a délivrés
» des mains des Maures et les a emmenés ici.

» La nouvelle que le Duc de Savoie est devant Toulon
» nous donne ici beaucoup d'inquiétude; elle n'a encore
» produit aucune altération.

» Mais comme, suivant le succès qu'elle aura, ces gens
» ici pouvant être plus ou moins hardis, il serait de
» conséquence que j'en fusse informé, pour pouvoir
» prendre mes mesures pour le bien de votre service;
» en attendant, j'y aurai toute l'attention possible. Je
» suis etc..... »

« Alger, le 24 novembre 1707.

» MESSIEURS,

» Monseigneur le comte de Pontchartrain m'a envoyé
» l'extrait des informations que vous aurez faites sur ce
» que j'ai eû l'honneur de vous écrire, qu'un Maure avait
» accusé le patron Chabert de n'avoir pas entièrement
» payé le chargement de blé qu'il a pris à Stora; je vois
» par ces informations que le patron Chabert est inno-
» cent, et ce Maure un imposteur; il n'a pourtant pas
» entrepris de me donner de la peine.

» A ce sujet, Messieurs, s'il persiste dans son accusa-
» tion, comme je ne puis avoir aucune relation à Stora,
» je ne puis rien faire qui éclaircisse le fait; ce Maure
» étant ici le seul qui en pourrait dire la vérité s'il voulait,
» je n'ai garde de m'en rapporter à son serment. Il me
» semble, Messieurs, que pour justifier le patron Chabert,
» vous n'avez qu'à examiner le rapport des patrons qui
» auront été charger à Stora après lui, puisque, s'il en a
» mal usé, les Maures ne manqueront pas de s'en

» plaindre, et, s'il y allait lui-même, ce serait le moyen
» le plus infaillible de faire cesser tout soupçon contre
» lui, et, ensuite, je pourrais peut-être faire châtier le
» Maure; je n'ose le faire auparavant, de crainte que cela
» ne l'oblige à pratiquer les Maures de Stora pour leur
» faire dire ce qu'il voudra; je recevrai apparemment
» vos ordres à ce sujet par le Capitaine Forbin.

» Le patron Chabert me marque que Messieurs de la
» Compagnie d'Afrique lui font aussi une affaire pour
» avoir été négocier à Stora au préjudice de leur privi-
» lège (1). Je puis assurer que ni le sieur Napollon, leur
» agent ici, ni moi n'avions aucune connaissance qu'il
» fut défendu aux particuliers d'y aller négocier; ainsi
» nous n'avons pû lui donner aucun avis. J'ai l'honneur
» d'en écrire à Monseigneur le comte de Pontchartrain
» et M. Napollon en écrit à MM. de la Compagnie d'Afri-
» que.

» Je suis, etc..... »

« Alger, le 4 juin 1708.

» Messieurs,

» La barque du patron Diego, de Marseille, qui va à
» Carthagène, ayant relache ici, je me donne l'honneur
» de vous écrire celle-ci, pour vous informer d'une chose
» qui vous surprendra. Hier au soir, étant allé voir le
» Dey à sa maison, il me donna à lire une lettre qu'un
» Bertrand....... écrivait de Carthagène au Gouverneur
» d'Oran et me dit de lui en dire le contenu; la lettre est
» du 24 mai; il lui marque qu'il aurait dessein d'aller
» négocier à Oran, si on lui permet. J'en fis le rapport
» au Dey; il me donna ensuite à lire un passeport que le

---

(1) La Compagnie Royale d'Afrique avait le monopole des comptoirs ouverts du commerce français sur les côtes de la Régence,
Alger excepté.

» commandant de Carthagène a donné à une Felouque
» avec cinq mariniers, qui permet au patron de porter à
» Oran seize Maures, hommes, femmes ou enfants. J'en
» fis pareillement le rapport au Dey, qui me regarda en
» riant et me dit que c'était bonne prise d'une bonne
» felouque et six esclaves, et qu'ils devaient venir ici au
» lieu d'aller à Oran.

» Je fus surpris d'une semblable raison ; je lui dis que
» si ces gens avaient été des Français, je les aurais récla-
» mé de tout mon pouvoir ; et, quoiqu'ils soient Espa-
» gnols, je ne pouvais m'empêcher de lui dire que ces
» gens étaient venus sur la bonne foi porter des Maures,
» et que je ne pouvais m'imaginer qu'il trouvât de la
» justice à les faire esclaves. Cela n'a rien opéré jusqu'à
» présent ; je ne sais pas s'il persistera dans cette réso-
» lution.

» Je lui demandai ensuite s'il ne serait pas permis aux
» bâtiments Français d'aller négocier à Oran ; il me dit
» que non, jusqu'à ce qu'il ait reconnu la nature du pays,
» et qu'on serait convenu des droits de douane ; mais
» que si quelque batiment était obligé d'y relâcher par
» vent contraire ou chasse d'ennemis, il y trouverait un
» asile assuré. Je pris congé de lui là-dessus. Vous jugez
» bien de là, Messieurs, qu'il est nécessaire de faire
» avertir les bâtiments Français de ne point aller négo-
» cier à Oran, jusqu'à ce qu'il en soit accordé. J'en écris
» à M. Daumas, Consul à Carthagène et je le prie d'en
» avertir les Consuls de la côte d'Espagne. Je suis,
» etc... »

Alger, le 12 juin 1708 (résumé).

Après avoir de nouveau prévenu MM. du commerce
que le Dey ne permettait pas encore le négoce avec Oran,
M. de Clairambault leur annonce le retour de trois

esclaves dont il a obtenu la liberté (1); il se plaint de
l'influence que les Juifs prennent sur le Dey, et termine
ainsi la lettre : — « Je fus au-devant de Baba-Assan
» lorsqu'il revint d'Oran; je ne pus me dispenser de lui
» faire un présent, qui consistait en deux caftans de
» drap, deux caftans de Damas, des anchoix et des confi-
» tures. C'était bien peu de chose en comparaison du
» Consul Anglais dont le présent valait plus de 500 pias-
» tres; il s'est encore distingué d'une autre manière;
» car il a fait des illuminations et feux d'artifice pendant
» trois nuits sur sa terrasse, pour marquer la joie qu'il
» avait du succès de l'entreprise. Je n'ai pas crû devoir
» l'imiter; en cela je n'ai pas lieu de m'en repentir; au
» contraire les plus raisonnables des Turcs se sont
» moqués de lui et trouvent que j'ai eu raison de ne
» rien faire (2).

» Le père administrateur de l'hopital mourut le 25 du
» mois passé; nous avons été forcés, M. Le Vicaire et
» moi, de fournir à la dépense, en attendant qu'il arrive
» d'Espagne un autre Administrateur. Comme cet hôpi-
» tal est endetté de près de vingt cinq mille piastres,
» personne n'aurait voulu fournir sans que nous en
» répondissions.

» Je vous assure que j'ai été on ne peut pas être plus
» étourdi par cet hopital et encore plus par la quantité
» des Officiers qui sont tombés esclaves à Oran; tous
» voudraient que je les assistasse et leur fournisse de
» l'argent pour se soulager; j'y suis déjà pour plus de
» cinquante piastres et ce n'est jamais fini (3). Je suis
» etc... »

----

(1) Ces esclaves se nomment Adrien de Grus, de Dunkerque,
Angelo Varcello et Jean-Marie Gubatin.

(2) Les Turcs eux-mêmes trouvaient indécent qu'un chrétien
manifestât sa joie d'une défaite d'autres chrétiens; — « *cette basse
flatterie*, écrit le Vicaire Apostolique, *déplut même aux musulmans.* »

(3) A la même date, M. Antoine-Gabriel Durand, chancelier à

« Alger, le 17 août 1709.

» Messieurs,

» Quoique je sois hors de trouble, il est nécessaire
» que je vous informe de l'état des affaires, qui ont été
» à l'extrémité par deux incidents, j'appréhende même
» que la nouvelle, en étant portée directement en plu-
» sieurs endroits, ne puisse causer quelques alarmes
» qui nous peuvent causer de nouveaux embarras. J'ai
» déjà pris soin d'écrire, même par voie des vaisseaux
» d'Alger, et je vais écrire à Tunis, pour prévenir tous
» les faux bruits qui pourraient naître de ces deux inci-
» dents.

» Le premier a été à l'occasion du Capitaine Jan-
» seaume (1), armé en course; étant venant ici pour
» espalmer et faire des vivres, il aurait fait ses affaires
» avec tout l'agrément possible sans aucune difficulté;
» pour y parvenir il aurait promis sur toutes choses
» qu'il n'enleverait point d'esclaves, et j'en avais donné
» ma parole au Dey, qui y prenait une entière confiance;
» cependant ce capitaine avait donné rendez-vous aux
» Chevaliers de Malte (2) qui n'étaient pas autrement
» ressérés, sur la confiance que ce vaisseau ne les enlé-
» verait pas. Il partit le 26 juillet, et, la nuit immédiate-
» ment après, ces chevaliers s'évadèrent et se rendirent
» au bord de la mer, mais, heureusement pour nous, le
» vent avait trop éloigné ce capitaine et la chaloupe ne

Alger et frère de l'ancien consul, avise MM. du commerce de
Marseille qu'il vient seulement de recevoir l'ordonnance du Roy,
bien qu'il exerce les fonctions depuis l'entrée au consulat de M. de
Clairambault; il espère qu'on ne refusera pas de lui tenir compte de
ses appointements à partir du 1er janvier 1706.

(1) Ce capitaine Jeanseaume est originaire de Toulon; il commande
un vaisseau de 20 canons qu'il a armé en course à Marseille; il est
arrivé à Toulon depuis 10 à 12 jours. (Note de M. de Clairambault.)

(2) MM. d'Esparron, d'Espènes, de Baulme et Balbiani de Lucques.

» se trouva pas au rendez-vous. Cette affaire, quoique
» manquée, fut déclarée acte de mauvaise foi contre
» notre nation, et, dorénavant, je ne vois pas qu'il puisse
» venir aucun Corsaire se rafraichir. Si ces chevaliers
» se fussent ainsi sauvés, il n'y avait plus de remède, et
» les Algériens auraient pris les premiers de nos bati-
» ments qu'ils auraient trouvés. Mais, leur entreprise
» étant manquée, lorsque je faisais tout mon possible
» pour en faire perdre le souvenir, il est survenu un
» nouvel incident qui a causé une émotion épouvantable,
» les esprits y étant déjà disposés par le premier.

» Le sept de ce mois, sur les trois ou quatre heures
» après-midi, le petit vaisseau commandé par le Capi-
» taine Coig (1) parut à l'entrée de la rade canonnant une
» tartane d'Alger; il l'a poursuivie si près de terre, qu'il
» a été obligé de virer de bord, crainte d'échouer; il
» revint à la charge, et recommença de canonner, ce qui
» dura presque jusqu'au soir, et la tartane entra de nuit
» dans le port; cela n'aurait rien été, si ce Capitaine avait
» eû assez de prudence pour ne pas venir ici; mais le
» matin huitième, il envoya sa chaloupe et se préparait
» à suivre, lorsque Baba Assan fit sortir du port un
» vaisseau et plusieurs barques armés pour l'aller
» prendre; ils l'amenèrent comme en triomphe; il m'est
» impossible de représenter tout le tumulte qu'il y avait
» à la Marine; les uns disaient que ce vaisseau n'était
» pas Français, ou que c'était un forban, d'autres qu'il
» venait pour enlever quelques batiments, puis changer
» de bannière; chacun s'efforça de conter quelque his-
» toire. On me reprocha que, lorsque les vaisseaux des
» Capitaines Badel et de Bruix venaient d'Alexandrie, de
» conserve avec un vaisseau d'Alger, ils avaient fait tout
» leur possible pour le faire prendre par les Maltais, et
» on en disait tant, que je pouvais choisir sur quoi je

---

(1) Ce Pierre Coig est originaire d'Oléron; il commande le vaisseau
nommé Saint-Pierre. (Note de M. de Clairambault).

» devais répondre plus à propos; ce tumulte dura
» jusqu'à deux heures après-midi, que je fis enfin conve-
» nir le Dey qu'on remettrait l'équipage à bord pour
» empêcher la dissipation de ce qui était dans le vais-
» seau; je crois avoir beaucoup gagné que d'avoir
» amorti ce premier point. Le lendemain, le Dey me dit
» qu'il ne prétendait pas relâcher ce vaisseau, qu'après
» le retour d'un Ambassadeur, qu'il voulait envoyer en
» France, et, qu'à son retour, il prendrait son parti sur la
» réponse qu'il en recevrait; comme je vis qu'il n'y avait
» pas moyen de le faire revenir de cette résolution, en
» considérant que ce vaisseau et son chargement se
» consommerait (1), par avis de la nation. J'ai accommo-
» dé cette affaire, moyennant mille piastres.

» Voilà, Messieurs, comme la mauvaise conduite de
» quelques-uns expose les affaires à de fâcheux revers;
» ce capitaine et tout son équipage ont vu combien il a
» été nécessaire que j'aie employé toute mon attention;
» peut-être même que je n'en serais pas sorti à mon hon-
» neur, si le chargement de ce vaisseau avait été bien
» considérable; cependant je ne crois pas avoir lieu de
» rien craindre présentement.

» Je suis, etc.... »

« Alger, le 11 juin 1710.

» Messieurs,

» J'ai déjà eû l'honneur de vous écrire pour vous assu-
» rer que le bruit qui a couru ici parmi la canaille, et qui
» a même passé jusqu'à Bône, que le Dey m'avait fait
» mettre à la chaîne, n'avait aucun fondement ni appa-
» rence; je n'ai pas même eû une parole fâcheuse avec

------

(1) Sous entendu; pour les frais de nourriture de l'équipage et les
droits d'ancrage.

» le Dey. C'est, Messieurs, ce qui m'oblige de vous écrire
» par toutes sortes de voies, afin que, si ce bruit ridicule
» avait passé jusqu'à vous, vous puissiez être désa-
» busés; dans le temps que ce bruit a couru ici, j'étais
» malade d'une fièvre continue. D'abord que je fus en
» état de sortir, je fus voir le Dey, qui me fît compliment
» sur ma convalescence, et ne me dit rien autre chose;
» aussi c'était seulement une visite de civilité.

» Le 8 de ce mois, un vaisseau Corsaire d'Alger, rentra
» avec une prise d'un vaisseau Génois chargé d'huile et
» de pannes (1), il y avait dessus sept français dont six
» étaient passagers. Je les ai réclamés et les ai obtenus.
» J'appréhendais d'avoir plus de difficulté, d'autant qu'ils
» avaient combattu, en sorte que de neuf qu'ils étaient,
» il y en a eû trois de tués et trois de blessés dans le
» combat. Le Dey fit appeler tous les Reïs ou Capitaines
» à ce sujet; comme j'ai toujours cherché de me faire
» de leurs amis, j'ai trouvé dans cette occasion qu'ils
» m'ont été plus favorables que je ne l'aurais espéré, y
» ayant ordinairement peu à compter sur l'amitié de ces
» gens ici. Quand j'eus obtenu ces six hommes, il s'est
» présenté une difficulté; le Dey me dit que je ne devais
» point les faire embarquer, avant que les quatre Turcs
» pour lesquels je me suis engagé ne fussent venus; je
» ne sais pas si je pourrai le faire revenir, s'il se présente
» quelque occasion de les embarquer; et, véritablement,
» je trouve qu'il a raison d'être dans l'impatience, puis-
» qu'il y a plus d'un an que je me suis engagé. Je vous
» ai envoyé, Messieurs, la liste de ces quatre Turcs, de
» même qu'à Monseigneur le Comte de Pontchartrain
» par la barque de patron Jourdan. Je vous prie,
» Messieurs, si leur liberté n'est pas expédiée, de faire
» tous vos efforts pour l'obtenir, le plustôt qu'il se
» pourrait; s'ils tardent à venir, il arrivera infaillible-
» ment du désordre, dont je ne réponds pas des suites,

(1) Sorte de drap.

» ce qui serait déjà arrivé, si Baba Assan n'avait pas été
» tué (1). Vous avez pu remarquer, Messieurs, que je n'ai
» jamais affecté de vous donner des alarmes ni de vous
» représenter les affaires plus difficiles qu'elles ne sont;
» mais vous n'approuverez pas que, quand il y a du
» danger, je vous en fasse un mystère.
» Je suis etc.... »

Alger, le 12 juillet 1710 (résumé).

Cette lettre est entièrement relative à l'affaire des quatre Turcs à mettre en liberté. Le consul insiste de nouveau, et dans les mêmes termes que ceux de la lettre précédente, pour que cette libération soit immédiate; il envoie l'autorisation d'en payer le prix sur ses propres appointements, sauf recours, afin de hâter la solution (2).

« Alger, le 5 août 1710.

» MESSIEURS,

» Je vous envoie le duplicata de celle que j'ai eû
» l'honneur de vous écrire le 12 juillet par la pinque du

------

(1) Il fut assassiné le 22 mars.

(2) Je prie MM. les maires, échevins et députés du commerce de Marseille de payer sur mes appointements au trésorier des galères la somme de *deux mille livres*, moyennant la liberté des deux Turcs ci-après-nommés, savoir : Moharrem Parcis, galère *L'Ambitieuse*, numéro 5029, pour échange de Pierre Dacosta, de Marseille, que j'ai envoyé depuis quatorze mois, *huit cents livres*. — Mahmet Aly, galère *La Magnanime*, numéro 4196, qui reste des trois promis au Dey par accommodement ; et, *quatre cents livres* — pour les deux qui ont été renvoyé par la barque de patron Jourdan, *huit cents livres*. — Total *Deux mille livres*, sauf le bon plaisir de Monseigneur le Comte de Pontchartrain pour le plus ou le moins. Fait à Alger, le douzième juillet mil sept cent et dix. — Signé : Clairambault.

» patron Jourdan. Je n'ai rien de nouveau à y ajouter,
» sinon que je n'ai pu obtenir de satisfaction au sujet du
» vaisseau du capitaine Fourtès, qui fut coulé à fond par
» un vaisseau Anglais sous le canon de Bône. Le Dey
» m'a dit que, si les Anglais avaient pris ce vaisseau, il
» le ferait restituer ; mais qu'il était coulé à fond, sous
» le canon de Bône, à la vérité ; mais que les Anglais
» soutenaient que c'était par les coups de canon qu'il
» avait reçu auparavant, et qu'il était impossible de
» prouver le contraire.

» Quoique ces raisons ne fussent pas sans fondement,
» je crois que la plus forte raison est que le Dey ne veut
» pas se brouiller avec les Anglais, dont il redoute la
» puissance en mer ; joint aussi que, plutôt que de se
» voir obligé de payer ce vaisseau, ils aimeront mieux
» faire des dépenses que de s'y soumettre, ce qui ne
» servirait à la fin qu'à enrichir le Dey, qui prendrait des
» deux côtés.

» Lorsque le patron Jourdan partit d'ici, je pris le parti
» d'y embarquer les Français que j'avais réclamés, sans
» en parler au Dey, quoiqu'il m'eût dit de les retenir
» jusqu'à l'arrivée des deux Turcs pour lesquels je suis
» engagé. Je voyais que je serais infailliblement refusé,
» et il n'y avait pas moins d'inconvénient à les retenir
» qu'à les envoyer de la manière que j'ai fait. Je suis
» etc..... »

———

Alger, le 7 août 1710 (résumé).

Le consul se plaint de n'avoir pas encore reçu les deux
Turcs dont il est question dans les lettres précédentes ;
il déclare que l'irritation est bien grande, et que s'il
arrive des vaisseaux français à Alger, avant que la restitution de ces captifs n'ait été faite, ils seront infailliblement arrêtés. Il fait des reproches à MM. du commerce

.sur l'incurie qu'ils montrent dans cette affaire, alors que lui-même n'a pas hésité à y engager une partie de sa fortune personnelle.

« Alger, le 5 novembre 1710.

» MESSIEURS,

» Le 24 du mois passé, arrivèrent enfin les Turcs pour » lesquels j'étais engagé depuis si longtemps. Le bateau » qui les apporta fit naufrage au port, en sorte que la » plupart des lettres ont été perdues; je n'en ai reçu » aucune de la Cour, de M. Arnoul ni de vous; ainsi je » ne sais pas à quelles conditions ces Turcs ont été » relâchés, et si on me fait effectivement payer les trois » que j'avais promis gratis au Dey, comme je l'avais » offert. Quoiqu'il en soit, je ne puis qu'en être très- » satisfait, puisque je vois les affaires en sureté. Si vous » prenez la peine de réfléchir un peu sur ces raisons, » j'espère, Messieurs, que vous aurez moins de peine à » me pardonner la manière un peu trop forte dont je pris » la liberté de vous écrire, qui peut vous avoir paru n'être » pas conforme au respect que je vous dois; je vous » avoue que mon zèle m'a porté trop loin et que j'avais » l'esprit un peu troublé, voyant les affaires en péril, » malgré toutes les précautions que j'avais prises. Vous » en connaissez l'importance, Messieurs, et je ne doute » pas que vous ne jugiez qu'il est nécessaire que j'aie » plutôt trop de zèle qu'un peu d'indifférence.

» Je suis etc.... »

« Alger, le 6 janvier 1711.

» MESSIEURS,

» Le Dey étant dans une nécessité pressante d'avoir » des mâts, il envoie un vaisseau à Marseille, et écrit au

» Roy, pour le supplier de lui en accorder en payant.
» J'ai fait ce que j'ai pu pour détourner ce voyage ; mais
» il n'aurait pas été à propos que je m'y fusse opposé
» ouvertement. J'ai l'honneur d'écrire à Monseigneur le
» Comte de Pontchartrain et à M. Arnoul, et leur explique
» le mieux qu'il m'a été possible les raisons pour
» lesquelles je crois qu'il est d'une extrême consé-
» quence de ne pas refuser le Dey en cette occasion ; ce
» serait lui faire voir qu'il ne peut espérer aucun secours
» de la France ; donnerait moyen aux Anglais de lui
» représenter à tout moment qu'il ne peut espérer que
» d'eux ce qu'il aura besoin, et avancerait leurs affaires
» à notre préjudice ; outre que, dorénavant, nos vaisseaux
» ne pourraient trouver à se racommoder dans une
» nécessité pressante, comme il arriva à M. de L'Aigue,
» qui s'accommoda du plus beau mât qui fut à Alger
» pour faire une vergue ; sans quoi, il était obligé d'aller
» à Toulon, et aurait perdu du temps qu'il employa bien
» plus utilement, comme vous avez pu savoir. Ce Dey
» ici, ayant toujours bien agi, mérite d'être traité favo-
» rablement. On m'a assuré qu'on trouvera à Marsellle
» des mâts chez des particuliers, qui, se trouvant payés
» comptant, seront en état de remplacer bientôt les mâts
» qu'ils auront vendus.

» Au reste, Messieurs, je puis vous assurer que Bekir
» Reïs, qui commande ce vaisseau, est un fort honnête
» homme, bien porté pour notre nation et qui, même, a
» pensé tomber en disgrâce en voulant prendre nos
» intérêts ; il est en faveur dans ce gouvernement pré-
» sent, et je vous supplie, Messieurs, de vouloir l'assister
» de vos conseils et de votre protection en ce qu'il
» pourrait avoir besoin, en commettant un homme qui
» puisse lui servir d'interprète, et lui aider à faire ses
» affaires. Je suis etc.... »

« Alger, le 15 novembre 1715.

» Messieurs,

» J'ai reçu celle que vous m'avez fait l'honneur de
» m'écrire le 13 août en m'envoyant la lettre du R. P.
» Lebrun, et je prends la liberté de vous adresser la
» réponse.

» Je me suis informé de ce que pouvait être devenu le
» Turc nommé Mustapha Azam, qui a été recéleur des
» vols fait par le nommé Pierre David. Comme ledit
» P. Lebrun me marque que ce Turc s'est racheté pour
» douze cents livres, je juge que ce n'est pas celui qui
» est venu, étant parti de Marseille au mois de mars,
» sur un vaisseau Anglais, qui fut échangé pour le nommé
» Louis Sigal de Moulins, et que le R. P. Philémon de La
» Motte (1), Religieux de la Trinité, demeurant à Rouen
» avait fait payer quatre cents livres, ayant obtenu de la
» Cour sa liberté à ce prix, pour faire le dit échange,
» ainsi que lui et le R. P. Giraud, ministre de la Trinité
» à Marseille, me l'ont écrit. Mais, quand ce serait ce
» même Turc qui eût été recéleur en question, on n'y
» peut rien faire ici, puisqu'il n'y est plus, et qu'il a passé
» en Levant. Je tâcherai de découvrir en quel lieu il se
» sera retiré, pour vous en donner avis, et au R. P.
» Lebrun, pour qu'on puisse le poursuivre, quoique, à
» dire le vrai, il y ait peu de ressource à espérer, étant
» une fois en Turquie.

» J'ai eû ces jours ici une discussion assez violente
» avec le Dey, un Corsaire d'Alger ayant arrêté la Tartane
» St. Thomas, Capitaine Bernard Berger de la Ciotat, qui
» passait de Port Mahon en Sardaigne ; quoiqu'elle eût
» son passeport et ses expéditions en bonne forme, il
» l'amena ici le deuxième de ce mois, et je croyais
» n'avoir d'autre chose à faire que de demander le chati-

____

(1) Religieux de la Ste Trinité, dit des Mathurins. Une des rédemp-
tions auxquelles il prit part a été publiée à Rouen. (1731, in-12).

» ment du Reïs, mais quelqu'un ayant été dire au Dey
» qu'il fallait qu'un batiment français n'eut tout au plus
» que la moitié d'étrangers à bord, sur ce prétexte, il
» prétendait retenir en esclavage douze ou quinze passa-
» gers qui étaient sur cette tartane. Vous jugez bien,
» Messieurs, que je ne manquai pas de bonnes raisons
» pour m'y opposer, et je m'attendais même que le Dey
» ferait relâcher tous ces gens là le lendemain matin;
» mais, voyant qu'il s'y opiniâtrait et qu'il en avait déjà
» envoyé cinq pour être exposés en vente, je lui dis que,
» s'il en vendait quelqu'un, je devais être le premier
» vendu; il me répondit que personne ne voudrait
» m'acheter; et, voyant que je ne gagnais rien, je fus
» au Batistan (1), m'asseoir au milieu de ces cinq, qui
» étaient exposés en vente, et je demandais en riant à
» ceux qui venaient pour les examiner combien ils donne-
» raient de ma personne; la plupart s'en retournait sans
» me rien dire; un demi quart d'heure après, le Dey
» m'envoya dire que je n'étais pas bien là; je le fus revoir,
» et je vis bien qu'il était un peu confus. Il me fit encore
» quelques difficultés; mais, je crois, pour la forme
» seulement, et d'abord après-midi, il me fit relâcher
» tous ces gens, me rendit cent cinquante pistoles qui
» avait été prises aux passagers, et ordonna qu'on
» rendrait tout ce qu'on avait pris; quelque diligence
» qu'on ait pu faire, il y a eû quelque bagatelle de perdue;
» le Dey a fait donner trois cent coups de baton à un
» Maure qui niait avoir rien pris, et qui s'est trouvé saisi
» d'un capot; après qu'il eut demeuré deux jours en
» prison, je fus prié d'aller intercéder pour lui, et le Dey
» le relâcha.
» Je crois bien qu'il n'était pas absolument nécessaire
» de pousser la comédie autant que j'ai fait pour avoir
» satisfaction; et, quoique les remèdes violents ne soient

---

(1) La vraie leçon est *Bezestan*, marché couvert. L'emplacement
de ce bazar, où se vendaient les esclaves, se trouve sur la *Petite Place
Mahon*.

» pas de mon goût, j'ai cru qu'en une affaire aussi claire
» je ne pouvais témoigner trop de chaleur, et que je devais
» plutôt mettre tout au hasard que d'avoir le démenti,
» et qu'il fallait faire comprendre à ceux qui pourraient
» être disposés à tomber dans une pareille faute qu'ils
» n'y gagneraient rien. Je suis etc.... »

« Alger, le 5 février 1716.

» Messieurs,

» La triste situation où je me trouve (1) m'oblige de
» vous supplier de vouloir me faire la grâce d'avancer
» l'année courante de mes appointements à M. Mugy,
» afin qu'il ait le moyen d'acquitter une lettre de change
» que j'ai fourni au Consul d'Hollande, et qu'il puisse
» donner quelque secours à ma femme que j'ai été obligé
» de faire passer à Marseille, à cause d'un accident
» terrible d'un tremblement de terre qui se fit le trois de
» ce mois à neuf heures trois quarts du matin. Je suis
» réduit à loger à la campagne sous des tentes ; je ne
» vous en fais pas le détail ; vous en serez suffisamment
» informés à l'arrivée de ce vaisseau qui porte le Consul
» d'Hollande et sa famille ; ils se retirent parce que les
» Algériens leur ont déclaré la guerre, ce qui n'a été
» découvert que le 28 décembre, par l'arrivée d'une prise.
» Je ne doute pas, Messieurs, que vous ne m'accordiez
» la grâce que je prends la liberté de vous demander.
» Je suis etc.... »

----

(1) Le 3 février 1716, à dix heures du matin, la ville d'Alger fut
à moitié détruite par un terrible tremblement de terre ; la population
s'enfuit dans la campagne. Le consul, dont la femme était enceinte
de sept mois, fut forcé d'aller loger sous la tente. Les secousses ne
cessèrent qu'au commencement de décembre.

« Alger, le 27 juin 1716.

» Messieurs,

» Je crois que vous aurez déjà appris la disgrâce arri-
» vée au patron Jean Birounet du Martigues, commandant
» la tartane St. Michel; étant allé pour négocier au lieu
» de Mansuria, à l'est de Bougie, il se laissa surprendre
» par les Maures de ces quartiers, qui le tuèrent lui et
» six hommes de son équipage, pillèrent et rompirent
» sa tartane au mois de décembre dernier. Je priai le
» Dey, qui me donna cette nouvelle, d'accorder sa pro-
» tection à ceux qui restaient en vie; il en écrivit à
» l'Agha de Bougie, pour que, par l'entremise des Mara-
» bouts, il fit retirer sept hommes, que les Maures
» avaient emmenés à la montagne. Mais il me dit en
» même temps que, comme ces Maures ne reconnais-
» saient point son autorité, on ne pouvait retirer ces
» gens sans argent. Je crus que je ne devais pas
» les laisser exposés à la fureur de ces Barbares; ils
» ont été rachetés par le Marabout de Bougie, auquel
» j'ai été obligé de rembourser 448 piastres du grand
» poids; j'y ai joint le change à 10 0/0, ce qui fait en tout
» 492 piastres et 6 réaux, que je vous prie, Messieurs, de
» payer à M. J. Bte. Mugy, suivant l'avis que j'en donne
» à Nosseigneurs du Conseil de Marine; vous pourrez
» peut-être avoir le moyen de faire payer cette somme
» par les six hommes que je vous envoie; le septième
» est malade à l'hopital, avec peu d'espérance d'en reve-
» nir. Vous pourrez peut-être, à leur défaut, être
» remboursés par les Pères de la Rédemption, ou autre-
» ment; car, pour moi, vous jugez bien qu'il n'est pas
» juste que je perde cette somme, et je ne suis pas en
» état de supporter une perte pareille; je ne devais pas
» non plus laisser et abandonner ces gens-là; ç'aurait
» été exposer tous ceux qui, à l'avenir, peuvent se

» trouver en pareil cas par naufrage ou autrement entre
» les mains de ces barbares.

   » Je suis etc... »

Notice sur le Consulat de M. Jean BAUME

M. Baume avait été nommé consul, malgré le vœu du
Dey, qui désirait voir arriver à cet emploi le chancelier
du consulat, Antoine-Gabriel Durand, beau-frère de
M. de Clairambault. Ce prince ne cacha pas au nouveau
venu la mauvaise humeur que lui avait causé sa nomination; il se refusa obstinément à écouter ses demandes,
et eut, sans doute, traduit son mécontentement plus
énergiquement encore, si la mort ne l'eût emporté au
mois de janvier 1718 (1), après une courte maladie.

Les Algériens étaient dans une extrême misère; le
tremblement de terre n'avait pas cessé; d'après Peys-
sonnel, les secousses durèrent pendant neuf mois de
suite; il y eût dix années consécutives de sécheresse, et
une invasion de sauterelles plus forte que toutes celles
qu'on avait vu jusque là; la disette devint épouvantable et
dans certaines villes, on vendit publiquement de la viande
humaine au marché. La taiffe s'assembla en tumulte et
demanda qu'on décidât la guerre à toutes les nations.
Mohamed Effendi, qui avait succédé à Ali Chaouch, ne
s'y opposa pas, et repoussa obstinément les plaintes et
les réclamations de M. Baume; il était, du reste, difficile
à un consul européen d'avoir de bonnes relations avec
lui; c'était un homme cruel et fanatique, détestant les
chrétiens, auxquels il préférait les Juifs, qui flattaient son

---

(1) D'après Laugier de Tassy, témoin oculaire, Ali Chaouch mourut
d'une fièvre violente, s'étant refusé jusqu'à la fin à prendre aucune
espèce de remède, en disant : Ce qui est écrit arrive. *(Hist. du Royaume
d'Alger*, p. 225).

avarice par de nombreux présents. Il était complètement illettré; avant de venir à Alger, il avait été bouvier en Égypte. La férocité de son humeur était encore accrue par les conspirations qui éclataient chaque jour et par les révoltes des Kabyles, qui venaient de s'emparer de Bordj-Menaïel.

M. Baume n'était pas l'homme qu'il fallait dans des circonstances aussi difficiles; il avait voulu se mêler de commerce, ce qui n'avait pas peu contribué à exaspérer les Juifs contre lui, et s'était fort obéré; il se méfiait de tout le monde, et, particulièrement, de son chancelier, M. Durand, qu'il soupçonnait de vouloir le remplacer et qu'il accusait injustement de s'entendre avec ses ennemis. Le Conseil de Régence crut devoir mettre un terme à cette situation en envoyant à Alger M. Dusault (1), qui,

------

(1) M. Dusault, qui avait rendu à la France les plus grands services par son intelligence et son dévouement, et qui fut chargé pendant près de cinquante ans de la plupart des négociations sur les côtes barbaresques, mourut le 26 mai 1721; par son testament, il laissait un fonds de 30,000 livres dont le revenu était destiné au rachat des captifs; il était spécifié que la préférence serait donnée aux habitants de Bayonne, ses concitoyens. Sa famille reçut des lettres de confirmation de noblesse, en juillet 1721; en voici le texte :

Louis, etc..... Les preuves que le sieur Jean-Baptiste Du Sault a données de son attachement au bien de notre État dans les différentes occasions qu'il a eues de distinguer son zèle et notamment dans les fonctions de la charge de commissaire aux revues de nos troupes en la ville de Bayonne qu'il a exercées pendant 28 années consécutives, et les services importants qu'ont rendus les sieurs Noël Du Sault, son père, et Denis Du Sault, son oncle, nous engagent à lui donner des témoignages de notre satisfaction qui soient aussi durables qui doit être le souvenir des vertus et des bonnes qualités d'une famille à laquelle notre État est redevable des avantages qu'il retire des traités de paix et des alliances qu'ont été faites par les soins et la médiation des sieurs Du Sault et par la sagesse avec laquelle ils ont exécuté les ordres du feu Roy de glorieuse mémoire, notre très-honoré Seigneur et bis-ayeul; — *ledit sieur Noël Du Sault a conclu et signé différents traités avec les Espagnols de la province frontière de Guipuscoa et ne s'est pas moins distingué dans les correspondances qu'il a toujours entretenues avec les nations étrangères que dans les emplois publics dont il a été chargé en la ville de Bayonne;* — *le sieur Denis*

grâce à sa parfaite connaissance du pays et aux amitiés qu'il y avait laissées, parvint à tout apaiser et fit confirmer, le 23 décembre 1719, le traité de 1689. A son retour en France, qui eut lieu quelque temps après, il emmena avec lui M. Baume, laissant comme consul intérimaire M. Lazare Loup. Celui-ci occupa ces fonctions pendant près d'un an, assez mal vu par le Dey, qui ne cessait de réclamer la nomination de M. Durand.

Lettres de M. Jean Baume à MM. le Maire, les Échevins et Députés du Commerce de Marseille

Alger, le 10 avril 1717 (résumé).

M. Baume remercie MM. du commerce de Marseille de leurs bons souhaits et de l'opinion avantageuse qu'ils ont de lui. Il les prie de vouloir bien lui faire l'avance

---

Du Sault, son frère, a été employé pendant le cours de cinquante années à diverses négociations auprès des puissances de l'Afrique; il a fait des voyages différents dans les royaumes d'Alger, Tunis et Tripoly en qualité d'envoyé extraordinaire et plénipotentiaire et a conclu seul avec les souverains de ces trois royaumes sept traités de paix et renouvellements d'alliance, suivant les instructions qu'il avait reçues et les ordres du feu Roy, notre bisayeul, qu'il a toujours exécutés avec tant de prudence, que, sans rien relâcher des intérêts et des droits de notre État, il s'acquit la bienveillance et l'estime de ces puissances, de manière que le Bey de Tripoly l'honora de présens et entre autre d'une statue antique de la PUDEUR *que le sieur Du Sault présenta à son retour au feu Roy notre bis-ayeul, et qui est au nombre des pièces les plus rares et les plus belles de notre château de Versailles; après les services rendus par ledit sieur* Du Sault *sous le règne du feu Roy, notre bisayeul, et ceux qu'il a de même rendus depuis notre avènement à la couronne dans les trois derniers traités qu'il a conclu avec les deys et beys d'Alger, Tunis et Tripoly, sans autre récompense qu'une pension de 1200 louis qui lui fut accordée en l'année 1700, nous nous disposions à reconnaître son désintéressement et son zèle par les marques d'honneur et de distinction qu'il a méritées et par des bienfaits proportionnés à ses services; mais sa mort, arrivée à Toulon le 26 mai dernier a prévenu l'effet de nos bonnes intentions et nous ne pouvons aujourd'hui qu'honorer sa mémoire dans la personne de...*
....

de l'année courante de ses appointements; si on ne lui fait cette faveur, il se verra forcé d'emprunter à gros intérêts pour ses dépenses d'installation et d'entretien pendant un an. Il continue sa lettre ainsi qu'il suit :

« Les gens sont ici d'une avarice extrême; c'est pour-
» quoi quelques présents distribués à propos aux grands
» officiers de la maison du Roy sont souvent capables
» de faire rendre une justice entière, ou empêcher dans
» d'autres occasions de faire des injustices criantes à
» nos Français. C'était là la raison qui m'avait fait
» fait demander, Messieurs, que vous eussiez agréable
» de me faire tenir quelques galanteries pour être distri-
» buées en temps et lieu. Il faut considérer que le Dey
» n'est pas le maître de décider par lui-même; il se
» trouve toujours au milieu d'une espèce de Conseil, qui
» le guide suivant sa passion, contre laquelle toute la
» vigilance, le zèle, et les mouvements du consul ne
» peuvent avoir leur entier effet; j'ai cependant lieu de
» me louer des attentions du Dey et de celles des grands
» officiers.
» Ce pays-ci est fort misérable et par conséquent de
» peu de consommation pour quelque marchandise que
» ce soit; d'ailleurs, les droits d'entrée et de sortie, et
» l'ancrage sont si forts, que les marchands, de même
» que les capitaines et patrons de nos batiments fuient
» absolument ce pays-ci (1).
» Il y vient véritablement quelques bagatelles de Levant,
» de Livourne et Espagne, comme eaux-de-vie, noisettes,
» cordes pour travailler la laine, un peu de coton, riz et
» soies; mais c'est une misère pour en recevoir le paie-
» ment, qui se fait sou à sou pour ainsi dire, et toujours
» au-delà du terme dont les marchands sont convenus.

---

(1) On remarquera que M. Baume semble vouloir dégoûter le commerce du port d'Alger, alors que tous ses prédécesseurs avaient cherché à l'encourager. Les motifs de ce dénigrement sont visibles; le consul trafiquait lui-même et éloignait les concurrents.

» Les Juifs, qui sont au nombre de dix mille environ,
» embrassent tout le peu de négoce qui se fait en cette
» place; ils sont même armateurs des corsaires; mais
» le peu de prises que font ceux-ci, et le peu de consom-
» mation de marchandises étrangères fait qu'ils sont
» tous gueux et avares à l'excès, de sorte que le père
» égorgerait volontiers le fils, et celui-ci son père, pour
» lui arracher quelques pataques. Les Maures ou naturels
» du pays sont traités en esclaves par les Turcs, qui les
» commandent à la baguette et les pillent entièrement à
» la ville et à la campagne. Cette disposition générale
» fait souhaiter intérieurement la guerre avec tous les
» chrétiens, dans l'espérance, dit-on, de voir comme
» autrefois la ville d'Alger opulente. Je vous laisse à
» penser, Messieurs, si l'on doit être alerte pour éviter
» les discours et en prévenir les suites en faisant des
» honnêtetés et des donations, aux gens qui ont le pou-
» voir d'empêcher le mal, et qui, d'ailleurs, ne méritent
» pas les regards d'un homme de bien. Vous connaissez
» depuis longtemps quelle est l'ignorance, la férocité et
» les manières désagréables de ces gens-ci, et qu'un
» Consul est fort à plaindre de s'y trouver exposé conti-
» nuellement. Je supporte tout ceci assez bien, si je ne
» me trompe, et je pense que les honnêtes gens qui en
» voient les effets le diront mieux que moi.

» MM. les chevaliers D'Espènes, D'Esparron et et Bal-
» biani doivent partir aujourd'hui sur la barque qui a
» apporté l'argent de leur rachat, M. de Clairambault
» s'embarquera sur le vaisseau du capitaine Tourre dans
» quatre ou cinq jours avec plusieurs esclaves qu'il a ra-
» chetés; il pourra vous expliquer tout ce qu'il a appris
» de ce pays par vingt ans de résidence, et vous avouerez
» qu'il y a beaucoup de mérite pour un homme qui est
» chargé de cet emploi. Le détail en serait ennuyeux,
» quoique certain; ainsi il vaut mieux finir ma lettre
» en vous protestant, Messieurs, que j'ai l'honneur
» d'être votre très-humble et très-obéissant serviteur. »

« Le Dey me porte fort souvent plainte au sujet des
» cent trente Turcs ou Maures, embarqués sur le vais-
» seau du capitaine Aguitez de Marseille, échoué près
» de Syracuse au mois de septembre dernier. Depuis
» sept mois que cette affaire est arrivée, les Turcs auraient
» été relachés si justice avait été faite. M. Michel a déjà
» eu du chagrin de cette affaire à Tunis, et on le menace
» d'insulte, si, dans deux mois, les Barbaresques ne sont
» pas arrivés dans leur pays. Il compte que j'aurai aussi
» ma part de chagrin de cette malheureuse affaire. Un
» brigantin de Mayorque prit, il y a quelques mois, cinq
» Turcs sur le batiment de service du Bastion, qui allait
» de cette ville-ci à Bône. Il n'y a non plus de justice à la
» Cour d'Espagne qu'à celle de Turin. Cependant ces
» gens-ci n'entendent pas raillerie; ils ne veulent pas
» être enlevés sous le pavillon français, comme de
» raison. Ils disent que nos gens s'entendent avec les
» ennemis des Turcs pour les leur livrer. Je repousse
» par de bonnes raisons ces mauvais sentiments; mais
» enfin leur patience lassée donnera jour à la rage, et
» gare alors la pauvre nation à terre et en mer. Je vous
» prie, Messieurs, de ne pas différer d'en écrire au
» Conseil; la chose est très-importante, et il en résultera
» quelque malheur, si le Roy ne fait pas parler haut à
» Madrid et à Turin pour la restitution de ces Turcs et
» de leurs effets. »

« Alger, le 18 avril 1717.

» Messieurs,

» Je ne doute pas que M. Arnoul ne vous ait fait part
» d'une lettre que j'ai eû l'honneur de lui écrire le 11 de
» ce mois, pour l'informer qu'un Corsaire d'Alger a enlevé
» 119 officiers et soldats, femmes et enfants sur un bati-
» ment d'Agde, commandé par le patron Jean Sauvarier,

» qui étaient partis de Barcelone pour aller à Valence.
» J'ai fait sur cette affaire, conjointement avec M. de
» Clairambault, toutes les diligences convenables, et
» nous avons obtenu que les 119 Espagnols nous seraient
» remis en dépôt jusqu'à l'arrivée de Sauvarier, qu'il a
» fallu envoyer chercher par une tartane de Martigues,
» afin que son passeport serve de justification pour la
» délivrance des Espagnols.

» Je les ai d'abord mis dans ma maison pour faire
» moins de dépense à la Chambre; mais, après quatre
» jours, l'infection commençant à se mettre parmi ce
» nombre, et vingt autres personnnes qui sont de ma
» maison, j'ai été obligé d'en louer une particulière pour
» les prisonniers, ou je leur envoie journellement leurs
» nécessités. M. de Clairambault vous informera plus au
» long des manières de faire de ce pays, qui sont des plus
» extraordinaires, et qu'il faut être diable, pour les
» supporter au plus grand avantage de la nation.

» Le Capitaine Tourre, de Toulon, qui porte sur son
» vaisseau M. de Clairambault, vous dira, Messieurs,
» quelles ont été les peines que nous avons prises pour
» parvenir à lui faire rendre une petite partie de la justice
» qu'il prétendait contre un fripon de marchand Maure,
» son nolisataire, fourbe et malin à l'excès, et soutenu
» par les Puissances du pays; cependant indirectement,
» et de manière que l'on connaissait plus promptement
» le mal que la source par où il venait. Le capitaine a
» été obligé, par ordre du Dey, de débarquer dans ma
» maison environ 500 quintaux de riz, que j'aurai soin
» de lui faire vendre au plus haut prix que je pourrai.

» Les Juifs sujets de ce royaume me représentent fort
» souvent, qu'étant sous la protection du Dey et dans
» ses états, ils doivent jouir de tous les privilèges, et, entre
» autres, de la permission du commerce directement en
» France, et ils veulent m'en faire parler par le Dey. Je
» sais qu'il y a des ordonnances du Roy qui défendent
» ce commerce; mais je ne sais pas bien quels ont été

» les motifs qui les ont fait rendre. Je vous prie,
» Messieurs, d'avoir agréable d'examiner de nouveau
» s'il convient que vous laissiez la liberté à ces juifs de
» commercer en France, en payant les droits que vous
» voudrez bien leur imposer, et prendre la peine de
» m'expliquer vos intentions avec les raisons qui vous
» engagent à les suivre. Au reste, je ne dois pas vous
» cacher que les juifs d'ici commercent en France, à
» Marseille même, en empruntant les noms de certains
» marchands ; cela étant, ils contreviennent aux ordres,
» à vos réglements, et vous ne retirez point les droits
» que vous pourriez en exiger, si vous preniez un nouvel
» arrangement. Je vous donnerai toujours avis des
» choses qui me paraîtront nécessaires pour l'avantage
» du commerce des Français, et pour vous prouver que
» personne au monde n'a l'honneur d'être plus parfaite-
» ment, etc... »

Alger, le 19 mai 1717 (résumé).

Le Consul écrit que le patron de la barque sur laquelle
ont été pris les 119 Espagnols, dont il a été parlé dans
la lettre du 18 avril, a présenté au Dey des papiers bien
en règle, pour obtenir, ainsi qu'il était juste, la libération
de ces captifs.

Le Dey n'a cependant pas voulu les laisser aller, jusqu'à ce qu'on lui ait rendu les 130 Turcs ou Maures
pris sur le vaisseau du capitaine Aguitez et détenus à
Syracuse, comme il a été dit dans la lettre précédente du
10 avril, ainsi que cinq autres Algériens pris par une
galiote de Mayorque.

C'est en vain que le consul de Barcelone a joint ses
instances à celles de M. Baume ; le Dey ne veut pas
revenir sur sa décision, ou plutôt il ne l'ose pas ; car
l'esprit public est très monté, et il y aurait tout à crain-

dre, si on retirait ce semblant de satisfaction à la populace et à la milice.

———

« Alger, le 1er août 1717.

» MESSIEURS,

» L'on ne peut être plus touché que je ne le suis des
» désordres que les Corsaires d'Alger commettent depuis
» quelque temps, et desquels je vous ai informés, de même
» que M. l'Intendant et le Conseil de Marine, afin que,
» par tous ensemble, il soit imaginé quelque moyen pour
» mettre ces gens-ci à la raison.

» Je vous prie instamment, Messieurs, de faire une
» attention favorable à la juste et secrète prétention du
» capitaine d'une galiote d'Alger, qui a sauvé de la prise
» et du naufrage une tartane de Marseille, commandée
» par patron Peïre, qui a été insultée vers le cap de
» Gatte par une autre galiote conserve de celle ci-des-
» sus. Cette grâce engagera le capitaine de la dernière à
» être toujours sage et à faire du bien aux Français
» qu'il trouvera en mer, au lieu de mal, comme font les
» autres.

» Je vous demande aussi avec instance pour moi et les
» 118 Espagnols qui sont à ma garde un prompt se-
» cours ; les dépenses sont considérables, et le change
» de l'emprunt très-fort. C'est un cas essentiel, dans
» lequel il convient mieux d'emprunter en France une
» somme de 5 à 6,000 francs en piastres du petit poids,
» que de m'en laisser prendre ici à 3 et 4 % par mois.
» Les vaisseaux du Roy pourront m'apporter cette
» somme, si vous avez agréable de faire les diligences
» qui paraissent convenir en cette occasion, de quoi je
» vous serai au reste fort obligé.

» Je suis, etc... »

———

« Alger, le 16 août 1717.

» MESSIEURS,

» Sur ce que j'ai eû l'honneur de vous écrire ci-devant
» de même qu'à M. l'Intendant, touchant les infractions
» commises par les Algériens, et la charge que j'ai d'en-
» tretenir 130 personnes sur mon crédit à gros intérêts,
» je ne doute pas que vous n'ayez agréable de faire un
» effort qui convient au bien du service, pour me faire
» tenir sans retardement 5 à 6,000 francs en piastres du
» poids de deux pistoles et demi d'Espagne, votre avan-
» tage s'y trouvant, plutôt que de me laisser faire des
» emprunts ici à 2 °/₀ par mois ; encore a-t-on de la
» peine d'en trouver, dans le trouble ou sont les affaires.

» Un parti qui prétend à ce gouvernement est venu
» attaquer la maison royale le 15 à 4 heures et demi du
» matin, dans le dessein d'assassiner le Dey et ses prin-
» cipaux officiers pour prendre leurs places. Les gardes
» ont fait leur devoir, et, après un combat d'une demi-
» heure, et après avoir mis à bas quatre personnes de
» chaque côté, les assaillants ont pris la fuite ; ce sera
» un répit pour quelque temps (1).

» Il serait bon que vous eussiez attention, Messieurs,
» de m'envoyer par avance une vingtaine d'aunes d'étof-
» fes d'or et et quelque pièces de damas et drap fin,
» rouge bleu et vert foncé, pour faire les présents ordi-
» naires aux nouveaux Deys et Ministres, suivant l'usa-
» ge ; celui qui prétend au gouvernement ayant femmes,
» enfants et parents, auxquels l'on sera indispensable-
» ment obligé de donner ; vous savez que je n'en fais
» point la loi, et que l'on ne peut se maintenir ici qu'en
» faisant des présents ; sans quoi, je serai contraint

______

(1) Le Consul ne nous dit pas que les conjurés essayèrent de
mettre le feu à la Jénina, ce qui ameuta le voisinage contre eux ;
sans cette maladresse, ils eussent sans doute réussi ; car le Dey
était fort détesté.

» d'acheter ici les choses nécessaires au double de ce
» qu'elles valent en France. Je vous en donne avis pour
» le plus grand avantage du commerce. Je vous ai infor-
» mé, Messieurs, que le nommé Pélissier, ci-devant
» maître d'hôtel de M. Clairambault, faisait ici à l'insu
» de son maître, un commerce général de tout ce qui lui
» tombait sous la main, et surtout de prêter honnête-
» ment sur gage, à raison de 2 et 3 0/0 par mois, à l'imi-
» tation des Juifs et à celle des mauvais Turcs et Maures;
» chose absolument déshonorante pour les Français. Je
» vous ai par conséquent prié de prendre des mesures
» pour éviter qu'il repasse ici, ainsi qu'il en a écrit, pour
» faire un semblable négoce. Comme je viens d'appren-
» dre qu'il a écrit à un Maure de ses amis de lui louer
» une maison, parce qu'il doit venir incessamment avec
» sa femme à Alger, je vous réïtère ma prière, pour
» empêcher absolument cet homme de retourner dans
» cette ville. Vous pouvez même me faire tenir un ordre
» de vous et de M. l'Intendant pour que je le puisse faire
» repasser en France, en cas qu'il trompât votre vigi-
» lance, et qu'il se fît favoriser par les patrons et capi-
» taines Français ou étrangers qui viendront ici. Je vous
» demande une prompte réponse sur cet article, et sur
» les autres encore plus importants de ma lettre.

» Je ne sais si les vaisseaux du Roy, que le bruit pu-
» blic nous promet depuis longtemps, paraîtront dans
» ces rades; mais il est du moins certain qu'ils sont
» plus nécessaires que jamais, vu l'insolence de ces gens
» cy, qui croyent d'une part que la France n'a pas la
» force d'en mettre un seul en mer, et, de l'autre, ils se
» croyent méprisés par le nouveau gouvernement, quel-
» que soin que je prenne pour les détromper sur l'un et
» l'autre point. D'ailleurs, si ces vaisseaux n'amènent
» pas les Turcs détenus en Sicile, ils recevront assuré-
» ment un affront, ces gens cy ne voulant entendre
» aucune raison, qu'ils ne voient paraître leurs frères.
» Je ne sais si vous jugerez qu'ils sont bien fondés; mais

» c'est là leur opinion, et je défie un nouveau Cicéron
» pour les faire revenir de cette prétention. Je suis, etc.»

———————

Alger, le 9 octobre 1717 (résumé).

M. Baume témoigne sa douleur et sa surprise au sujet du silence conservé à son égard sur toutes les questions importantes soulevées dans ses dernières lettres ; il annonce que l'irritation causée aux Algériens par la captivité des 130 Turcs pris par les Siciliens sur un bâtiment français augmente de jour en jour ; que la mollesse qu'on apporte à la répression de cet acte odieux est un déshonneur pour le pavillon Français, et, en même temps, la cause de la cruelle captivité des 119 soldats Espagnols dont il a déjà souvent parlé ; il ajoute que les représailles commencent déjà, et que les corsaires ont amené tout dernièrement un bâtiment de La Rochelle et un autre de la Martinique. Il termine en se plaignant de n'avoir pas reçu l'argent nécessaire à l'entretien des Espagnols ni la gratification qu'il a demandée dans sa lettre du 1er août pour le capitaine Algérien qui a sauvé de la prise et du naufrage un bâtiment Français. Si toutes ces questions, dit-il, ne reçoivent pas une prompte solution, il est à craindre que le mal ne devienne irrémédiable.

———————

« Alger, le 28 octobre 1717.

» MESSIEURS,

» J'ai eû l'honneur de vous écrire si souvent touchant
» les affaires de cette Échelle, de même qu'à M. Arnoul,
» qui doit vous avoir montré ses lettres et celles que je
» lui ai adressées pour le Conseil de Marine, que je ne

» puis mieux faire que de me remettre à la révision que
» vous en pouvez et devez faire pour le bien public, le
» vôtre propre et la gloire du Roy.

» Je vous envoie six cent deux pistoles et deux réaux
» que j'ai fait restituer d'un capitaine de galère, qui les
» avait enlevées de la tartane de patron Porry de Mar-
» seille, à qui vous aurez agréable de les faire remettre.
» Je vous ai marqué avoir fait punir rigoureusement le
» reïs et l'équipage qui a fait cette insulte, et demandé
» une récompense pour un autre reïs des galiotes, qui
» a empêché la dite tartane de périr sur les rochers,
» après avoir évité que le premier reïs ne l'ait amenée
» à Salé. Vous en verrez les justes circonstances dans
» mes précédentes. Je n'ai rien négligé pour engager ces
» gens cy à rendre justice entière dans les affronts qu'ils
» nous ont fait ; l'Envoyé du Roy, qu'il est nécessaire
» qu'il vienne au plus tôt pour renouveler et rectifier le
» traité de paix, en sera convaincu et en rendra bon
» compte. Je vous prie, Messieurs, d'avoir soin de me
» donner des secours d'argent pour continuer à loger,
» nourrir et habiller les 120 Espagnols qui sont à ma
» garde, et de payer régulièrement mes appointements,
» pour que je puisse soutenir ma maison et faire venir
» les présents qui sont d'usage.

» Je suis, etc... »

« Alger, le 15 août 1718.

» MESSIEURS,

» J'ai reçu par le patron Jourdan la lettre que vous
» m'avez fait l'honneur de m'écrire le premier juin der-
» nier avec le présent destiné au capitaine qui a favorisé
» la tartane du patron Porry de Marseille. Il lui a été
» remis de votre part, et il y a tout lieu de croire que
» cette gracieuse attention l'engagera à être de plus en

» plus sage et zélé pour le service de notre Nation. Je
» vous en remercie en particulier, sachant le bon effet
» que causent ces sortes de libéralités parmi des gens
» qui ne connaissent que l'intérêt.

» Quand aux affaires du Consulat, je vous assure, Mes-
» sieurs, qu'elles deviennent tous les jours désagréa-
» bles, depuis l'échouement des Turcs à Syracuse et la
» détention injuste des Espagnols à Alger. Cela cause
» un mépris affreux pour la France, et la bannière ne
» sera bientôt plus regardée que par dérision. Dieu
» veuille encore que de semblables dispositions ne fas-
» sent porter plus loin les mauvaises manières d'une
» Taïffe sans raison et sans frein, gouvernée par un
» Chef (1) qui ne possède pas de meilleures qualités, et
» avec lesquels un Consul a, chaque jour, de nouvelles
» duretés à supporter, de quoi, au reste, je ne manque
» pas d'informer la Cour.

» Je crois devoir vous faire part, Messieurs, que le
» sieur Durand, ci-devant Chancelier dans ce Consulat,
» a causé beaucoup de désordre dans les cabales secrè-
» tes qu'il a faites ici et que je n'ai appris qu'après son
» départ (2). Il a distribué de l'argent, des présents et
» mauvais discours à plusieurs Puissances de la mai-
» son du Roy et dans le public pour me faire révoquer
» et avoir mon poste.

» Cette cabale a empêché l'exécution de l'arrêt du
» Conseil d'État qui ordonne au Consul la levée des
» anciens droits consulaires pour leur tenir lieu d'ap-
» pointements, au sujet de quoi le Dey m'a maltraité,
» a permis que la canaille des Juifs en a fait de même,
» et écrit contre moi à la Cour ; d'où j'ai lieu d'espérer

---

(1) Le nouveau Dey était Mohammed-ben-Hassan, âgé de 36 ans ;
les *Relations* des voyageurs le dépeignent ainsi : grand, gros, ro-
buste, cruel, complètement illettré.

(2) M. Baume, qui savait que tout le monde était mécontent de
sa gestion, prenait les devants en accusant son chancelier, qu'il
voyait destiné à lui succéder.

» une prompte et bonne justice, non seulement en obli-
» geant le Dey à me permettre la continuation de mes
» fonctions, mais encore à punir les Juifs de leur inso-
» lence ; les soumettre à payer le droit consulaire ; et,
» quand au sieur Durand, qu'il ne soit jamais envoyé
» ici, mais bien puni de sa trahison, indigne d'un hon-
» nête homme, et condamné à me restituer cent piastres
» de gratification que je lui ai payées de ma bourse,
» malgré le mauvais état de mes affaires, ne sachant
» pas qu'il la méritât si peu.

» Je ne sais, Messieurs, si vous trouverez assez de
» justice dans ma plainte pour vous croire obligés de
» soutenir ma cause auprès du Conseil, de quoi je vous
» serai fort obligé. Mais si, contre toute raison, le sieur
» Durand était nommé au Consulat, je ne réponds pas
» qu'il n'arrive quelque accident entre nous deux.

» J'espère que le Conseil prendra les mesures conve-
» nables pour châtier les Juifs qui habitent en France,
» ceux qui y font commerce, et même ceux qui habitent
» dans les pays étrangers où il y a des officiers du Roy,
» qui les pourront faire repentir des impertinences
» commises par leurs frères d'Alger (1).

» Il est de votre zèle pour le service du Roy et le bien
» du commerce, Messieurs, d'avoir grand soin de faire
» vérifier toutes les marchandises qui se débarquent à
» Marseille et ailleurs, s'il se peut, afin que si elles se
» trouvent appartenir à des Juifs, Grecs, etc., passant
» sous le nom des Français, elles soient confisquées, s'il
» est possible. Les Français font aisément toute sorte
» de fraudes et commettent mille désobéissances en
» faveur des étrangers pour le moindre profit qu'ils y
» trouvent, au préjudice des ordres du Roy et du reste
» de la Nation.

» Il y a ici bien des choses, Messieurs, sur lesquelles

---

(1) Ce passage donne une idée du singulier esprit qui animait M.
Baume, et de l'état d'exaspération dans lequel l'avait jeté sa déconfi-
ture commerciale.

» je crois que vous jugerez à propos de conférer à M.
» Arnoul.

   » Je suis, etc... »

   « J'ouvre promptement mon paquet pour y ajouter ;
» le nommé Baba Kerim, Intendant de la maison du Dey
» et de tous les magasins de la Terre et de la Marine,
» grand ami du sieur Durand, et qui avait si fort agi en
» sa faveur à mon préjudice, vient d'être puni de l'exil
» et confiscation de biens, pour avoir tué son propre
» neveu, qui l'avait accusé de sodomie ; j'espère que ce
» ne sera pas le seul de mes ennemis (sans raison) qui
» se ressentiront du châtiment de Dieu et des hom-
» mes. »

                              « Alger, le 31 décembre 1718.

   » Messieurs,

   » J'ai reçu la lettre que vous m'avez fait l'honneur de
» m'écrire le 19 octobre, par laquelle je vois que sur les
» avis que j'avais cru devoir vous donner, vous avez
» examiné exactement la propriété des laines adressées
» au sieur David, et que vous avez été contents de ses
» défenses bien fondées.
   » Si j'ai fait payer au patron Jourdan cinquante livres
» de cotimo dont vous me faites des reproches, ça été à
» cause que, n'ayant aucuns appointements ici, ni pres-
» que aucun émolument, ni secours de la Cour, je suis
» obligé de me procurer quelques petits soulagements ;
» et plût à Dieu qu'il vint assez de bâtiments français
» pour en retirer de quoi soutenir ma maison jusques
» aux temps des secours promis, mais encore fort éloi-
» gnés, sans que l'on veuille considérer que mon état
» est plus pressant que tout autre, par rapport aux
» avances que j'ai faites pour l'entretien des Espagnols

» arrêtés sous pavillon français. Je vous prie instam-
» ment, Messieurs, de vouloir bien faire payer à M.
» Gouvène tout ce qui me reste dû, y compris la partie
» du dizième qui avait ci-devant été retenue, et les trois
» cents livres destinées pour le passage et présents du
» Consul.

» Je suis, etc... »

———

« Alger, le 22 mai 1719.

» MESSIEURS,

» Je vous dirai en premier lieu que les deux câbles
» que vous avez eû soin de faire faire pour le vaisseau
» du Beylic ont été trouvés fort beaux et bons, et que
» peut être vous aurez la même charge pour trois autres
» de dix-huit pouces que le Dey m'avait demandés avant
» l'arrivée de ces deux là.
» Quoique suivant les ordres de la Cour, j'aie repré-
» senté plusieurs fois au Dey que, le terme touchant, le
» changement des congés de Mgr l'Amiral était trop
» court et que le Roy voulait qu'il fut prolongé jusqu'au
» premier juin prochain, le Dey n'a pas laissé de me
» faire souvent des reproches sur le retardement desdits
» passeports, et menacé de faire des prises ; sur quoi
» j'ai toujours protesté ce qui était de mon devoir, et
» d'ailleurs cultivé par toute sorte d'endroits les Puis-
» sances en crédit, que l'on peut dire avoir empêché jus-
» que ici le trouble qui aurait pu advenir sur ce chapitre.
» Le Dey est extrêmement choqué du séjour sans fin
» des Turcs détenus en Sicile depuis deux ans et demi ;
» tout ce que j'ai appris de Messine et de Palerme tou-
» chant la bonne disposition ou sont les officiers du
» Roy d'Espagne de rendre ces Turcs, et dont j'ai infor-
» mé le Dey, n'a pu l'adoucir ; il veut que ces Turcs re-
» viennent absolument en Barbarie, avant de lâcher les

» Espagnols qui sont détenus ici en représailles. Il a
» bien plus fait ; car il a commencé de faire travailler
» ceux-ci aux carrières comme des esclaves, et il compte
» de les employer ainsi, jusqu'à l'arrivée de tous les
» Turcs de Sicile.

» Un bâtiment anglais, ayant eû permission d'aller à
» Oran pour y faire un chargement, le Dey l'a retenu
» avec l'équipage, en représailles de ce que un bâtiment
» anglais qui avait des Turcs à bord, fut pris et conduit
» à Malaga par des Espagnols, il y a environ deux ans.
» Le consul anglais a fait toutes les diligences possi-
» bles pour faire relâcher ce bâtiment et son équipage,
» sans pouvoir y réussir.

» Il y a si peu à compter sur les paroles et sur les
» promesses, même par écrit, de ces gens-cy, que, mal-
» gré la liberté que doivent avoir les Français d'entrer
» avec les bâtiments dans tous les ports de la dépen-
» dance d'Alger, fondée sur le traité de paix et sur un
» article exprès convenu avec M. Duquesne pour l'éta-
» blissement d'un Vice-Consulat à Oran, ils ont refusé
» d'admettre à ce poste M. Natoire (1), mon chancelier,
» que j'y avais destiné suivant la permission que la
» Cour m'avait donnée de nommer à ce poste. Cette
» affaire avait été ménagée secrètement, de crainte que
» les Anglais d'ici et de Marseille n'en prissent ombrage,
» et ne fissent jouer tous les ressorts imaginables
» auprès du Dey pour l'engager à refuser aux Français
» la juste prétention qu'ils ont de s'y établir.

» La disposition des Algériens, en tout ce qui regarde
» leurs intérêts, peut faire craindre que M. Du Sault,
» que le Roy a résolu d'envoyer ici, n'aura pas la juste
» satisfaction que sa personne, son caractère et les
» intentions de Sa Majeslé méritent, et il serait désa-
» gréable, si cela arrivait, de voir le voyage d'un Ambas-

---

(1) On verra plus tard ce personnage convaincu de friponnerie et
de trahison. Tel était l'homme que M. Baume voulait à toute force
substituer à M. Durand.

» sadeur et une grosse dépense n'avoir pas le juste
» succès qu'on en attendait (1).

» Je suis, etc… »

« Depuis ma lettre écrite, le Dey a ordonné que les
» soldats espagnols ne logeraient plus dans leur maison
» ordinaire, mais bien au bagne dit de Sainte-Catherine,
» qui est autre que celui du Beylik, et qu'il leur serait
» mis un anneau aux pieds, comme aux esclaves, pour
» les punir en général de ce que quelques-uns avaient
» manqué d'obéissance aux supérieurs pendant le tra-
» vail. J'en ai porté plainte au Dey, lequel m'a répondu
» que, puisque la plupart des Musulmans échoués en
» Sicile voguaient sur les Galères, il n'y avait pas grand
» mal que les Espagnols eussent le fer au pied ; qu'au
» reste, il ne veut pas les faire esclaves, mais bien les
» rendre sages et obéissants dans les travaux qu'il leur
» fera faire. Je ferai de nouvelles démarches pour tâcher
» de faire ôter ce fer, et qu'il soit permis à ces pauvres
» malheureux d'habiter dans leurs maisons.

» Si j'avais ordre d'agir avec vivacité, je ferais en pa-
» reille occasion tout l'éclat convenable ; mais le Conseil
» me recommande trop la modération pour que je puisse
» me départir de ses ordres. Je vous expliquerai ceci,
» Messieurs, en confidence. »

« Alger, le 8 juin 1719.

» MESSIEURS,

» Quoique j'ai eû l'honneur de vous informer par le
» patron Ferrin de Berr, et par voie de Ligourne de ce
» qui se passe en ce pays, je suis persuadé que vous

---

(1) Cette insinuation est évidemment destinée à empêcher le
voyage de M. Du Sault, dont la sagacité faisait ombrage au Consul.

» approuverez que je vous explique encore que le Dey et
» tous les Algériens sont très impatients de ne point
» voir finir la détention des Turcs échoués en Sicile avec
» un bâtiment français en 1716.

» Ils m'en font des reproches continuels, et je vois
» avec chagrin que cette malheureuse affaire donne un
» mépris général pour la nation et pour les représenta-
» tions que j'ai souvent eû occasion de faire. Le Dey,
» pour en manifester son ressentiment, a fait mettre les
» fers aux pieds à des Espagnols prisonniers : il les fait
» travailler aux pierres et autres travaux dangereux, et
» les oblige de venir coucher au bagne comme des escla-
» ves. Lorsque je lui ai représenté qu'il ne pouvait en
» justice et en conscience faire ainsi travailler ces pau-
» vres affligés, il m'a répondu entre autres grossièretés
» que, puisque la plus grande partie de ses sujets et de
» ceux de Tunis voyageaient sur les galères de Sicile, il
» n'y avait pas grand mal à ce que les Espagnols tra-
» vaillâssent. Il s'est expliqué, au reste, qu'il n'avait pas
» dessein de les faire esclaves, mais seulement de les
» occuper et les rendre sages. Ainsi il paraît certain qu'il
» n'a pas envie de ce que l'on appelle rupture, mais seu-
» lement de faire supporter de temps en temps quelques
» boutades hors de raison et qui mettent la patience à
» bout.

» Le capitaine Guercy, habitant de Marseille, est venu
» hier de Tétouan avec des marchandises appartenant
» aux Maures ; il s'est trouvé à bord quelques quintaux
» de cire, qu'il a achetés audit Tétouan pour Marseille,
» le Dey a prétendu qu'il lui devait un droit considérable,
» disant que toute la cire qui vient dans ce port doit lui
» être remise, ou payer ce qu'il demande. Je lui ai repré-
» senté que cela était contraire aux articles du traité de
» paix, et que tout le monde à Alger le regardait comme
» une innovation criante ; que l'ambassadeur du Roy,
» que j'attends de jour à autre, lui demandera répara-
» tion de cette infraction ; il a répondu qu'on lui payât

» sòn prétendu droit, ou qu'il enverrait enlever la cire ;
» je l'ai quitté en protestant ; je ne sais ce qui en sera
» dans la suite. Je crois devoir par conséquent répéter
» ce que j'ai marqué par mes précédentes, que si M^r
» l'Ambassadeur n'amène pas les Turcs de Sicile, il est à
» craindre qu'il n'ait pas toute la satisfaction que son
» caractère, sa personne et les intentions du Roy méri-
» tent. Et, en ce cas, il serait fâcheux qu'un pareil voyage
» et une grosse dépense n'eussent pas tout le juste suc-
» cès qu'on en attend.

» Je ne sais si le retardement de M. Du Sault provient
» de quelque nouvelle disposition de la Cour ; s'il y avait
» quelque changement touchant son voyage, il convien-
» drait de m'envoyer sans retardement les trois câbles
» de 18 pouces que j'ai demandés, de la part du Dey, de
» même que les nouvelles formules de passeport qui
» doivent être délivrées aux corsaires, pour servir en
» mer à la confrontation, et quelques bonnes nouvelles
» de la prochaine délivrance et renvoi de tous les Turcs
» de Sicile ; cela radoucira tous les esprits farouches de
» ces gens-cy. Je ne puis trop répéter que cette affaire
» a insinué dans le cœur des Algériens une rage et un
» mépris inconciliables contre les Français, soit qu'ils
» pensent que la France ne veut pas se donner la peine
» de leur faire rendre leurs frères, soit qu'ils prétendent
» qu'elle a tellement perdu ses forces avec la vie du
» feu Roy (malgré ce que nous pouvons dire de contraire)
» qu'ils croient pouvoir entreprendre toute sorte de
» violences sans craindre de châtiment. Ils sont cepen-
» dant si peu entendus, courageux et forts, que le moin-
» dre vaisseau marchand Hollandais qui se défend un
» peu quand les Algériens en attaquent, leur fait lâcher
» prise au plus vite, comme il vient d'arriver en dernier
» lieu.

» J'ai si souvent écrit ceci à la Cour, que je crains de
» m'y rendre importun ; marquez lui en, Messieurs, ce
» que vous jugerez à propos.

» Le patron Antoine Jordan de Marseille ne vient
» jamais ici sans apporter des armes à feu pour son
» compte et pour celui d'autrui ; si on ne l'en punit pas,
» ou du moins faire de sévères réprimandes et menaces
» de punition corporelle, il remplira Alger de fusils et
» pistolets de France, à la honte de la Nation. Il est allé
» à Bône pour revenir ici, et ensuite passer à Marseille.
» Je suis, etc. »

« Alger, le 25 juillet 1719.

» MESSIEURS,

» J'ai eu l'honneur de vous représenter par la tartane
» du patron Ferrin, de Berr, et je vous le répète encore,
» que rien n'est plus essentiel que d'empêcher absolu-
» ment qu'aucun Juif, Grec, Maure, et autres Étrangers
» n'embarque des marchandises en France pour Alger,
» la pluspart étant des misérables, qui font leurs em-
» plettes en hypothéquant la valeur aux ordres des ven-
» deurs, et sur quoi il y a des discussions désagréables
» ici, où les misérables ne songent qu'à tromper, sachant
» qu'ils sont soutenus par les Puissances du pays, accou-
» tumées à favoriser le mal, moyennant quelques dou-
» ceurs pour récompenser leurs bons offices. D'ailleurs,
» ils masquent des marchandises, et apportent des
» armes à feu, au grand scandale des Français.

» Les Anglais en reçoivent par tous les bâtiments
» français, et il serait à désirer que l'on prit quelque
» mesure sûre pour empêcher que cette nation et autres
» trouvent à profiter, en introduisant des effets qu'il est
» défendu aux Français d'apporter. Quelques-uns pas-
» sent cependant par dessus les défenses, entre autres le
» patron Jordan, à qui il serait bon, Messieurs, que vous
» fissiez sur cela une sévère réprimande et menace, qui
» l'empêche à l'avenir d'embarquer pour son compte ni
» pour le compte d'autres pareilles marchandises. J'ap-

» prends que la sortie du soufre est défendue ; c'est
» apparemment à cause de la guerre avec l'Espagne, ou
» autres bons motifs.

» Comme les Anglais savent profiter de tout, il paraît
» important qu'on les empêche d'en embarquer. Il est à
» observer que les Anglais et les Juifs traversent ici si
» fort notre nation, que l'on ne peut trop chercher des
» moyens pour les traverser eux-mêmes. J'ai l'honneur
» d'écrire à la Cour sur le tout et suis, etc... »

Alger, le 25 juillet 1719 (résumé).

Le Consul écrit que le bâtiment la *Marguerite* a été
pris par les Corsaires de Salé qui ont jeté l'ancre ensuite dans le port d'Oran. A cette nouvelle, il a réclamé
l'équipage au Dey qui, après quelques hésitations, a écrit
au Gouverneur d'Oran d'interdire la vente des captifs.

Alger, le 6 août 1719 (résumé).

Cette lettre annonce que le Dey a donné l'ordre de faire
venir à Alger le vaisseau dont il est question dans la
lettre précédente ; le Consul sait de bonne source que le
Dey est très bien disposé dans cette affaire (1), bien

------

(1) Une lettre de M. Natoire, Chancelier au Consulat d'Alger,
adressée à MM. les Échevins de Marseille, confirme les faits dont il
est question dans la lettre de M. Baume. M. Natoire y appelle aussi
l'attention des magistrats de Marseille sur les Juifs d'Alger, qui
augmentent, dit-il, de jour en jour. Il engage le Conseil à réprimer
ces agissements en châtiant sévèrement les Français qui servent de
prête-noms aux fraudeurs et les aident ainsi à échapper au droit de
20 % frappé sur les marchandises de provenance étrangère, au détriment du commerce français. Il cite quelques noms de négociants
français et israélites, qu'on devrait surveiller d'une manière toute
particulière.

qu'il continue à réclamer avec instance la solution des questions pendantes. M. Baume ajoute que le Conseil de la Marine lui a promis que l'affaire des passeports serait incessamment réglée.

————

« Alger, le 28 décembre 1719.

» MESSIEURS,

» Vous verrez par le traité de paix que j'ai conclu
» avec les Puissances d'Alger que tout sera tranquille à
» l'avenir pour la sûreté du commerce des sujets du
» Roy. Ayez la bonté d'en ordonner l'impression, afin de
» la rendre publique.

» M. Baume, consul, s'est trouvé dans des engagements
» ici par un commerce et des rachats d'esclaves qu'il a
» voulu entreprendre, qui l'a mis dans la nécessité d'em-
» prunter ici à trois pour cent par mois ; comme il n'y a
» point à Alger de corps de Nation, je me suis trouvé
» dans l'obligation de le liquider et même de commettre
» à ce Consulat par intérim, jusqu'à ce que la Cour y
» pourvoie, parce qu'il n'avait pas d'ailleurs beaucoup
» l'agrément des Puissances, qui ont demandé son
» échange ; c'est M. Loup, Agent de la Compagnie d'Afri-
» que qui en fera les fonctions ; c'est un fort honnête
» homme, qui est au fait de ce Consulat et exerce depuis
» dix ans l'agence de ladite Compagnie, dont il s'est
» toujours bien acquitté.

» J'envoie à M. Arnoul, intendant, les transports que
» M. Baume me fait sur M. Jouvenne, Féraut et Sol-
» liers.

» Les Pères Rédempteurs de la Trinité et de la Mercy
» ont retiré tous les sujets du Roy qui se sont trouvés
» ici et viennent avec moi à Tunis pour y faire le même
» rachat de ce qui s'y trouvera ; et, de mon côté, je me
» flatte d'y surmonter les obstacles qui s'y trouveront

» pour faire le nouveau traité de paix tel que je l'ai fait
» ici.

» Je suis très-parfaitement, Messieurs, votre très-
» humble et très-obéissant serviteur.

» *Signé :*

» DUSAULT. »

------

*Lettres de M. Lazare Loup à MM. les Échevins et Députés de la
Chambre de Commerce de Marseille*

« Alger, le 21 décembre 1719.

» MESSIEURS,

» Monsieur Du Sault, ayant renouvelé les traités de
» paix au nom du Roy avec les Puissances de ce Royaume
» et ayant eu des préventions contre M. Baume, ci-de-
» vant Consul, et d'autres raisons l'ont mis dans la
» nécessité de m'ordonner de la part de Sa Majesté
» d'exercer ce Consulat par interim à la place du dit
» sieur Baume, en attendant que le Roy y ait envoyé la
» personne que Sa Majesté destinera. Il y a dix ans que
» j'ai l'honneur d'exercer ici le poste d'Agent Général
» de la Compagnie d'Afrique, au contentement de mes
» Supérieurs et avec l'agrément des Puissances ; des
» fluxions que j'ai aux yeux et qui pourraient altérer ma
» vue par la suite m'ont mis dans l'obligation de de-
» mander mon congé à la Compagnie nouvelle d'Afrique.
» Elle a même nommé à ma place un sujet qui n'est pas
» encore ici ; néanmoins, s'agissant du bien du service,
» je resterai ici, conformément à la nomination que
» Monsieur Du Sault en a faite, et je tâcherai de m'en
» acquitter avec l'attache et l'exactitude que pourrez
» souhaiter ; j'aurai l'honneur par toutes les embarca-

» tions d'ici de vous rendre compte des affaires qui se
» passeront ici.

» J'ai l'honneur d'être d'un très profond respect, Mes-
» sieurs, votre très-humble et très-obéissant serviteur. »

***

« Alger, le 17 janvier 1720.

» MESSIEURS,

» J'espère tous les jours voir arriver d'Oran le Capi-
» taine Pierre Dupuis, avec son équipage ; ce Seigneur
» Dey avait promis à M. Du Sault, que, dès qu'il serait
» arrivé, il me les remettrait.

» Il y a en ce port un petit vaisseau, qu'un Turc a
» acheté à Salé, armé de 12 pièces de canon, qui doit se
» destiner pour Tunis et Constantinople, au dire du
» capitaine, du Seigneur Dey et de tous les Officiers de
» la Marine ; cependant, cela donne de l'ombrage à nos
» Capitaines et aux Anglais, avec lesquels je me joindrai
» pour tâcher d'empêcher qu'il ne nous donne quelque
» inquiétude, et nous sommes convenus avec le Consul
» Anglais d'y refuser des passeports, de crainte qu'il en
» abuse, ainsi que M. Du Sault me l'a ordonné.

» Un vaisseau de cette ville, armé de 40 pièces de
» canon, commandé par Mamet Rais, fils de feu Mous-
» tafa Agha, aurait conduit en ce port, le 23e du courant,
» un vaisseau d'Amsterdam, la *Concorde*, capitaine Jean
» Marion, armé de 24 pièces de canon et 32 hommes
» d'équipage, chargé d'une partie de mâts, cordes et du
» goudron, et diverses autres marchandises destinées
» pour Toulon ; le capitaine a été tué, et tous les offi-
» ciers et plusieurs matelots blessés ; sur lequel il s'y
» serait trouvé deux passagers français, nommés Joseph
» Maumejean, de Layrac en Guienne, embarqué en Hol-
» lande pour passer à Toulon, et Samuel Alary, de Mon-
» tagnac en Languedoc, embarqué à Malaga pour passer

— 159 —

» à Toulon ; l'un et l'autre m'ayant déclaré qu'ils étaient
» munis des passeports de l'Ambassadeur et Consul de
» Sa Majesté, résidents aux dits lieux de leur embar-
» quement ; que pourtant ils n'ont pu présenter, m'ayant
» assuré qu'ils les avaient perdus au temps du pillage,
» conjointement avec ses hardes. Ce Seigneur Dey ne
» voulant point s'en tenir à leurs dépositions, ni à mes
» premières remontrances, les avait condamnés esclaves,
» à l'exemple de neuf Anglais trouvés sur un vaisseau
» Portugais, conduit ici au mois d'octobre dernier,
» dont trois de ceux qui avaient leurs passeports, furent
» mis en liberté, et les six autres, qui n'en avaient point,
» furent condamnés esclaves, quoique passagers et du
» même équipage des susdits trois, qui avaient perdu
» leur vaisseau en Amérique. Cependant, par mes solli-
» citations et remontrances réitérées, le Dey m'a remis
» les susdits Français, desquels M. Delane, parent de
» M. Du Sault, en a pris un pour lui servir de valet, et
» qu'il amènera avec lui en France, dès que le bâtiment
» qu'il attend pour y charger une partie de cacao sera
» arrivé. J'ai fait embarquer l'autre sur la tartane du
» patron Jourdan, avec qui la présente passe ; auquel
» dit patron, je lui ai remis un ordre en date de ce
» jourd'hui pour qu'il l'embarque, et pour être payé des
» dépenses qu'il lui causera pendant son passage.
» Ci inclus deux lettres, une pour Monseigneur l'Ami-
» ral et l'autre pour Monsieur de Vaucresson.
» J'ai l'honneur d'être, etc.

———

Alger, le 22 avril 1720 (résumé).

Le Dey a promis de faire revenir incessamment d'Oran
le capitaine Dupuis et son équipage ; le consul espère les
recevoir par des vaisseaux d'Alger qui vont rentrer
après avoir porté dans la province d'Oran quelques
troupes de renfort contre les attaques du Roi de Maroc.

M. Loup craint que la cupidité naturelle du Dey ne le pousse à demander une forte rançon pour ces captifs. Il prie MM. les Échevins de prévenir les capitaines marins de se munir de nouveaux passeports, le Dey lui ayant déclaré que les anciens seraient considérés comme sans valeur et les bâtiments déclarés de bonne prise. Les corsaires se sont même déjà emparés d'une barque appartenant au patron Esprit Aycard, de la Seyne, qui naviguait avec un vieux congé, *daté de juin 1718.*

Lettres de M. Lazare Loup à MM. les Échevins et Députés de la Chambre de Commerce de Marseille (1).

Alger, le 6 mai 1720 (résumé).

M. Loup informe MM. les Échevins que la barque du patron Aycard, dont il est question dans sa lettre du 22 avril, a été amenée à Alger complètement pillée ; l'amiral des galères Békir Reïs lui a fait remettre une indemnité de 339 piastres ; mais les marchandises ont été confisquées. — Le capitaine Dupuis et son équipage sont arrivés d'Oran, mais le Dey s'entête à ne vouloir les rendre que contre une rançon de 4 à 5,000 piastres. En attendant une solution, ils sont enfermés dans le bagne du Dey, malgré les sollicitations perpétuelles du Consul, jointes à celles de M. Delane, et aux demandes de plusieurs des principaux d'Alger, qui désespèrent maintenant de changer la résolution du Dey.

« Alger, le 7 mai 1720.

» MESSIEURS,

» Depuis ma lettre de hier au soir fermée, le Marabout de Bougie a écrit à ce Seigneur Dey pour lui

____

(1) Arch. d, c, AA. art. 474.

» donner avis que la Capitane de Tunis est arrivée à
» Bougie, après cinq jours de chasse que les vaisseaux
» de la Religion de Malte lui ont donnée, l'ayant poursuivie
» jusqu'au dit port, et on dit aussi qu'il y a quelques
» Turcs de tués et d'autres de blessés. Si, dans la suite,
» nous avons quelque autre particularité, je ne man-
» querai pas de vous en informer.

» J'ai l'honneur d'être, etc.... »

« Alger, le 8 mai 1720.

» Messieurs,

» Le sieur Delane, parent à M. Dusault, étant sur son
» départ pour l'Espagne, nous nous sommes joints en-
» semble pour redoubler nos instances auprès du Sei-
» gneur Dey et de toutes les autres Puissances, pour
» solliciter la liberté de l'équipage du capitaine Pierre
» Dupuis ; en quoi nous avons eu le bonheur de réussir,
» et avons seulement fait espérer au dit Seigneur que le
» Roy sera reconnaissant de sa générosité et que M.
» Du Sault, de son côté, redoublerait ses instances pour
» tâcher d'obtenir la liberté de quelques Turcs esclaves
» sur les galères ; lequel nous a fait entendre sur la fin
» que le refus qu'il avait fait de rendre ces Français, ne
» provenait que de ce que M. Duquesne n'avait pas effec-
» tué sa promesse au sujet des susdits Turcs qu'il lui
» avait demandés, et qu'il ne les donnait présentement
» que par rapport à la bonne intelligence qu'il y avait
» entre l'Empereur de France et lui, et dans l'espérance
» aussi que les Turcs demandés à M. Du Sault seront
» mis en liberté, comme il dit le lui avoir promis.

» Le dit M. Delane a bien voulu me rembourser les
» dépenses qui sont suivies pour le dit équipage, des
» quelles je lui ai signé un état, pour lui être remboursé
» par vous.

» J'ai l'honneur d'être, etc.... »

« Alger, le 29 mai 1720.

» Messieurs,

» La Capitane de Tunis, que les Vaisseaux de Malte
» ont poursuivie jusque sous le canon du château de
» Bougie, il faut qu'elle ait été extrêmement maltraitée,
» attendu que ce Seigneur Dey lui a envoyé de la pou-
» dre, boulets, cordages et deux mâts de hune ; on
» ajoute qu'elle a quelque voie d'eau.

» Il fait six jours que ce Dey a reçu une lettre du Bey
» d'Oran, qui lui apprend qu'il a fait la paix avec le Roy
» de Maroc ; il ne s'est passé aucune action dans cette
» guerre qui mérite votre attention, Messieurs ; on dit
» seulement que ce Roy a perdu quatre-vingts Maures.

» Suivant toute apparence, la nouvelle que nous avons
» par voie de France, que les Maltais ont pris deux cara-
» velles de ce pays, est certaine, et ces gens-ci en sont
» presque persuadés à cause de leur retardement.

» Un vaisseau anglais, qui passait en Guinée, a été
» rencontré par un corsaire de cette ville ; mais comme
» il n'était pas muni d'un vaisseau coupé en deux (1)
» dont ces armateurs ont les voiles et les Anglais doi-
» vent avoir le corps, on l'a conduit ici et confisqué les
» marchandises, desquelles on a fait autour de 4,000
» piastres ; on doit lui en payer les frais ; mais ce sera
» très peu de chose, suivant toute apparence ; j'ai l'hon-
» neur, etc..... »

---

(1) On voit que, pour éviter la fabrication et la vente de faux
passeports, cause de tant de plaintes inutiles, les Algériens avaient
trouvé un moyen de contrôle, en obligeant les bâtiments à être porteurs d'un signe conventionnel de reconnaissance, dont la forme
variait à des intervalles plus ou moins éloignés, et cela, sans préjudice des papiers règlementaires.

Notice sur le Consulat d'Antoine-Gabriel Durand

M. Antoine-Gabriel Durand fut appelé au Consulat d'Alger le 1er août 1720 ; il y avait longtemps exercé les fonctions de Chancelier et avait été Vice-consul à Candie. Il connaissait bien le pays et l'esprit de ses habitants, et il était parvenu à s'y créer des relations qui lui facilitèrent le service ; accueilli favorablement par les Puissances, il vécut dans d'excellents termes avec Mohammed Effendi, et, après que celui-ci eût été assassiné, le 18 mars 1724, avec Cur Abdy son successeur. Il fut assez habile pour faire perdre à l'Angleterre la plus grande partie de l'influence qu'elle avait acquise à force de présents ; il est vrai de dire qu'il fut obligé de se servir des mêmes moyens ; et la plus grande partie de sa correspondance avec la Chambre de Commerce de Marseille est consacrée à se plaindre de l'insuffisance (1) des ressources du Consulat et de l'exiguité des présents qu'on lui envoyait à distribuer.

Cependant, il parvint à se maintenir dans une tranquillité parfaite jusqu'en 1729. A cette époque, un vaisseau algérien ayant été pris par les Galères de Malte, on répandit le bruit à Alger que cette capture avait été favorisée par la dénonciation d'un bâtiment français. Le

---

(1) Ce sont là des plaintes qui reviennent incessamment dans la correspondance des Consuls, et qui ne sont que trop justifiées par les dépenses excessives auxquelles les forçait leur position. Aucun d'eux ne s'enrichit dans l'exercice de sa charge, et la plupart s'y ruinèrent complètement. M, Réné Lemaire mourut à Marseille presque réduit à la mendicité ; M. de Clairambault était, lors de son départ, endetté de 20,000 livres ; M. Baume de 27,000 ; une des causes de l'emprisonnement de M. Piolle avait été la pénurie dans laquelle il se trouvait, et, pendant le temps des Consulats de M. Barreau et du P. Le Vacher, la Congrégation de la Mission n'avait pas cessé d'envoyer des sommes importantes pour subvenir aux frais qui incombaient nécessairement à la charge dont ils étaient pourvus.

Dey, craignant une révolte, fit enlever le gouvernail aux vaisseaux français qui se trouvaient dans le port, et menaça M. Durand de le faire emprisonner. Celui-ci chercha à gagner du temps, en protestant qu'il ferait tout son possible pour faire rendre la prise et son équipage. Il écrivit à ce sujet à Versailles, et les négociations duraient encore, lorsqu'il tomba malade et mourut le 8 octobre 1730. M. Natoire, son Chancelier, fit l'intérim en attendant la nomination d'un nouveau Consul. Cette nomination fut retardée par les caprices du Dey qui voulut d'abord que M. Natoire demandât la charge, et qui, sur son refus, choisit M. Lavabre, agent principal du Bastion. Comme celui-ci ne se souciait pas plus que M. Natoire d'un emploi aussi périlleux et aussi ruineux, le Dey le menaça de le faire bâtonner publiquement, et il y eut même un commencement d'exécution. Ce fut à grand peine que les représentations de M. le Vicaire apostolique Duchesne et de M. Natoire empêchèrent le Dey de donner suite à son projet ; mais tout en laissant aller M. Lavabre, il protesta que, si on ne lui envoyait pas un Consul à sa convenance, il ne le recevrait pas.

Lettres de M. Antoine-Gabriel Durand (1) *à MM. les Échevins et Députés de la Chambre de commerce de Marseille* (2).

« Alger, le 28 février 1722.

» Messieurs,

» J'ai reçu les lettres que vous m'avez fait l'honneur » de m'écrire les 10 octobre, 6 novembre et 14 décembre » la première regardant l'état de la santé (3) ; vous

---

(1) Dit *Durand de Bonnel*, beau-frère de M. de Clairambault.

(2) Arch. d. c. AA, art. 475.

(3) Les dernières traces de la grande peste de 1720 venaient de disparaître.

» voulez bien que je vous témoigne la part que je prends
» à cette heureuse nouvelle ; je souhaite de tout mon
» cœur que ce soit pour plusieurs années ; j'en ai assuré
» les Puissances, qui m'en ont témoigné leur joie.

» Je suis surpris que vous me prescriviez de prendre
» 1,1/2 % des effets que les Français pourraient charger
» pour les pays étrangers, et 2 % des effets que les
» étrangers chargeront sur nos bâtiments ; vous êtes
» bien informés des peines et embarras que M. Baume
» eût en 1718, lorsqu'il voulut, en vertu de l'arrêt du
» Conseil, exiger ce droit ; il lui fut ordonné de perce-
» voir comme auparavant, c'est-à-dire 50 piastres pour
» le droit d'entrée, et 30 pour le droit de sortie. Ayant un
» exemple si récent, (1) je me garderai bien d'entre-
» prendre un nouvel usage, qui ne ferait qu'un tort con-
» sidérable, et dont, très certainement, je ne pourrai
» venir à bout.

» Vous savez parfaitement bien, Messieurs, que la
» lésine avec laquelle M. Baume s'est conduit dans ce
» Consulat, lui a attiré mille déboires et mortifications
» qui, non seulement lui a fait un tort considérable,
» mais encore a été très onéreuse à la nation ; les 7,000
» francs qu'il retirait lui rendaient 1,750 piastres sévi-
» lannes du grand poids, et, le plus souvent, davantage,
» et il n'y pouvait pas vivre ; la Cour, y ayant égard, a
» accordé une augmentation. C'est pourquoi, Messieurs,

---

(1) On peut consulter à ce sujet la lettre de M. Baume du 17 avril
1718. A cette époque, les Échevins de Marseille n'avaient pas un
intérêt direct dans la question ; mais il était survenu depuis
un arrêt du Conseil d'État du 2 septembre 1721, qui attribuait, à
partir du 1er janvier 1722, la possession des droits consulaires à la
Chambre de Commerce de Marseille, à charge pour elle de pourvoir
aux dépenses ordinaires et extraordinaires des Consulats. C'est alors
que, plus occupée du soin d'accroître ses revenus que du maintien
de la bonne intelligence avec le Dey, elle envoya l'ordre au Consul
de percevoir à Alger les mêmes droits que ceux des Échelles du
Levant ; c'est contre cette prétention que M. Durand s'élève avec
raison.

» je vous prie de satisfaire au plus tôt à ce qui m'est
» dû, et aux officiers de ce Consulat. Je serais obligé
» d'emprunter encore, si, dans l'espace de deux à trois
» mois, vous ne me faites tenir de quoi satisfaire mes
» créanciers qui me persécutent.

» Je vous envoie une note des présents (1) qui sont
» nécessaires pour satisfaire à ceux qu'on est obligé de
» faire à l'arrivée d'un nouveau Consul. Le Dey et les
» Puissances n'ont jamais cessé de les demander ; je me
» suis jusqu'à présent excusé sur la contagion dont la
» Provence était affligée ; il serait fort à propos d'en
» avoir ici d'autres tous prêts pour s'en servir dans
» l'occasion ; vous savez, Messieurs, que les embarras
» qui arrivent ici sont forts prompts, et il y faut remé-
» dier promptement, ce qui ne se peut faire lorsqu'on
» n'a pas quelque chose à présenter à l'occasion.

» J'ai l'honneur d'être, Messieurs, votre très humble
» et très obéissant serviteur. »

« Alger, le 3 juillet 1722.

» MESSIEURS,

» Il n'y a qu'un mois que j'ai reçu la lettre que vous
» m'avez fait l'honneur de m'écrire le 24 janvier der-
» nier, par laquelle vous paraissez disposés à envoyer
» ici quelques présents pour les Puissances, suivant

---

(1) État des présents qu'on est obligé de distribuer au Dey, Puissances et Capitaines, à un changement de Consul :

Une montre d'or ;
45 aunes de drap fin écarlate, teinture des Gobelins ;
26 aunes de drap fin blanc ;
Un beau fusil pour le Dey ;
Deux paires de pistolets ;
10 aunes de brocard très riche en or, fond cramoisi.
Pour les Capitaines de Vaisseaux et Officiers subalternes de la
maison du Dey :
Deux pièces de drap, dont l'une rouge écarlate, l'autre blanc.

» l'ordre que vous en avez reçu du Conseil ; il est sur-
» prenant que vous ayez remis ces ordres, jusqu'à ce
» que vous apprissiez de moi jusqu'à quelle valeur on
» peut les fixer. Vous n'ignorez pas que les brocards
» les plus riches conviennent beaucoup ici, qu'il en
» faut cinq aunes pour chaque caftan, quelques pièces
» de beau drap de couleur, des pistolets des plus beaux,
» quelques canons de fusils longs et beaux, pour distri-
» buer aux Puissances.

» J'ai été bien mortifié de voir arriver des vaisseaux
» venant de Marseille, sans que vous ayez daigné m'ho-
» norer d'une réponse à la lettre que je vous écrivis au
» mois de mars dernier ; vous savez la fâcheuse situa-
» tion où je me trouve, devant considérablement dans le
» pays, et payant un intérêt exorbitant, sans que je
» reçoive aucun soulagement de votre part. Si vous
» attendez quelque ordre de la Cour au sujet des espè-
» ces que vous me devez donner, vous auriez bien dû
» en attendant me faire tenir quelque chose à compte.

» J'ai l'honneur d'être, etc... »

« Alger, le 20 octobre 1722.

» MESSIEURS,

» Faute d'occasion, je n'ai pu répondre plus tôt aux
» lettres que vous m'avez fait l'honneur de m'écrire les
» 18, 21 et 29 juillet dernier, que j'ai reçues en leur temps
» avec les 2,000 piastres que vous avez chargées, savoir :
» 1,000 piastres sur le Vaisseau anglais l'*Assistance*,
» Capitaine Childerstone, et mille sur la barque de
» patron Louis Icard, avec les présents qui ont couru
» grand risque d'être enlevés par le Dey, par l'indiscré-
» tion du patron, lequel, apparemment de crainte qu'on
» ne lui accordât pas l'entrée, dit au gardien du port qui
» lui alla au devant, qu'il avait des présents du Roy

» pour le Dey et les Puissances. Il m'a fallu soutenir le
» contraire pour échapper le drap, pistolets et canons
» de fusils ; dire que c'était des provisions pour moi, et,
» pour cela, sacrifier les anchois, rosolios et deux des
» canons de fusils qui sont un peu courts. Lorsque vous
» jugerez à propos, Messieurs, d'envoyer des présents
» ici, ayez la bonté de n'en donner aucune connaissance
» aux patrons qui en seront chargés, pour éviter leur
» perte, qui serait immanquable, si le Dey persistait à
» vouloir voir ce qu'on apporte.

» Le Conseil me marque que Sa Majesté a enfin donné
» ordre aux consuls de Cadix et de Gibraltar de racheter
» lés 27 Turcs et Maures pris sur le vaisseau La Ville de
» Cette par les Hollandais qui les ont vendus aux Espa-
» gnols. La générosité de notre Monarque est bien esti-
» mée du Dey, auquel j'ai cependant expliqué que c'était
» un effet de la bonté du Roy et sa considération pour
» sa personne, et que cela devait l'engager à renouveler
» les défenses à ses corsaires de ne point insulter nos
» bâtiments. Il ne reste plus qu'à obtenir la liberté des
» treize Turcs des galères, qui furent promis au Dey par
» feu M. Du Sault en échange de douze Français, que le
» Dey avait d'abord fait enlever de dessus une galiote
» de Salé. Autrement, le Dey est dans l'intention d'en-
» voyer un ambassadeur pour les aller demander : il
» l'avait même déjà nommé ; mais j'ai eu le moyen de
» l'en détourner, en lui faisant entendre que les chemins
» ne sont pas encore libres ; ce seraient des frais consi-
» dérables ; j'en écris au Conseil ; les sept venus derniè-
» rement sont tous invalides (1) et sont Maures dont le
» Dey ne fait nul cas, quand on en renverrait mille. Ce
» qui est sûr, c'est que, si feu M. Du Sault ne s'était
» pas engagé positivement de renvoyer ces treize Turcs,

---

(1) On voit que la tradition de la marine se perpétuait, et que,
malgré les ordres du Roy, on substituait aux captifs sains et vigou-
reux qu'on avait reçu l'ordre de renvoyer, quelques misérables
écloppés, le tout au grand détriment de nos relations, et au grand

» les douze Français seraient encore esclaves, heureux
» encore si on ne les eût pas rendus au Roy de Maroc.
» J'ai l'honneur d'être.....»

Alger, le 15 mars 1723 (résumé).

Après avoir prié MM. les Échevins de règler définiti-
vement ses appointements et de les lui faire payer régulièrement, M. Durand donne avis qu'il a reçu dix des
treize Turcs dont il a été parlé dans les lettres précédentes, et que le Dey a montré un singulier empressement à les revoir, ce qu'il a manifesté en faisant rendre
la liberté à trois Français pris par des Marocains. Le
Consul insiste pour qu'on mette le plus tôt possible en
liberté les trois Turcs qui sont encore sur les galères.

---

dommage du commerce; il est difficile de comprendre qui on prétendait tromper ainsi.

*Lettre de M. d'Andrezel à MM. le Maire, les Échevins et Députés du
Commerce de la ville de Marseille (envoyée par M. le Consul Durand).*

« A la rade d'Alger, le 24 mai 1724.

» Messieurs,

» On me remet à Marseille le mémoire du patron Bergue pour
« demander quelque satisfaction au Dey d'Alger, contre le nommé
» Agy Ibrahim Assaf, Maure, qui de son côté m'a fait demander par
» le même Dey justice pour la restitution des effets qu'on lui retient
» à Messine, suivant sa déclaration, que j'ai envoyé en original à
» Monsieur le comte de Maurepas, et dont vous trouverez une copie.
» Ledit Agy Ibrahim doit aller lui-même ou dépêcher quelqu'un
» de sa part auprès de vous pour savoir quels ordres Monsieur le
» Comte de Maurepas vous aura envoyé à son sujet.
» Je suis très parfaitement, Messieurs, votre très humble et très
» obéissant serviteur.

» *Signé :* D'Andrezel. »

« Alger, le 4 juillet 1728.

» Messieurs,

» J'ai l'honneur de vous écrire cette lettre pour vous
» donner avis, qu'une galiote de Salé se trouvant à
» Bizerte, les sieurs Henrigou et Audouard députés par
» M. le Consul de Tunis, avec la tartane du patron Bon-
» nafoux, m'ont écrit, en date du 16 du mois passé,
» qu'ils étaient à la dite rade de Bizerte pour garder la
» dite galiote, et la prendre en cas qu'elle sortit, et me
» recommandent par leur dite lettre de vous en infor-
» mer ; je ne crois pas que cette galiote ait aucun asile
» sur cette côte, si ce n'est aux endroits où il n'y a point
» de garnison turque, le Dey ayant recommandé de l'ar-
» rêter où elle pourrait aller.

» J'ai aussi l'honneur de vous informer d'une prise
» très riche que le Vaisseau de l'Amiral et celui de la
» République (1), de 44 canons chacun, ont fait à quinze
» ou vingt lieues d'Ouessant, à l'entrée de la Manche, du
» vaisseau l'*Impératrice Elisabeth*, de 500 tonneaux,
» Capitaine Joseph de Ghezel, d'Ostende, avec pavillon
» impérial, revenant des Indes Orientales, chargé d'en-
» viron 7,000 quintaux de café et plusieurs marchandi-
» ses fines, comme mousselines, étoffes des Indes, ben-
» join, thé, porcelaines fines, et autres choses dont on
» ne peut donner un juste détail. Cette prise est la plus
» riche qui soit encore venue et mettra, dit-on, beau-
» coup d'argent dans le pays ; il y a sept ou huit Fran-
» çais parmi quatre-vingts hommes ; mais ils sont tous
» à gages.

» J'ai l'honneur d'être, etc.... »

----

(1) C'est-à-dire le Vaisseau du Beylik.

« Alger, le 29 juillet 1724.

» MESSIEURS,

» Par le capitaine Ferrin, j'ai reçu les lettres que vous
» m'avez fait l'honneur de m'écrire les 27 mai et 30 juin ;
» en vertu de ce que vous m'ordonnez par la première,
» je vous envoie ci-joint l'état que vous me demandez
» de tous les Français qui se trouvent dans cette
» Échelle ; vous observerez, s'il vous plait, que ceux qui
» n'ont point de certificat de la Chambre se sont engagés
» à les faire venir au plus tôt, à faute de quoi je leur ai
» signifié qu'ils devaient se disposer à retourner en
» France ; c'est sur quoi vous aurez la bonté, Messieurs,
» de m'expliquer vos intentions.

» Le Dey recevra dans huit ou dix jours le caftan de
» Bacha ; le Capigy Bachi qui le lui apporte de la part du
» Grand Seigneur, venant de Tunis ici par terre, il serait
» à souhaiter que les présents que vous avez destinés
» pour lui et ses compagnons arrivent avant ce terme.

» J'ai l'honneur d'être, etc... »

Alger, le 7 novembre 1724 (résumé).

Le Consul informe Messieurs les Échevins que les
présents sont arrivés trop tard, le Dey ayant reçu son
Caftan le 9 août ; il ajoute qu'il a acheté de quoi faire
les cadeaux obligatoires et qu'il distribuera en temps et
lieu ceux qu'il vient de recevoir.

« Alger, le 21 février 1725.

» MESSIEURS,

» Par le patron Bonnetier, j'ai reçu, avec la lettre que
» vous m'avez fait l'honneur d'écrire, les beaux fusils
» et pistolets destinés pour le Dey, avec les autres

» étoffes d'or, drap, pinchina (1), trente-six pots an-
» chois et quarante-huit boites de confitures, que j'avais
» reçus ci-devant, destinés tant pour présenter au Dey
» qu'à ses confidents et autres Puissances, à l'occasion
» de la dignité de Pacha qu'il a reçue ; suivant l'inten-
» tion de Monseigneur le Comte de Maurepas, ces pré-
» sents doivent être faits au nom du Roy. J'attends,
» Messieurs, quelque occasion favorable pour les dis-
» tribuer, au moins ce qui en reste, qui est la meilleure
» partie, n'ayant donné depuis les avoir reçus qu'une
» pièce de drap londrin, un caftan de drap des Gobe-
» lins, le pinchina et les anchois et confitures qui se
» sont trouvés une bien petite partie pour répartir,
» tant au Dey qu'aux quatre Grands Écrivains, Tru-
» chement de la maison du Roy, Trésorier, Beittul Melgi,
» Grand Cuisinier, Amiral et autres qui sont accoutumés
» en semblables occasions de recevoir quelques bagatel-
» les ; sans compter que le Dey, qui toujours demeure
» dans la maison du Roy, a ses femmes et enfants dans
» une maison particulière dans la ville ; je croyais que
» vous auriez envoyé quelques fruits ; cependant je vois
» que vous n'avez pas jugé à propos de le faire. Vous pou-
» vez être assurés, Messieurs, que les présents que je
» recevrai pour distribuer de votre part le seront suivant
» votre intention, sans les comprendre dans les occa-
» sions ou je dois le faire en mon propre ; comme vous
» me le marquez par votre lettre du 8 décembre.

» J'ai l'honneur d'être, etc. »

---

(1) Sorte de drap épais qui se fabriquait dans les environs de
Toulon.

« Alger, le 4 octobre 1725.

» Messieurs,

» J'ai l'honneur de vous informer de tout ce qui s'est
» passé ici depuis l'arrivée des quatre Sultanes (1) jus-
» qu'au jour de leur départ : Le Dey, non content de
» de n'avoir pas voulu permettre que l'Envoyé de l'Em-
» pereur ni aucun de sa suite descendit à terre, a tou-
» jours tenu des gens affidés auprès de cet Envoyé,
» pour épier ceux qui auraient quelque conférence avec
» lui.

» J'ai eû bien de la peine à obtenir du Dey la permis-
» sion d'envoyer le Drogman à bord du vaissean sur
» lequel il était embarqué, pour recevoir la lettre dont
» Monsieur le Vicomte d'Andrezel l'avait chargé : encore
» fallut-il que deux Turcs accompagnassent le Drogman
» pour être témoins de ses actions ; un marchand anglais
» qui est ici, ayant reçu ordre d'Ostende de fournir de
» l'argent à cet Envoyé, lequel lui en ayant fait demander,
» l'Anglais voulut, auparavant le lui faire compter,
» prendre la permission du Dey ; mais lui répondit que,
» s'il avait de l'argent de reste, il pouvait le lui apporter,
» et, en même temps, se bien garder de donner aucune
» chose à cet Envoyé. Cette escadre partit la nuit du 29
» au 30 août, pour aller à Tunis, d'où elle passera à Tri-
» poli, et de là à Constantinople.

» Il semble que j'aurais dû vous avertir plus tôt de
» toutes ces affaires ; mais il est survenu une détention
» après le départ des vaisseaux du Roy, l'Invincible et

---

(1) La Porte avait fait escorter par quatre navires l'Ambassadeur
de l'Empire, qui venait demander la restitution des vaisseaux pris à
la Compagnie d'Ostende ; la délégation ne fut pas même autorisée à
débarquer, et, comme le capidji s'en plaignait et menaçait le Dey
de la colère du Sultan, celui-ci répondit : Qu'il se mêle de ses affaires ; il nous a laissé bombarder trois fois sans nous secourir ! —
Après le départ de l'escadre Turque, il y eut une terrible émeute.
(V. *La Gazette de France*, an 1725, p. 539).

» et le Tigre, qui ont demeuré ici depuis le 26 août jus-
» qu'au 4 septembre pour y faire de l'eau.

» Si vous jugez à propos, Messieurs, d'envoyer quel-
» ques rafraichissements au Dey, cela lui ferait plaisir,
» et contribuerait à l'entretenir dans les bonnes inten-
» tions qu'il témoigne pour la Nation. Des pommes, des
» chataignes, quelques confitures sèches, prunes de
» Brignolle et anchois est ce qui conviendrait. Je vous
» supplie d'y faire quelque attention.

» J'ai l'honneur d'être, etc... »

« Alger, le 9 novembre 1725.

» MESSIEURS,

» Ayant vu par la lettre que Monseigneur le Comte de
» Maurepas m'a fait l'honneur de m'écrire en date du
» 2 mai dernier, que vous aviez pris les mesures conve-
» nables pour faire faire justice au nommé Ibrahim
» Assaf d'Alger, pour ce qui peut lui revenir des effets
» qu'il avait embarqués sur le vaisseau du capitaine
» Bergue, échoué à Palerme, et en ayant informé le Dey,
» comme Monseigneur me le recommande, je vous prie,
» Messieurs, d'envoyer ce qui reviendra à cet Ibrahim
» Assaf, par première occasion, en bonnes espèces avec
» de bonnes assurances, pour éviter quelque nouvel
» embarras ; cet Ibrahim vient presque tous les jours
» me demander si cette affaire n'est pas finie, et le Dey
» s'y intéresse (1).

» J'ai l'honneur d'être, etc... »

---

(1) *Lettre de M. de Maurepas à MM. les Échevins et Députés du Commerce
de Marseille*

« Marly, le 16 janvier 1726.

» Le Dey d'Alger ayant, Messieurs, ci-devant demandé au Roy la
» liberté de six Turcs des Galères qui avaient peu auparavant été

« Alger, le 26 décembre 1726.

» Messieurs,

» J'ai déjà eû l'honneur de vous informer de l'incident
» arrivé à la tartane de patron Augier d'Agde, qui fut
» prise par deux galères d'Espagne, sortant de Tétouan,
» richement chargée pour compte de marchands Mau-
» res et ayant 59 Turcs et Maures passagers qui ont été
» mis sur une galère de Carthagène ; tous les parents et
» amis de ceux qui se trouvent sur ladite tartane ont
» été porter leurs plaintes au Dey en troupe et voulaient
» le porter à me faire quelque menace ; mais le Dey,
» m'ayant fait appeler, se contenta de me commander
» d'envoyer une tartane à Carthagène. Je me défendis le
» plus que je pus, par rapport aux frais que cela ferait,
» mais il fallut enfin y consentir, à condition que, si la
» tartane est restituée, les Maures marchands intéressés
» à son chargement paieront les frais, et que, si on ne
» ne peut réussir, je serai obligé de les payer ; c'est
» pourquoi je vous en avertis, Messieurs ; mais j'espère
» que le tout aura été délivré et qu'ainsi vous serez
» exemptés de ce paiement. Le 5 du courant, M. le comte
» de Sommerdik (1), vice-amiral d'Hollande, mouilla en

» achetés à Cadix, en remboursant ce qu'ils avaient coûté, Sa Ma-
» jesté a bien voulu l'accorder, et ils ont été renvoyés ; cependant
» ce Dey s'est fait longtemps presser pour le payement, mais enfin
» le sieur Durand m'écrit qu'il y a satisfait et lui a compté 2792
» livres, 16 deniers, 3 sols à quoi monte la dépense qui avait été
» faite pour l'achat et le passage de ces Turcs, et demande que la
« Chambre remette cette somme entre les mains du Trésorier des
» Galères, à compte de ce qui lui est dû de ses appointements.
» Vous me ferez plaisir de faire cette remise, en vous entendant
» avec M. de Beauvais pour la forme.
» Je suis, Messieurs, entièrement à vous.

» *Signé :* Maurepas. »

(1) Il était déjà venu en 1721 ; cette première démarche avait été
inutile ; mais l'heureuse croisière qu'il venait de faire avait rendu
les Algériens plus souples.

» cette rade avec son escadre, composée de huit vais-
» seaux de guerre et envoya de bon matin trois officiers
» dans un canot avec pavillon blanc, qui furent conduits
» à la maison du Roy par le gardien du port et mon Tru-
» chement, que le Dey avait envoyés à leur rencontre.

» Ces officiers représentèrent au Dey qu'ils avaient
» reçu ordre des États de venir ici offrir la paix aux
» mêmes conditions qu'elle fut faite en 1712, et en don-
» nant les mêmes effets qu'ils avaient donné pour lors,
» consistant en 25 mats de navire, six pièces de canon
» de fonte de 24 livres de balles avec leurs affuts, 8 de
» fer dudit calibre avec leurs affûts, 4 cables de 16 pou-
» ces, 400 quintaux de poudre, 400 lames de sabre et 400
» paires de pistolets. Le Dey les reçut fort bien et les
» renvoya au dimanche en suivant 8 du courant, pour
» qu'ils se présentassent devant le Divan, qu'il assem-
» blerait â ce sujet, ce qui fut fait et la paix conclue. La
» Ville, le château et les vaisseaux Hollandais et Algé-
» riens firent leurs décharges de canons en signe de
» réjouissance. Le commandant a pris cinq mois de
» temps pour faire venir tout ce qui est promis, et ce-
» pendant toutes les hostilités ont cessé ; les Hollandais
» doivent tous les trois ans changer les passeports.
» Toute la marine est du sentiment que cette paix ne
» sera point de durée. Quoiqu'il en soit, tous, depuis le
» Dey jusqu'au dernier des soldats, semblent être dans
» de bonnes intentions de conserver la paix et bonne in-
» telligence avec nous.

» Si vous voulez, Messieurs, envoyer ici quelques
» fruits comme chataignes, pommes, anchois, rosolio,
» confitures et prunes de Brignoles pour présenter au
» Dey et autres Puissances, cela ferait un bon effet dans
» conjoncture présente ; mais observez, je vous prie,
» qu'il faut en distribuer à plus de 25 personnes, outre
» le Dey.

» J'ai l'honneur d'être, etc.... »

Alger, le 17 novembre 1726 (résumé).

Le Consul informe MM. les Échevins qu'il a reçu l'indemnité destinée au nommé Ibrahim Assaf, dont il a été question dans sa lettre du 9 novembre 1725 ; il a remis cette somme au Dey, qui lui en a manifesté sa satisfaction. — La Cour de Madrid n'ayant pas donné de solution à l'affaire de la tartane du patron Augier, qui a fait l'objet de la lettre du 26 septembre 1726, cela a donné lieu à une série d'incidents ; le Dey s'est d'abord adressé au Père administrateur de l'hôpital, et, sur une réponse un peu vive d'un des Religieux, a fait mettre les trois Pères au bagne, enchaînés, et fait fermer l'hôpital ; ils ont été employés à nettoyer le port, la chaîne aux pieds, et menacés de se voir couper le nez et les oreilles, si le Roi d'Espagne ne donnait pas rapidement satisfaction. M. Durand s'est présenté chez le Dey pour obtenir quelque adoucissement au sort de ces malheureux ; il a eu beaucoup de peine à le calmer et reçut d'abord pour toute réponse l'ordre de partir pour la France, avec mission d'aller dire au Roi que c'était à lui à réclamer les prisonniers faits au mépris de son pavillon. Il a cependant fini par consentir à rouvrir l'hôpital et à faire sortir les Pères du bagne, mais en continuant à les prévenir qu'il les rendrait responsables de tout ce qui arriverait.

Alger, 30 novembre 1726 (résumé).

Le consul écrit qu'il s'est fait rendre un petit vaisseau, pris abandonné de son équipage ; le corsaire qui l'a amené prétendait qu'il avait tiré sans provocation, et niait que ce fût un bâtiment Français, ayant détruit les pavillons et passeports ; il n'a cependant pas pu avoir gain de cause, n'ayant pas prouvé les faits qu'il

avançait, et le consul ayant, au contraire, établi par des
lettres et papiers trouvés à bord, que la prise était française. Elle a été remise entre ses mains avec une cargaison d'une valeur de 6,500 livres environ. — M. Durand
accuse réception de l'Ordonnance de Sa Majesté, du 20
juillet 1726, par laquelle il est défendu à tous Français
établis dans les Échelles du Levant de s'y marier, à leurs
femmes et filles d'y passer, et enjoint à celles qui y sont
de revenir en France, même à celles dont la conduite ne
serait pas irrégulière (1) ; il a fait publier cette Ordonnance en présence de toute la nation, et aura soin qu'elle
soit exécutée.

———

« Alger, le 19 janvier 1727.

» MESSIEURS,

» Je ne puis vous informer mieux de la situation des
» affaires en ce pays qu'en vous envoyant copie de ma
» lettre à Monseigneur le Comte de Maurepas ; vous la
» trouverez ci-jointe ; je dois seulement y ajouter l'arri-
» vée de la tartane du patron Augier qui mouilla hier au
» soir en ce port, venant de Carthagène en deux jours ;
» voilà, grâce à Dieu, une méchante affaire terminée à
» bien ; ce patron doit aller finir son voyage à Tunis, et
» n'a point de congé, le sien étant resté parmi les pa-
» piers remis au conseil de guerre à Madrid, qu'on ne
» a pas rendus.

» Par une lettre que je reçois du 4e de ce mois, de
» Madrid, on m'apprend que la guerre parait inévitable
» de l'Espagne et ses alliés contre la France ; je vous
» prie, Messieurs, de me faire avertir le plus prompte-
» ment que vous pourrez, lorsque vous en serez assu-

———

(1) Cette interdiction avait pour but d'empêcher les Français de
se fixer au Levant sans esprit de retour ; elle ne servit pas à grand
chose.

» rés, afin que les bâtiments qui pourraient commercer
» ici fussent avisés pour se tenir sur leurs gardes.
» J'ai l'honneur d'être, etc. »

« Alger, le 5 février 1727.

» MESSIEURS,

» J'ai eû l'honneur de vous informer le mois passé de
» l'arrivée ici des Turcs et Maures qui avaient été détenus
» à Carthagène; j'ai maintenant celui de vous faire part de
» l'arrivée du patron Augier, comme vous le verrez par
» la copie de la lettre que j'en écris à Monseigneur le
» Comte de Maurepas (1).

____

(1)   *Lettre de M. Durand à Monseigneur le Comte de Maurepas.*

Alger, le 26 février 1727.

MONSEIGNEUR,

J'ai eû l'honneur d'informer votre Grandeur, par ma lettre du
premier du courant, du malheur arrivé au capitaine Pierre Maillet
de Marseille, ci-devant commandant le vaisseau *La fortune de la mer*,
qu'il avait abandonné à Gigery, où le dit capitaine s'est sauvé avec
28 hommes de son équipage, et le vaisseau s'est brisé à quatre
milles à l'Ouest de Gigery, de manière que les Maures de la montagne, qui ont coutume de piller tout ce qui va sur ces côtes, n'ont
pu profiter de quoi que ce soit. Ce capitaine a été bien heureux
d'aborder à Gigery, et même d'y rencontrer un Turc de Bosnie,
nommé Omar Reïs, qui lui a rendu tous les bons services possibles;
l'Agha qui commande la garnison turque qui y est, a pillé quelques
bagatelles des hardes qui ont été sauvées par la chaloupe, suivant
le rapport que m'en a fait le capitaine qui arriva ici le 17e du courant au soir, avec tout son équipage. Je fus, accompagné de tous
ces gens, chez le Dey, qui demanda à voir le passeport, et, l'ayant
fait examiner, il me dit qu'il était fâché du malheur arrivé à ces
gens-là et demanda comment ils avaient été traités à Gigery ; je lui
répondis que le capitaine et tous témoignaient avoir de grandes
obligations à Omar Reïs, sans lequel la plupart auraient péri de
misère ; mais que l'Agha qui y commandait n'en avait pas agi de
même ; il me dit qu'il avait reconnu par la lettre que ce même Agha
lui avait écrit, qu'il les avait pillés, et qu'il voulait que je lui donne

» Vous apprendrez aussi la disgrâce arrivée au capi-
» taine Maillet, commandant un vaisseau de Marseille
» destiné pour Hambourg. J'espère que vous approuve-
» rez ma conduite pour les faire conduire ici, ne pou-
» vant pas tarder à paraître ; vous aurez, je vous prie,

---

un mémoire au juste de ce qui manquait des hardes qu'ils avaient
sauvé ; qu'il en ferait repentir l'Agha, et qu'il lui ferait bien rendre
ce qui se trouverait encore ; je lui ai remis ce mémoire, et lui a écrit
une lettre des plus fortes à cet officier ; on veut même m'assurer que
le Dey a recommandé de le faire étrangler ; le moins qu'il lui arrivera sera de perdre sa paie pendant le cours d'une année. Le Dey
me dit qu'il fallait contenter Omar Reïs ; c'est ce que j'ai tâché de
faire en le payant, tant pour la nourriture fournie par lui à cet équipage, que pour les avoir conduit ici avec la coraline qui lui appartient ; le Dey n'a point voulu être payé des vivres qu'il avait fait
fournir à la coraline qu'il avait fait expédier, et a même payé de sa
poche 25 piastres sévillannes pour la moitié du fret de la dite coraline, et a obligé l'armateur de se contenter avec ces 25 piastres et les
26 qu'il aurait fallu lui donner pour la mettre en état de partir ; ces
frais, joints à quelques petits présents, faits tant au dit Omar Reïs
qu'au Marabout de Gigery, avec la nourriture, montent à la somme
de. . . . . . . (*) suivant le compte ; je supplie votre Grandeur
d'ordonner à la Chambre d'envoyer cette somme au plus tôt.

Je puis assurer votre Grandeur que le Dey a fait voir sa bonne
volonté pour la Nation, et que, non seulement lui, Dey, mais toutes
les Puissances, sont portés de bonne volonté pour entretenir bonne
correspondance avec la Nation.

Cet Omar Reïs Bosniaque, qui a si bien favorisé l'équipage de ce
vaisseau perdu auprès de Gigery, a son beau-frère, nommé Chaban
ben Ibrahim, natif de Gigéry, âgé d'environ 23 ans, qui fut pris il y
a sept mois sur une felouque à marchandises, allant à La Calle, et
conduit à Cagliari par une escampevie de Sardaigne, où il a été
vendu ; quelques-uns de ceux qui étaient en sa compagnie ont
obtenu leur liberté, moyennant trois ou quatre quintaux de cire ;
Omar Reïs offre la même quantité de cire et me recommande fort
d'employer mes soins pour lui procurer la liberté ; n'y ayant jamais
d'occasion d'ici à Cagliari, je supplie très humblement Votre Grandeur de recommander au consul de Cagliari de le faire chercher et
de tâcher de l'envoyer pour les trois ou quatre quintaux de cire,
poids de ce pays ; cela engagera cet Omar Reïs à avoir soin des
Français qui pourraient être forcés d'aborder ou d'échouer dans ces
parages.

J'ai l'honneur d'être, etc.

(*) M. Durand a oublié d'indiquer la somme.

» Messieurs, attention pour satisfaire ce patron, qui a
» déjà souffert beaucoup par sa longue détention à
» Carthagène.

» Il est à propos aussi, Messieurs, que les marchands
» auxquels appartiennent le petit vaisseau la *Concorde*,
» avec les marchandises qui y ont été embarquées à
» Brest, envoient au plus tôt prendre possession, tant
» du vaisseau que des effets qui s'y sont trouvés, lors-
» que le Dey me l'a fait remettre. J'ai déjà eu l'honneur
» de vous informer que ce bâtiment était sorti de Brest
» au mois d'octobre dernier et était destiné pour Mar-
» seille à l'adresse de M. Honoré Florie, ou Floret, et
» compagnie; le vaisseau dépérit et fait des frais pour le
» le garder; comme personne parait, cela fait soupçon-
» ner que je n'ai pas été fondé à le réclamer, parce qu'il
» ne manque pas de mauvais esprits qui veulent tou-
» jours nous contrarier.

» J'ai l'honneur d'être, etc. »

« Alger, le 21 juin 1728.

» Messieurs,

» J'ai à peine le temps de vous envoyer la copie de la
» lettre que j'écris en Cour, par laquelle vous verrez la
» bonne situation des affaires de cette Échelle, le Dey
» voulant entretenir toujours bonne et sincère amitié
» avec la France.

» J'ai reçu par ce même capitaine Rivière, avec les let-
» tres que vous m'avez fait l'honneur de m'écrire le 15 et
» 21 du mois passé, les mille piastres sévillanes que
» vous lui avez chargées. J'en ai pris d'abord pour satis-
» faire à ce que j'avais emprunté pour subvenir aux frais
» faits à l'occasion du naufrage du capitaine Maillet; je
» vois que vous trouvez la dépense trop forte; elle est
» pourtant dans ce cas indispensable.

» Le patron Étienne Fabre, d'Agde, partit le 17 du cou-
» rant avec sa tartane, que je lui remis avec son char-
» gement de blé et d'orge.

» L'escadre des vaisseaux de Sa Majesté n'était pas
» encore à Tunis il y a vingt jours ; M. Pignon me mar-
» que que le Bey lui avait promis de faire un exemple de
» ces corsaires, desquels il en avait déjà fait enchaîner
» deux, en attendant les autres. Si cette escadre passe
» ici, apparemment qu'elle n'y fera pas long séjour, n'y
» ayant aucune difficulté à résoudre par rapport à la
» Nation.

» J'ai l'honneur d'être, etc. »

« Alger, le 12 août 1727.

» Messieurs,

» L'escadre de cinq vaisseaux de Toulon, commandée
» par M. de Mons, arriva ici le 16 du mois passé au ma-
» tin. Ce Général était fort mécontent de Tripoli et de
» Tunis ; il descendit à terre le lendemain, et salua le
» Dey, accompagné de tous les capitaines de l'escadre,
» au nombre de dix ou douze ; il s'embarqua le même
» soir, et fit voile le 19 au matin pour les Formentères,
» pour aller joindre M. le Marquis D'O, après avoir fait
» l'eau nécessaire pour toute l'escadre, à quoi l'on tra-
» vailla jour et nuit ; il fit aussi toutes les provisions et
» rafraichissements dont l'escadre avait besoin, et par-
» tit fort content du Dey, qui toujours m'avait demandé
» si on ne lui avait point apporté de présents. Pendant
» la dernière nuit, il se sauva un jeune Danois à bord
» de l'escadre ; cela mit le Dey de si mauvaise humeur,
» qu'il dit que, s'il venait d'autres vaisseaux de guerre
» de France, il ne permettrait pas qu'aucune chaloupe
» abordât à terre, ni prît une goutte d'eau. Quoique j'eusse
» prié M. de Mons de représenter à M. le Marquis D'O

» que, s'il venait ici avec les douze vaisseaux, cela cau-
» serait de l'inquiétude au Dey, j'étais dans l'incertitude
» si toute cette escadre viendrait, lorsque, le 25 au soir,
» il parut un autre vaisseau de guerre Français, qui ne
» put cependant mouiller que le 26 au matin ; j'allais de-
» mander la solution au Dey, et qu'il fît crier que cha-
» cun gardât ses esclaves ; il me dit bien sérieusement
» qu'il ne le ferait pas saluer, et qu'il ne permettrait pas
» que ce vaisseau prit de l'eau, ni que personne ne des-
» cendit à terre, et envoya dans le moment ordre au ca-
» pitaine du port d'aller dire au capitaine qu'il eut à faire
» voile dans le moment ; je lui dis que j'y allais, et que
» je le priais de faire réflexion à ce qu'il ferait ; je trou-
» vai que c'était le vaisseau Le Brillant, commandé par
» M. le Chevalier de Goyon, que M. le Marquis D'O en-
» voyait pour remettre deux Maures qui s'étaient sau-
» vés à la nage à bord des vaisseaux de son escadre ; je
» les fis consigner au gardien du port, qui les mena à
» terre, et, d'abord, le Dey ordonna le salut. Je vins en-
» suite, et lui demandai permission de faire quelque
» provision de volailles et moutons ; il le permit de bonne
» grâce. Le lendemain, tout fut prêt et embarqué, mais
» le vaisseau ne put faire voile que le 28 à l'aube, et trois
» chrétiens se sauvèrent pendant la nuit ; cela remit en-
» core le Dey de très mauvaise humeur.

» Il est sûr, Messieurs, que ces visites fréquentes de
» vaisseaux de guerre ne font que causer du désordre
» dans la ville ; tout le monde murmure, les esclaves
» même qui sont resserrés et à la chaîne souffrent beau-
» coup, et le Dey est celui qui en souffre le plus, surtout
» ne voyant point de présents.

» Enfin nous en voilà quittes ; Dieu veuille que ce soit
» pour longtemps. La paix avec l'Empire a été haute-
» ment refusée par le Divan, et je ne crois pas qu'on en
» parle davantage.

» J'ai l'honneur d'être..... »

Alger, le 22 novembre 1727 (résumé).

M. Durand informe MM. les Échevins qu'il est inutile de pousser plus loin les réclamations au sujet du bâtiment génois pris près de Bandol par un Corsaire d'Alger, l'enquête ayant fait reconnaître que ce vaisseau n'avait pas de passeport et qu'il n'était pas dans les eaux Françaises au moment de la prise. Le Consul termine sa lettre en annonçant le naufrage du vaisseau marchand le *Triomphant*, capitaine Jérôme Michel, qui s'est perdu devant Ténès ; l'équipage a pu se réfugier sur un îlot rocheux, à deux portées de fusil du rivage, et a été sauvé par les Turcs aussitôt que le temps l'a permis. Ces malheureux ont été envoyés à Alger, et vont être rapatriés par la première occasion.

———

Alger, le 7 juillet 1728 (résumé).

M. Durand envoie ses comptes particuliers ; il insiste pour que la Chambre envoie de temps en temps quelques petits présents au Dey, fruits, confitures, etc. ; le bruit court que l'escadre anglaise a obtenu satisfaction à Tunis et à Tripoli, et que cette dernière puissance aurait déclaré la guerre à la France (1).

———

« Alger, le 7 décembre 1728.

» Messieurs,

» J'ai reçu depuis quatre jours, sous une simple enveloppe, l'Ordonnance du Roy, en date du 27 octobre dernier, touchant les prises que les armements parti-

———

(1) Le 19 juillet, l'escadre Française, commandée par M. de Grandpré, bombarda Tripoli pendant six jours ; la ville fut mise en ruines.

» culiers pourront faire sur les Tripolins; je l'ai fait
» publier et aurai soin d'en informer les capitaines qui
» passeront ici, afin qu'ils soient plus encouragés par
» les gratifications que Sa Majesté veut bien distribuer
» aux officiers et équipages.

» Je m'attendais, Messieurs, que vous auriez envoyé
» quelques présents, comme vous me l'aviez fait espé-
» rer par votre lettre du mois de mai; mais je vois que
» vous n'y avez plus pensé. Le Dey vient de conclure la
» paix avec la Suède, moyennant 50 mâts de navire, 40
» pièces de canons de fer, de 12 jusqu'à 24 livres de
» balles, 8,000 boulets, 800 barils de poudre, 8 cables de
» 16 à 18 pouces et de 130 brasses, 800 canons de fusils
» et 800 sabres; c'est le sieur Logie, marchand Anglais,
» qui a négocié cette affaire et qui envoie un petit bri-
» gantin Anglais exprès à Marseille pour amener ici une
» personne que l'on dit y être et qui doit venir ratifier le
» tout; il a, en outre, promis des présents considéra-
» bles au Dey et à tous ses parents et alliés, et autres
» Puissances de la maison du Roy et capitaines de la
» Marine. Le Dey lui a fait dire de ne point apporter des
» morceaux de drap, comme avaient fait les Hollandais,
» mais bien des bonnes pièces du meilleur, et suffisam-
» ment pour en régaler tous ceux auxquels il convient
» d'en présenter.

» J'ai l'honneur d'être, etc. »

« Alger, le 15 février 1729.

» Messieurs,

» Nous n'avons point de nouvelles des corsaires de
» Tripoli; il n'en a point encore paru sur cette côte; je
» doute fort qu'ils y fussent bien reçus, s'ils y venaient;
» le Dey m'a assuré qu'il ne permettrait pas qu'ils fis-
» sent la course sur ces côtes, et qu'il souhaitait
» qu'aucun ne parut ici.

» Il a fait, le 5 du courant, un gros coup de vent de
» N.-N.-E. avec une mer furieuse. Deux tartanes d'Agde
» ont péri dans ce port, et on vient d'apprendre qu'un
» vaisseau d'Alger de 34 canons, retournant de Tunis,
» où il avait relâché avec un autre vaisseau algérien de
» 30 canons, a péri le même jour entre Bougie et Tedles ;
» de près de 400 hommes qui y étaient embarqués
» dessus, il ne s'en est sauvé que 90, que la mer a jeté
» à terre sur des débris dudit vaisseau ; celui qui était
» en sa compagnie s'était séparé de lui deux jours avant
» cette tempête ; on ne sait pas ce qu'il sera devenu, et
» on craint fort qu'il n'ait eu le même sort ; car il ne
» parait pas, quoiqu'il ait fait de fort beau temps pour
» qu'il eut pu se rendre ici.

» J'ai l'honneur d'être, etc. »

» Je joins, Messieurs, à cette lettre les consulats et
» copies des effets sauvés du naufrage des deux susdites
» tartanes d'Agde, afin que, lorsque les intéressés à ces
» deux bâtiments seront avisés, vous ordonniez de ce
» qui demeure en Chancellerie. »

« Alger, le 20 avril 1729.

» MESSIEURS,

» Je n'ai reçu que depuis très peu de jours la lettre
» que vous m'avez fait l'honneur de m'écrire le 15 jan-
» vier par le patron Delort, d'Agde, qui m'a aussi remis
» les mille piastres de poids, dont vous avez bien voulu
» le charger.

» Vous apprendrez, Messieurs, par ce bâtiment qui
» porte les R. P. Rédempteurs de la Mercy avec les
» esclaves qu'ils ont achetés, la paix que cette Républi-
» que vient de conclure avec la Suède par l'entremise du
» sieur Logie, Écossais, et qui a été arrêtée par M. Ulsal,
» Contre-Amiral de Suède, qui a pris le caractère d'Am-
» bassadeur plénipotentiaire.

» Le Dey n'a eû garde de laisser échapper un présent
» si considérable; car, outre ceux destinés pour la
» République, et qui doivent, dit-on, arriver ici au mois
» d'août ou de septembre prochain, Monsieur l'Ambas-
» sadeur a présenté au Dey une montre d'or garnie de
» diamants, estimée mille monnoyes d'or, une belle
» pendule anglaise richement ornée, du prix d'environ
» deux mille sévillanes, et une pièce tirant environ
» 20 aunes de drap d'or; outre celà, il a distribué quinze
» autres montres d'or avec leurs chaînes, dix caftans
» d'or, soixante ou quatre-vingts montres d'argent, avec
» une balle et demie de drap partagée en caftans de
» quatre pics chacun; tous les capitaines corsaires ont
» eu une montre d'argent chacun, avec quatre pics de
» drap; il n'est pas croyable la quantité de présents que
» cet Ambassadeur a donnés, et qu'on dit monter à 25 ou
» 30,000 piastres.

» Voici mon pli pour Monseigneur de Maurepas, que je
» vous prie d'envoyer au plus tôt à son adresse. Je n'ai
» aucune nouvelle des Tripolins; seulement le capitaine
» d'une barque corsaire algérienne, qui arriva le 30 du
» passé, venant en 25 jours de Tunis, dit être venu
» dudit Tunis jusqu'à Bône, de compagnie avec un
» pinque de Tripoli Corsaire, et que ce pinque était
» depuis parti de Bône pour aller croisser, à ce qu'il
» pense, vers les îles St-Pierre.

» Le mauvais temps ayant obligé un vaisseau d'Alger
» de relâcher à Tripoli, il s'y est radoubé, et on l'attend
» tous les jours; pour lors, je chercherai ce qu'il y
» aura de nouveau et vous informerai, Messieurs, de
» tout ce qui viendra à ma connaissance.

» Le Dey fait construire un vaisseau qui a 126 pieds de
» quille; on prétend qu'il portera soixante et dix canons.

» J'ai l'honneur d'être, etc. »

« Alger, le 28 octobre 1729.

» MESSIEURS,

» Le Dey vient de faire à l'égard du sieur Blake, qui
» fut nommé Consul d'Angleterre après la mort du sieur
» Hudson, à peu près de même qu'à l'égard du Bacha
» qui avait été envoyé de la Porte; comme il est fort
» prévenu en faveur du sieur Logie, Consul de Suède, il
» avait écrit au Roy d'Angleterre pour lui demander le
» Consulat pour ledit sieur Logie; mais le Roy avait
» nommé ledit sieur Blake, qui, arrivant de Marseille, se
» présenta, le 20 du passé, avec sa commission, devant
» le Dey, qui lui dit fort crûment que, puisqu'il n'était
» pas celui qu'il avait demandé, il pouvait se préparer à
» s'en retourner, ce qu'il a été obligé de faire le 7 du
» courant, sur une gabarre portant pavillon anglais, ap-
» partenant audit sieur Logie, qui y a fait embarquer
» une assez bonne partie de cire, et l'a fait passer à
» Mahon pour y prendre, à ce que je pense, un certificat
» que cette cire vient de Tétouan, comme il a déjà fait
» d'autres fois, pour éviter de payer des droits à Mar-
» seille, pour où elle est destinée, et où elle doit se trou-
» ver aujourd'hui. Si vous pouviez le rechercher avec
» soin, vous pourriez en être mieux éclaircis, sans don-
» ner cependant à entendre que cet avis vient de ma
» part.

» Nous avons aussi en rade une escadre de trois vais-
» seaux de guerre Hollandais depuis le 15 du courant;
» ils étaient en doute d'une rupture, et le Commandant
» vient de promettre au Dey toute la mâture et les ver-
» gues nécessaires pour un vaisseau qu'il fait cons-
» truire, qui a 126 pieds de quille, et qui portera au
» moins 70 pièces de canon. Le Dey leur a aussi demandé
» les pompes avec des chaines de la nouvelle invention,
» et on les lui fait espérer aussi en présent, comme le
» sieur Logie a fait de 36 maitres baux de 45 à 46 pieds
» de long, dont il demandait 150 piastres de l'un, et le

» Dey n'en ayant offert que jusqu'à 70, il a mieux aimé
» lui en faire présent ; il les avait fait venir d'Amster-
» dam.

» Il ne sera pas hors de propos que vous envoyez, Mes-
» sieurs, quelques présents ; je suis à distribuer le pin-
» china (1) ; mais c'est bien (peu) de choses.

» J'ai l'honneur d'être, etc. »

« Alger, le 22 juillet 1730.

» Messieurs,

» Je réponds aux lettres que vous m'avez fait l'hon-
» neur de m'écrire les 26 février, 14 et 19 avril, et 28 juin.

» On avait restitué les prises faites sur les Hollandais
» l'année dernière ; mais il vient d'arriver un autre inci-
» dent qui a mis tout ce Gouvernement en désordre.

» Trois vaisseaux de guerre Hollandais ont accompa-
» gné un autre navire, qui apportait les présents, con-
» sistant en toute la mature ei vergues pour un vaisseau
» de 70 canons, six ancres de 4,000 pesant chacune, et
» quatre pompes à chaînes, outre des présents particu-
» liers pour les Puissances. Ces vaisseaux arrivèrent le 23
» mai, et étaient en rade, lorsque quatre vaisseaux Al-
» gériens rentrèrent avec deux gros navires Hollandais
» de leur Compagnie des Indes Orientales, qu'ils avaient
» rencontré cinq jours après leur départ du Texel, où les
» vaisseaux de guerre les avaient laissés ; ce fut le 19
» juin qu'ils parurent. Le Commandant Hollandais les
» reconnut, fit mine d'appareiller avec son escadre, pour
» aller retirer ses prises, de gré ou de force, des Corsai-
» res ; ils mirent leurs voiles au vent, mais le calme du

---

(1) Gros et fort drap, qui se fabrique à Toulon, et aux environs,
(Dict. de Trévoux).

» vent qu'il y eut, les obligea de les reprendre et de
» demeurer sur leurs ancres. Cependant, les Algériens
» firent entrer leurs prises et les mirent dans le port, et
» eux entrèrent aussi ; ces deux vaisseaux furent con-
» duits ici, parce qu'on ne leur trouva pas de passeport
» conforme à celui que les Algériens ont. Le Comman-
» dant Hollandais les fit réclamer le lendemain, mena-
» çant, si on ne les lui rendait, d'appareiller et d'aller
» attendre trois autres vaisseaux d'Alger qu'on attendait,
» et, qu'en cas de rencontre, il les enlèverrait. Les sol-
» dats criaient hautement dans la maison du Roy qu'ils
» voulaient la guerre avec les Hollandais, et que ces
» deux vaisseaux fussent vendus avec leur chargement
» et équipage. Le Dey fut embarrassé pendant deux jours
» que cela dura, et il fit en sorte que, de 22 caisses de
» ducatons, on en confisquerait onze pour être partagées
» parmi les Corsaires ; il s'y est trouvé 42,600 ducatons et
» la part a été de sept ducatons chacun, que les soldats ont
» pris en murmurant. Les prises sortirent le 24 pour se
» se tenir en rade, et firent voile la nuit du 26 ou 27,
» pour continuer leur voyage.

» J'ai reçu toutes les lettres de Monseigneur le Comte
» de Maurepas, que vous m'avez envoyées.

» Le patron Pierre Durand, qui arriva ici le 15 du cou-
» rant, m'a aussi remis les présents que vous lui avez
» consignés. Ces draps londrins ne sont pas du goût du
» Dey ni des Puissances, mais bien pour les capitaines
» et autres. Vous voyez, Messieurs, que ce n'est presque
» rien, et le Dey, qui en a reçu aussi bien que ses amis de
» si considérables des Suédois, ceux que M. le Contre-
» Amiral Cavendish, lui présenta au mois d'avril der-
» nier au nom du Roy d'Angleterre, ceux que les Hollan-
» dais viennent d'envoyer de nouveau, qu'il s'attend
» tous les jours de recevoir par l'escadre de Suède, qu'on
» assure être en route depuis le 1er juin, comment rece-
» vra-t-il ceux que vous avez envoyés ? Je ferai pourtant
» de mon mieux pour les lui faire agréer ; mais il con-

» viendrait avoir quelques pièces du drap des Gobelins,
» et, cet hiver, des prunes de Brignoles, pommes, etc.

» J'ai l'honneur d'être, etc. »

« Alger, le 16 juillet 1730,

» MESSIEURS,

» Le capitaine Arjaine, de Marseille, qui a chargé en
» ce port sa polacre de laine pour Marseille, ayant voulu
» faire quelques difficultés de recevoir sur son bâtiment
» les demoiselles Marie-Marguerite-Joseph Dubus, veuve,
» et Marie-Rose-Josephe-Bernarde Dubus, sa sœur,
» filles bourgeoises de Valenciennes, qui, s'étant embar-
» quées au Hâvre de Grace sur un petit navire de Bilbao
» pour passer à Nantes, eurent la rencontre de trois
» navires d'Alger, qui croisaient dans la Manche au com-
» mencement de juin dernier, qui prirent ledit vaisseau
» où il n'était resté que le capitaine avec ces deux de-
» moiselles, le reste de l'équipage s'étant sauvé avec la
» chaloupe en Angleterre; ces vaisseaux corsaires arri-
» vèrent ici le 3 du mois passé; je réclamai ces demoi-
» selles qui me furent rendues, après quelque contesta-
» tion; et comme ce capitaine voulait leur faire payer
» leur passage, voyant ces personnes disgraciées, je
» l'ai obligé de les recevoir, en lui promettant que vous,
» Messieurs, auriez égard à cela, et que vous lui payerez
» ce qui serait raisonnable. Ces demoiselles ont demeuré
» à la maison depuis le trois du passé jusques aujour-
» d'hui et sont d'une vie exemplaire et d'une conduite
» irréprochable; c'est le témoignage que toutes les per-
» sonnes qui les ont connues ici peuvent donner comme
» moi.

» J'ai l'honneur d'être, etc. »

*Lettres de M. Natoire, Chancelier, à MM. les Échevins et Députés de la
Chambre de commerce de Marseille.*

Alger, le 4 décembre 1730 (résumé).

M. Natoire rappelle à MM. les Échevins qu'il leur a
appris, par sa lettre datée du 11 octobre, la mort de
M. Durand, arrivée le 8 du même mois; depuis ce temps,
il gère les affaires du Consulat, et n'a qu'à se louer de la
manière dont il est-traité par le Dey; il rappelle à MM. de
la Chambre que, depuis plus de douze ans, il remplit les
fonctions de Chancelier, qu'il a 45 ans d'âge, et une connaissance complète des affaires du pays; en vertu de
quoi, il se recommande à leur bienveillance pour obtenir
l'emploi que la mort de M. Durand a rendu vacant.

Alger, le 3 janvier 1731 (résumé).

M. Natoire rappelle à MM. les Échevins le naufrage
d'une tartane d'Agde, patron Henri Delort, qu'une tem-
pète de trois jours a jeté, le 8 décembre, à la côte de
Cherchel; l'équipage a été sauvé par un bateau du pays,
auquel il a fait donner vingt piastres.

Alger, le 14 février 1731 (résumé).

M. Natoire informe MM. les Échevins de l'arrivée des
vaisseaux suédois porteurs de présents destinés au
Dey; il y a un vaisseau de guerre et deux marchands;
ils ont mouillé à Alger le 24 janvier et débarqué 50 mâts
de 90 pieds, 8 câbles de 18 pouces, 40 canons de fer avec
affûts et accessoires, 16,000 boulets, 800 barils de pou-

dre, 800 canons de fusils, 800 sabres, 40 pinces de fer,
10 pompes, etc., etc.

Le Dey a paru d'autant plus satisfait qu'il ne s'y attendait pas.

———

Alger, le 27 février 1731 (résumé).

M. Natoire annonce qu'il vient d'apprendre la nomination de M. de Lane et dit qu'il continuera à remplir les
fonctions de Consul jusqu'à son arrivée.

———

Notice sur le Consulat de M. de Lane

Depuis la mort de M. Durand, les corsaires algériens,
n'ayant plus à craindre les réclamations de ce Consul,
avaient recommencé leurs insultes contre les bâtiments
de commerce de la France, et venaient rôder sur les
côtes de la Provence et du Languedoc. Duguay-Trouïn
fut chargé d'aller demander des réparations, et parut
devant Alger, le 11 juin 1731. Il y débarqua M. de Lane,
neveu de Du Sault, nouvellement promu Consul. Il arrivait à Alger avec l'intention d'y montrer plus de fermeté
que ses prédécesseurs, disait-il, n'avaient eu l'habitude
d'en déployer dans leurs relations avec les Puissances.
Il connaissait mal le gouvernement auquel il avait
affaire, et ne se doutait pas que le Dey n'était pas le
maître de tenir ses promesses, quand même il eût voulu
le faire. De plus, il s'adressait à un homme très orgueil-
leux, très entêté, presque perpétuellement ivre d'opium,
et qui ne se rappelait jamais le lendemain ce qu'il avait
dit la veille. Les premières difficultés ne se firent pas
attendre ; le Dey contesta à M. de Lane le droit de porter

l'épée en sa présence. Il lui fit dire que, s'il osait se présenter armé à l'audience, on lui arracherait son épée et qu'on la lui romprait sur la tête. Quelques jours après, il l'injuria grossièrement en plein conseil, devant les représentants des autres nations, et déclara qu'il ne voulait plus avoir affaire à lui. Le Consul se le tint pour dit et ne reparut plus. Le Ministère, averti de ce qui se passait, envoya à Alger M. Benoît Lemaire, qui fut d'autant plus mal accueilli au consulat, que son arrivée parut être agréable au Dey. M. de Lane passa encore cinq ou six mois à Alger, ne cessant de récriminer contre MM. Natoire et Lemaire, qu'il accusait d'augmenter les difficultés de sa situation. La vérité est que, pendant tout son séjour, il ne comprit rien aux affaires algériennes; il partit au mois de juin 1732, convaincu fort à tort qu'il aurait réussi, si on lui avait prêté l'appui nécessaire.

Lettres de M. de Lane (1) *à MM. les Échevins et Députés de la Chambre de Commerce de Marseille* (2)

« Alger, le 5 octobre 1731.

» MESSIEURS,

» Comme vous êtes intéressés plus que personne à
» tout ce qui regarde la tranquillité des Républiques de
» Barbarie et surtout de celle d'Alger, il est juste que
» j'aie l'honneur de vous marquer de temps en temps
» ce qui s'y passe, et les dispositions où se trouvent les

---

(1) M. de Lane fut nommé consul de France à Alger par décision du 13 décembre 1730 et retira son brevet à Marseille le 14 mars 1731 ; il était auparavant consul à La Canée. On voit, par cette première lettre, qu'il arrivait à Alger tout plein de l'idée de mettre un terme aux exigences séculaires de la Régence, pensant que cet ordre de choses était dû à la mollesse ou à l'incurie de ses prédécesseurs; il ne tarda pas à être détrompé.

(2) Arch. d. c., AA, art. 476.

» Puissances à notre égard. Le Chef, qui est despoti-
» que, a été gâté par les empressements que les Anglais,
» les Suédois et les Hollandais ont témoigné à gagner
» sa bienveillance; les grandes donatives qu'ils ont faites
» pour y parvenir le dénotent assez; mon prédécesseur
» l'a pareillement trop ménagé, approuvant et souffrant
» tout ce qu'il faisait contre notre Nation et ne se plai-
» gnant quasi jamais, lorsqu'elle était lésée. Il me fau-
» dra du temps, comme vous le sentez, Messieurs, pour
» faire revenir cette Puissance orgueilleuse des abus
» qui se sont tournés en usage, et un changement de
» Gouvernement serait fort nécessaire pour abréger les
» points de vue que j'ai sur cela.

» J'ai employé jusqu'à présent tous les moyens ima-
» ginables pour gagner la bienveillance de ce Chef, et
» quantité de donatives secrètes aux favoris qui l'obsè-
» dent ne m'ont point encore servi de grand chose, par-
» ce que c'est un homme très-entêté, qui ne prend con-
» seil de personne et que le grand usage de l'opium rend
» quasi furieux, manquant le jour à ce qu'il a promis la
» veille. Jugez, Messieurs, par ce portrait abrégé, des
» peines et des chagrins qu'un Consul qui a des senti-
» ments doit essuyer chaque jour. Je vis cependant dans
» l'espérance que les ménagements sans bassese que
» j'emploie le feront revenir tôt ou tard, et que jamais,
» au pis aller, ce chef absolu ne formera aucun dessein
» de se brouiller jusqu'à la rupture.

» Voilà, Messieurs, en peu de mots, l'état où nous
» sommes et l'idée que je puis vous donner de notre si-
» tuation.

» Tenez pour sûr, Messieurs, que je ne négligerai ja-
» mais rien de tout ce qui peut tendre au bien de la na-
» tion et du commerce, et que j'emploierai tous les mé-
» nagements convenables pour empêcher un éclat qui
» achéverait de ruiner notre place. Je viens de la Calle,
» où j'ai été faire la description de la forteresse et au-
» tres batisses, par ordre de la Cour.

» J'ai l'honneur d'être avec un très-inviolable attache-
» ment, Messieurs, votre très-humble et très-obéissant
» serviteur. »

« Alger, le 11 octobre 1731.

» MESSIEURS,

» Depuis que j'ai eû l'honneur de vous écrire vers le
» commencement du mois. le Dey, mal prévenu contre
» moi, s'est entièrement radouci et il m'a fait des offres
» très-obligeantes, même de sa bourse, ce qui est assez
» rare. Je tâcherai de l'entretenir dans ces bonnes dis-
» positions, mais sans bassesse et avec dignité. J'ai cru
» qu'il couvenait, Messieurs, que vous fussiez informé
» de ce petit changement, afin que vous puissiez tran-
» quilliser la place de Marseille et l'assurer dans les
» bruits qui pourraient se répandre, que Messieurs
» d'Alger ne chercheront pas à se brouiller avec nous.

» Deux vaisseaux de Malte s'étant fait voir pendant
» près de quinze jours à la vue de ce port, ont obligé le
» Dey de tenir un Divan, où tous les Turcs et principa-
» lement les capitaines de vaisseaux de la République
» ont assisté; on y a déterminé, qu'étant honteux pour
» leur réputation de souffrir que les vaisseaux Maltais
» viennent les braver, il fallait armer en diligence et
» courir sur eux; et, sur le champ, les ordres ont été
» donnés pour équiper les vaisseaux de force qui se
» trouvent dans ce port au nombre de six, avec ordre
» aux Reïs d'aller tête baissée sans tirer aborder lesdits
» vaisseaux, et, pour mieux animer ceux qui s'embar-
» queront pour cette expédition, le Dey a promis une
» augmentation de paye et la haute paye à ceux qui se-
» raient blessés, cédant outre cela tous ses droits et
» portions des prises qu'ils pourront faire en cette occa-
» sion. On a travaillé pour cet effet avec grande préci-

» pitation pendant trois jours à espalmer les vaisseaux ;
» mais, m'étant aperçu le quatrième que leur empres-
» sement et leur feu se ralentissaient, j'en juge qu'ils
» n'ont fait ce mouvement que pour donner aux Chré-
» tiens une idée de leur courage, et qu'ils chercheront
» à éviter leur rencontre, s'ils sortent.

» J'ai l'honneur d'être, etc... »

« Alger, le 24 octobre 1734.

» MESSIEURS,

» Les menaces, violences, et injures du Dey me force-
» raient à dépêcher exprès un de nos bâtiments pour en
» informer la Cour, quand même il ne m'y aurait obligé
» lui aussi. Il veut me rendre responsable de la prise du
» vaisseau Anglais par Monsieur le chevalier de Caylus,
» ayant arrêté et fait mettre le gouvernail à terre à tous
» nos bâtiments qui sont dans le port, au nombre de
» douze, celui-ci compris, et prétendant les détenir jus-
» qu'à ce que le bâtiment Anglais revienne, ou que j'en
» compte la valeur.

» Sans doute que les Anglais l'ont empoisonné par
» une grosse donative, pour lui faire déclarer qu'il a la
» moitié d'intérêt dans la cargaison et qu'il lui a donné
» un passeport qui devait, dit-il, être respecté. Je n'ai
» pas manqué de répliquer que nous ignorions cela ; que
» d'ailleurs, je n'avais rien à voir avec les capitaines des
» vaisseaux du Roy, et qu'ils recevaient leurs ordres de
» l'Empereur notre maître. A peine m'a-t-il écouté, criant
» comme une harengère, et ne me donnant pas le temps
» de déduire d'autres raisons.

» Les Nations Anglaise, Hollandaise et Suédoise. leurs
» Consuls, les Reïs d'ici, et tous nos capitaines appelés
» exprès étaient tous présents, et il semble qu'il ne les

» ait ainsi convoqués que pour mieux braver la nôtre,
» me disant toute sorte d'infamies, accompagnées de
» menaces et d'imprécations à la face de tout Israel. Je
» me levai, voulant me retirer, afin de faire voir ma
» juste sensibilité, et par rapport à lui et à tant de spec-
» tateurs qui m'observaient : il me fit arrêter, continuant
» de vómir mille blasphèmes, que je n'ose rapporter. Il
» ne prend les intérêts du sieur Holden, avec tant d'em-
» portement, que sur la promesse de quelques dona-
» tives considérables.

» Quoique l'esprit de la Cour et nos intérêts, Messieurs,
» soient de ménager ces gens ici, je serai digne (de)
» blâme si, après un si grand éclat, je voulais dissimu-
» ler et me taire ; d'ailleurs d'autres que moi et surtout
» des étrangers qui ne sont pas nos amis, informeraient
» le public de ce qui s'est passé ici, sur quoi je n'ai rien
» à me reprocher, ne m'étant pas attiré cet indigne
» traitement.

» J'ai l'honneur d'être, etc.

» Le Dey a vu que feu M. Durand lui a passé des em-
» portements grands et des menaces de le faire embar-
» quer pendant plusieurs fois, fait qui m'est certifié par
» le truchement et plusieurs de nos Français; il n'en a
» jamais informé la Cour ; il croit qu'il en sera de même
» et que je souffrirai ce déboire, allant, comme lui, bai-
» ser deux jours après la main qui l'avait frappé (1). »

––––––––

(1) La lettre suivante, de M. le Vicaire-Apostolique Duchesne,
semble prouver que M. de Lane exagère les faits, ou, tout au moins,
qu'il a excité par son attitude la colère du Dey, qui ne voulait
d'abord avoir qu'une explication pacifique.

» Alger, le 25 octobre 1731.

» Messieurs,

» Un calme est bien doux après un grand orage ; le
» Dey, revenu de sa colère, a fait rendre les gouvernails
» à tous nos bâtiments, m'ayant fait promettre de ne
» les plus détenir, dès que les Maltais, qui ont paru
» hier encore, disparaîtraient ; il m'a fait ensuite rendre
» les deux Français (1) qui ont fui de Méquinez à Oran,
» et ils passent sur ce même bâtiment.

» Les injures et les menaces qu'il m'a faites, et au
» corps de la Nation, ne sont pas si faciles à réparer, et
» j'attendrai sur cela les ordres de la Cour, et, principa-
» lement, touchant le vaisseau anglais dont il persiste à
» demander la restitution.

Lettre de M. Duchesne à MM. les Échevins et Députés du Commerce
de Marseille

Alger, le 24 octobre 1731,

Messieurs,

J'ai reçu, le 27 juillet, l'honneur de votre lettre du 12, qui m'accusait la réception du paquet que je vous adressais pour Monseigneur le Comte de Maurepas ; j'en reçus la réponse à l'arrivée de
Monsieur le chevalier de Caylus, le 29 août.

Une nouvelle discussion est survenue à l'occasion d'un vaisseau
anglais que mondit sieur chevalier de Caylus a pris, pour lequel le
Dey prend fait et cause ; il en écrit en Cour, et m'a chargé d'écrire
aussi les raisons qu'il a de se plaindre de cet enlèvement ; il fit venir
devant lui Messieurs les Consuls, le 22 de ce mois, les capitaines et
patrons, et, en leur présence, les déduisit ; c'est l'occasion qui me
porte encore à vous adresser les incluses, et vous assurer de ma
reconnaissance de votre très obligeante lettre, et du respect avec
lequel, j'ai l'honneur d'être, Messieurs, votre très humble et très-
obéissant serviteur. — Signé :

Duchesne, prêtre de la Congrégation de la Mission, Vicaire-Apostolique.

(1) Les deux français qui avaient eu le bonheur de s'enfuir du
Maroc étaient les sieurs Thomas Lander, de Strasbourg, et François
Giraud, de Richelieu, en Poitou.

» Je suis persuadé que, si le bâtiment que je dépêche
» fût parti hier dans l'état que je marquais qu'étaient les
» affaires, la place de Marseille et vous autres, Mes-
» sieurs, auriez pris l'épouvante.

» Heureusement, les choses ont changé; mais il n'y a
» pas grand fonds à faire sur l'inconstance du person-
» nage (1).

» J'ai l'honneur d'être, etc. »

———

Alger, le 31 décembre 1731 (résumé).

Après avoir fait à MM. les Échevins sès compliments
de nouvel an, M. de Lane leur apprend que, la veille de
Noël, une tempête subite et qui n'a duré que quelques
heures, a fait périr dans le port deux bâtiments français,
l'un du Languedoc, l'autre de Sixfours.

———

(1) *Lettre de M. Duchesne à MM. les Échevins et Députés du Commerce
de Marseille*

Alger, le 27 octobre 1731.

Messieurs,

Je viens encore d'être appelé par le Dey qui m'a remis sa lettre et
la mienne, en me chargeant fortement d'en solliciter la réponse
incessamment. Je n'ai pu lui promettre autre chose, si non que
j'avais l'honneur d'en écrire ainsi au Ministre, et de vous adresser,
Messieurs, les paquets, en vous suppliant de vouloir m'informer par
la première occasion de leur réception et de leur envoi. C'est la
grâce que je vous demande, Messieurs, pour la tranquillité de ce
barbare, et en même temps pour celle de toute la Nation.

Je me confie aussi que vous ne me refuserez pas l'honneur de me
croire tout dévoué à votre service, étant en toute sincérité et respect, Messieurs, votre très humble et très obéissant serviteur.

Signé : Duchesne,
Prêtre de la Congrégation de la Mission, Vicaire Apostolique.

Alger, le 6 février 1732 (résumé).

M. de Lane exprime sa surprise d'avoir vu arriver M. Benoit Lemaire avec des dépêches secrètes et des présents destinés au Dey; il ajoute qu'il ne se permet pas de chercher à pénétrer les intentions de la Cour, mais, qu'à son avis, ce n'était guère le moment de faire des présents.

————

Alger, le 16 février 1732 (résumé).

M. de Lane prévient MM. les Échevins que la mission de M. Lemaire leur coûtera cher, sans parler des mauvaises habitudes qu'on fait prendre aux Algériens, en les comblant de cadeaux.

————

Alger, le 3 mars 1732 (résumé).

M. de Lane se plaint très aigrement de MM. Lemaire et Natoire; il les accuse d'augmenter l'animosité du Dey contre lui par des brigues et des manœuvres indignes, afin de le rendre odieux, et d'occuper sa place; il ajoute qu'on en verra les suites dans l'avenir; il va même jusqu'à insinuer que le véritable motif de ces persécutions n'est autre que la perspicacité qui venait de le mettre sur la voie de fraudes et de commerce illicite, sur lesquels il ne s'explique pas davantage.

————

Alger, le 12 mai 1732 (résumé).

M. de Lane annonce que les vaisseaux de Malte sont revenus croiser devant le port d'Alger, depuis le 9 mai, et que les Algériens sont fort inquiets; il continue à se plaindre avec la même aigreur de son entonrage et particulièrement de M. Natoire, sur le compte duquel il semble vouloir mettre tout ce qui est arrivé.

Notice sur le Consulat de M. Benoit Lemaire

M. Lemaire avait été vice-consul à Alexandrie et consul à La Canée, avant d'être nommé à Alger. Il eut sa première audience du Dey au mois de juillet 1732, et y fût très bien accueilli; le Dey remarqua qu'il avait laissé son épée dans le vestibule, et, flatté de cette attention, insista auprès de lui pour qu'il la reprit et qu'il la portât dorénavant (1).

Sur ces entrefaites, le 3 juillet 1732, les Espagnols reprirent Oran; Cur-Abdy fut tellement affecté de cette perte, qu'il tomba malade; son grand âge (il avait 88 ans) ne lui permit pas de supporter le poids de ses inquiétudes et de ses souffrances, et il mourût, le 2 octobre 1732, laissant pour successeur son beau-frère Baba-Ibrahim. La reprise d'Oran par les Espagnols donna lieu à de nouvelles difficultés entre la France et la Régence. Le système d'occupation restreinte, auquel l'Espagne s'était malheureusement arrêtée, condamna la ville d'Oran à des attaques incessantes, et on peut dire avec vérité que, depuis 1732, jusqu'à 1790, cette ville fut dans un état de blocus presque perpétuel. Il résulta de cet état de choses que les Deys considérèrent les bâtiments fran-

---

(1) C'était un usage général de ne se présenter devant les Souverains Orientaux que sans armes; les Consuls français, s'appuyant sur un ancien usage, étaient les seuls qui se fussent dérobés, à Alger, à cette loi commune. Cette exception excitait la jalousie des autres nations, et l'avanie qui fût faite à M. de Lane, au sujet du port de l'épée, avait eu lieu à la suite d'intrigues ourdies par les consuls Anglais et Suédois.

çais qui approvisionnaient Oran, comme se livrant à des
actes d'hostilité, et ils les déclarèrent, par suite, de bonne
prise. On comprend à combien de réclamations une
semblable manière de procéder dut donner lieu. Les
premières demandes que M. Lemaire eut à faire à ce
sujet furent d'autant plus mal accueillies, que les Algériens apprirent qu'un grand nombre d'officiers et de vo-
lontaires Français s'étaient trouvés dans l'armée Espagnole, au moment de la prise qui avait si fort irrité leur
orgueil. Il en résulta pour le Consul une série d'avanies,
de violences et d'insultes ; on lui refusa le droit de changer son drogman, duquel il avait à se plaindre, et il lui
fut interdit de communiquer avec les esclaves de sa nation. Ce fut en vain que la France envoya à Alger, au
mois de mai 1734, une escadre commandée par M. de
Court; le Dey ne répondit aux réclamations qui lui étaient
faites que par des plaintes; il accusa M. Lemaire d'avoir
menacé et frappé des janissaires, d'avoir commis mille
extravagances, et demanda son changement. La vérité
est que le Dey trouvait que le Consul ne faisait pas
assez de présents, et qu'il était excité contre lui par les
négociants juifs, sur les fraudes desquels M. Lemaire
avait appelé l'attention du Commerce de Marseille. Néanmoins, le Ministère jugea avec raison que la situation
était trop tendue pour pouvoir durer, et expédia des lettres de rappel à la fin de février 1735.

---

*Lettres de M. Benoit Lemaire à MM. les Échevins et Députés du Commerce
de Marseille* (1)

« Alger, le 24 décembre 1732.

» MESSIEURS,

» Je reçois avec plaisir l'agréable reproche que vous
» me faites de ce que je ne vous ai point, plus tôt que

(1) Arch., d. c., A. A., art. 477.

» par Payen, marqué la mort du défunt Dey ; je ne pou-
» vais risquer de le faire et à la Cour, que par lui, qui
» était sur son départ depuis le jour de cette fâcheuse
» perte, qui causa en partie la détention qu'il a essuyée
» dans ce port. Je vous supplie de ne point prendre en
» mauvaise part ce retardement, qui m'a causé bien du
» chagrin ; je n'ignore point que de tels événements
» intéressent extrêmement un corps comme le vôtre,
» ni mon devoir à vous informer de pareils change-
» ments ; j'ose me flatter que, pour peu que vous vou-
» liez faire attention aux circonstances des affaires
» d'Oran, et à la manière suspecte comme nous étions
» regardés par les Puissances et de la populace, vous
» conviendrez des ménagements nécessaires que j'ai
» été obligé de prendre, et que vous ne m'en ferez pas
» un crime.

» Le changement du Dey n'aurait du tout point nui à
» notre commerce ni aux traités de cette Régence avec
» la France, sans les prises de nos bâtiments chargés
» pour Oran ; vous pouvez être assurés que je n'épargne
» ni soins ni présents pour mettre tout le gouvernement
» dans les bonnes dispositions pour nous que vous
» pouvez désirer ; c'est à quoi je m'applique entièrement,
» afin de vous prouver mon zèle pour le bien du service.

» Rien n'intéresse votre attention ici pour le présent,
» que le départ des sept vaisseaux de cette République,
» le 19e du courant pour le Levant, où ils vont faire
» levées de Turcs et de soldats, pour remplacer ceux
» qu'ils ont perdus à Oran ; en attendant les ordres de
» Monseigneur le Comte de Maurepas, que je lui ai de-
» mandés, pour satisfaction des insultes et infractions
» qu'ont commis les Algériens aux traités depuis cette
» prise, il me paraît, Messieurs, que cette escadre en
» donnait un beau moyen, sauf vos meilleurs avis ; le
» mien serait qu'on armât pour en aller prendre un ou
» deux et les conduire à Toulon, ce qui réduirait ces
» gens à faire tout ce que le Roy souhaiterait pour répa-

» ration. Je vous supplie de me marquer vos sentiments
» sur cela ; je ne vois point d'autre parti à prendre dans
» l'état où se trouve la Régence d'Alger. L'Angleterre,
» qui a reçu les mêmes affronts, ne manquera pas, à ce
» que je m'imagine, de faire quelque mouvement ; je
» laisse à vos sages pénétrations, Messieurs, le soin
» d'aviser ce que vous trouverez bon pour l'honneur du
» Roy et le bien du commerce de ses sujets.
  » J'ai l'honneur d'être, etc. »

                    « Alger, le 14 janvier 1733.

    » MESSIEURS,

  » J'ai eu l'honneur de vous écrire ma dernière le 24
» du mois dernier par voie du Port Mahon ; celle-ci passe
» par celle de Bône, où le sieur Martin, agent de la Com-
» pagnie d'Afrique, va pour ses affaires et y porter les
» ordres du Dey, pour empêcher les étrangers de faire
» aucun chargement dans les lieux de leurs concessions ;
» il ne se passe rien ici pour le présent qui intéresse
» celles du commerce, où la tranquillité continue de ré-
» gner, et l'amitié du Dey et autres Puissances pour
» notre Nation. J'ose vous supplier, en attendant vos
» ordres, pour l'expédition à la poste du pli ci-inclus
» pour Monseigneur le Comte de Maurepas, et de m'en
» accuser la réception.
  » J'ai l'honneur d'être, etc. »

                   « Alger, le 14 février 1733.

    » MESSIEURS,

  » Je crois le patron Brun arrivé à cette heure à Mar-
» seille, qui a porté ladite expédition que j'ai eu l'hon-
» neur de vous envoyer du 31 janvier ; je suis toujours

» à l'attente de vos réponses à mes précédentes et de
» vos ordres. Je profite de l'occasion du capitaine Baude
» qui va charger du blé à Bône, pour la Compagnie
» d'Afrique, pour vous marquer, Messieurs, que le Dey
» vient de me donner la commission de lui faire venir
» de Marseille deux meules de moulin, pour celui qu'il a
» fait construire dans sa maison. Le papier ci-inclus est
» la longueur du diamètre qu'il les faut (1) et la circon-
» férence et épaisseur à proportion, toutes préparées à
» être mises en œuvre; il m'a témoigné que cela le pres-
» sait; ainsi je vous supplie de me les envoyer par pre-
» mière occasion qui passera pour ici et de me croire
» parfaitement, etc. »

———

Alger, le 1 juin 1733 (résumé).

M. Lemaire informe MM. Les Échevins que, le Dey
ayant interdit à tous les batiments de sortir, ils ne doivent pas s'étonner de ne pas recevoir des nouvelles ré-
gulières; le présent billet doit être porté par terre jusqu'à La Calle; Le Consul ajoute que le Dey lui a promis
de laisser sortir les batiments Français le plutôt qu'il
pourra le faire, et on espère que ce sera dans quelques
jours.

———

« Alger, le 8 juin 1733.

» MESSIEURS,

» La détention subsiste pour les Anglais, Hollandais,
» et Suédois, depuis le 24 avril. Le patron Clément n'ayant

———

(1) Le papier en question est d'une longueur de 80 centimètres;
quant à l'indication que M. Lemaire croit devoir faire, en recom-
mandant que la circonférence soit en rapport avec le diamètre, elle
ne donne pas une haute idée de ses connaissances mathématiques.

» fini son chargement que le 20 mai, j'ai sollicité jour-
» nellement depuis ce temps le Dey pour avoir la per-
» mission de le faire mettre à la voile, ce que je n'ai pu
» obtenir, à cause qu'il attendait un des vaisseaux de
» son escadre, relaché à Tunis, qui vient d'arriver en ce
» port; vous devez avoir, Messieurs, par les batiments
» du Levant qui arrivent chez vous, les nouvelles plus
» assurées que moi, du désastre arrivé aux autres vais-
» seaux de l'escadre d'Alger, à quoi je me rapporte. J'ai
» remis au capitaine Clément toutes mes dépêches pour
» Monseigneur le Comte de Maurepas, n'y ayant point
» eû d'occasion plus prompte, pour l'expédition des-
» quelles je vous supplie de donner vos ordres et de
» m'en accuser la réception; je rends exactement
» compte de toutes mes poursuites inutiles au Dey pour
» avoir les satisfactions que le Roy lui demande, à quoi
» il n'a voulu avoir aucun égard, comme j'ai déjà eû
» l'honneur de vous le marquer. Le bruit court ici qu'il
» est sorti de Toulon quatre vaisseaux pour venir à Al-
» ger; j'espère qu'ils apporteront de bons ordres qui
» m'aideront à faire entendre raison à ce barbare, qui
» se trouve fort embarrassé, et sa tête bien chancelante;
» il m'a fait demander par le Grand Cuisinier trente
» dames-jeannes vides. Je vous supplie d'avoir la bonté
» de donner l'ordre pour qu'on me les envoie par la pre-
» mière occasion, avec les paniers remplis de bon vin
» rouge d'ordinaire, qui ne soit point falsifié ; ce Cuisi-
» nier a toute l'oreille du Dey, et je puis me flatter d'a-
» voir beaucoup de part dans son amitié; c'est pourquoi
» je dois le ménager pour les intérêts de la Nation et
» les vôtres en particulier

» J'ai remis au capitaine Clément le R. P. Frédéric
» Vanderplank, religieux Dominicain, que j'ai racheté
» de l'ordre de Madame veuve David et fils.

» J'ai avancé la somme pour l'entier rachat et expédi-
» tion de ce pauvre religieux, que j'ai vu chancelant et
» dans une misère pitoyable pour l'âme et pour le corps;

» la disposition où il était en fin (1) a fait résoudre son
» patron à lui donner la liberté pour 1,100 piastres, qu'il
» avait taxée à 4,000.
« » J'ai l'honneur d'être...... »

Alger, le 23 juin 1733 (résumé).

M. Lemaire accuse réception des deux meules de
moulin qu'il avait demandées par sa lettre du 14 Février; il engage MM. les Échevins à lui faire parvenir
quelques fruits et confitures pour en faire de petits présents.

« Alger, le 6 juillet 1533.

» MESSIEURS,

» Une expédition d'une galiote et de quelques bati-
» ments chargés de vivres et de munitions pour le
» camp, que le Dey a envoyés à Mostaganem, l'a obligé
» de faire une détention dans ce port de tous les bati-
» ments, qui a duré pendant huit jours; qui vient de
» cesser par la permission de laisser partir trois des
» nôtres, qui vont à la côte de l'est de cette ville; ayant
» plus d'attention à ses affaires qu'à ménager l'amitié
» de la France et des autres Puissances qui ont leurs
» Consuls ici, ils font toujours de temps à autre quel-
» que arretement, pour peu qu'ils craignent pour les
» petits batiments qu'ils envoient porter quelques se-
» cours à Mostaganem, pour entretenir les Turcs au
» camp devant Oran, qui menacent continuellement de

---

(1) C'est-à-dire, la disposition ou il était de se faire Musulman,
ce qui, sans lui donner la liberté, l'eût déprécié en tant qu'esclave.

» l'abandonner, ce qui nous tient en suspens d'une pro-
» chaine révolution. Je profite avec plaisir, Messieurs,
» de ce batiment Hollandais, qui va en droiture à Mar-
» seille pour vous informer de ce qui se passe en ce
» pays.

 » J'ai l'honneur d'être...... »

Alger, le 8 août 1733 (résumé),

 M. Lemaire remercie MM. les Échevins des fruits et confitures qu'ils lui ont envoyé pour en faire des présents; ce qui a été exécuté à la satisfaction générale. — Il les informe, qu'à son arrivée à Alger, il a sommé M. Natoire, ex-Chancelier, de lui remettre le tarif pour la perception des droits de la Chambre; celui-ci n'a pu lui remettre qu'une feuille volante sur laquelle se trouvait une indication vague de perceptions faites ou à faire, sans aucune approbation (1), et, malgré tout ce qu'on a pu lui dire, s'est refusé à fournir aucune autre indication. M. le Consul envoie copie de ladite pièce, et demande des instructions formelles; il termine sa lettre par ces mots : — « Bien loin que l'arrivée du sieur de Jonville
» presse, ou eut dû réduire le sieur Natoire à son dé-
» part d'Alger, elle ne fait que le prolonger pour lui
» nuire et à moi, autant que son esprit séditieux et
» rebelle peut lui en suggérer les moyens, auprès du
» Dey, et parmi la nation juive pour les affaires du Con-
» sulat, pour favoriser ses affaires, qu'il ne veut pas
» parvenir à terminer, s'imaginant que le Roy lui fera la
» grâce de payer ses dettes réelles ou supposées, pour
» l'arracher d'ici et de son commerce avec le sieur

---

(1) Une lettre de M. de Jonville, Chancelier, adressée à MM. les Échevins, à la date du 10 août 1733, confirme pleinement les allégations de M. Lemaire; d'après le nouveau Chancelier, la pièce remise par M. Natoire est un *chiffon de papier si peu étendu et si obscur, qu'il est impossible de ne pas équivoquer aux désavantages du commerce.*

» Holden, Anglais, au mépris des ordres qu'il a toujours
» eus depuis qu'il est ici, et où il est actuellement logé,
» depuis que je l'ai honteusement chassé de la maison
» consulaire, qui n'est point un asile pour un rebelle aux
» ordres du Roy et un traitre à sa Nation ; je ne suis
» nullement en état avec ce Dey de faire valoir l'autorité ;
» on m'oppose pour principale raison qu'il faut que je
» réponde pour lui ou que je paye. Voilà, Messieurs, à
» quelle rude épreuve me réduit cet indigne sujet, ce
» que je vous supplie de représenter à M. le Ministre,
» je ne dois pas vous cacher que le séjour de ce mortel
» pays m'est d'une rude charge, comme il a été à mes
» prédécesseurs ; je comptais sur les vaisseaux du
» Roy pour m'en débarrasser ; mais il n'y a pas appa-
» rence qu'ils viennent cette année à Alger, ce qui me
» cause une inquiétude mortelle, par rapport au mau-
» vais génie et gouvernement d'aujourd'hui, qui me
» donne continuellement des grands sujets de crainte,
» quoiqu'il tende à tout moment à sa fin.

» J'ai l'honneur d'être, etc. »

« Alger, le 11 novembre 1733.

» MESSIEURS,

» Privé de vos ordres depuis longtemps, je n'ai l'hon-
» neur de vous écrire ces deux mots par cette occasion
» imprévue, voie de Bône, que pour vous prier de faire
» donner cours au pli ci-joint pour la Cour et de m'en
» accuser la réception.

» Quatre vaisseaux de cette République se mettent en
» mer pour la course ; tous les autres petits armements
» sont dehors ; le commerce est toujours ici dans une
» très-mauvaise disposition ; nous n'y voyons paraitre
» aucun de nos bâtiments, que quelques-uns de la Com-

» pagnie d'Afrique; j'attends avec impatience vos ré-
» ponses à mes précédentes, et j'ai l'honneur d'être,
» etc. »

Alger, le 9 janvier 1734 (résumé).

M. Lemaire se plaint de n'avoir pas reçu de lettres de
MM. les Échevins; il attend impatiemment des nou-
velles, surtout depuis qu'une gazette anglaise venue de
Gibraltar lui a appris la déclaration de guerre contre
l'Empereur et l'heureux succès des armes de sa
Majesté (1).

Alger, le 7 février 1734 (résumé).

M. Lemaire s'étonne de plus en plus de ne pas recevoir de réponses, surtout au sujet de la perception des
droits consulaires; il informe MM. les Échevins que les
Algériens ont été fort malheureux dans leurs courses et
que la population commence à souffrir de la famine, ce
qui pourrait bien amener quelques troubles.

« Alger, le 2 mars 1734.

» Messieurs,

» Je vous fais mes insignes remerciements de vos
» approbations sur mon attention à remplir les devoirs
» de mon emploi autant qu'il est possible dans un gou-
» vernement où l'insatiable avidité de l'argent, qui

---

(1) Les campagnes (1733-1734) du maréchal de Berwick, prise de
Kehl, bataille d'Erlingen, prise de Philipsburg.

» dévore généralement tous ces barbares, leur font
» oublier la justice, et violer la foi des traités, sans en
» pouvoir obtenir aucune réparation ni les restitutions
» que le Roy en demande, avec juste raison, et que je
» sollicite avec chaleur, vainement, auprès d'un Dey
» féroce, qui ne veut écouter d'autres raisons que celles
» que son sordide intérêt lui suggère, et sa haine impla-
» cable pour le nom chrétien, qu'il abhorre. Je ne dis-
» continue point cependant mes poursuites, malgré ses
» refus, pour satisfaire à vos ordres, en attendant qu'on
» m'envoie un secours plus efficace et plus puissant
» que ne sont mes représentations, qu'il regarde avec
» mépris, voyant l'indolence des Anglais, qui demeu-
» rent dans le silence sur les restitutions qu'il a à leur
» faire de plus de deux cent mille piastres, qu'il prétend
» avoir bien pris sur les bâtiments de cette nation allant
» à Oran; enfin sous la tyrannie de ce Gouverneur,
» rempli de mauvaise volonté pour nous, emporté,
» et si peu judicieux, les pas les plus mesurés et la
» prudence la plus consommée ne servent de rien. J'ose
» vous assurer, Messieurs, que j'emploie toute la cir-
» conspection nécessaire avec les conseils de MM. Du-
» chesne et Batault (1) pour obtenir quelque chose; à
» quoi je ne saurai parvenir, malgré la misère où se
» trouve réduite cette République par ses anciennes
» pertes dont il nous rend en partie la cause, et le
» retour en ce port de tous ses corsaires sans aucun
» fruit de leurs courses, ce qui le touche sensiblement.
» Je ne vois de recours à cela qu'au détail exact que je
» fais à Monseigneur le Ministre, en attendant que la
» Providence y pourvoie.

» Je vois avec plaisir, Messieurs, que vous soyez du
» sentiment que le sieur Natoire n'a rien à prétendre
» depuis la signification des ordres du Roy; j'ai recom-
» mandé au sieur de Jonville de ne rien lui compter; il

---

(1) Prêtres de la Congrégation de la Mission,

» est toujours logé chez le sieur Holden en société, sans
» aucune considération pour les Ordonnances, ni crainte
» de la lettre de cachet que je lui ai apportée,
» J'ai l'honneur d'être, etc. »

» Alger, le 4 mars 1734.

» MESSIEURS,

» Le sieur de Jonville m'a communiqué les ordres que
» vous lui avez donnés pour la perception de vos droits ;
» il serait à souhaiter, pour répondre à l'attention que
» j'ai, avec lui, à ce qui les regarde, qu'il fut possible
» d'exécuter ces ordres avec autant de rigueur qu'ils
» paraissaient le demander ; mais Alger veut être excepté
» des autres échelles où les Pachas, craignant les ré-
» préhensions de la Porte, favorisent en tout les Consuls,
» leurs prêtent leurs forces, et leur donnent leurs
» secours lorsqu'ils les réclament contre les Rayas ou
» sujets du Grand Seigneur, pour leur faire subir les
» peines portées par les Ordonnances du Roy ; le Dey,
» ici, au contraire, est le seul maître ; il protège les
» Juifs et les étrangers qui apportent du profit à son
» Royaume par leur commerce, et les défend vivement,
» si l'on veut user à leur égard des rigueurs auxquelles
» l'Ordonnance du 4 février 1727 les assujettit ; vous
» allez voir, Messieurs, s'il est aisé de confisquer les
» marchandises venant de France sur les bâtiments
» français, par le cas qui vient de m'arriver, et dont je
» vais vous faire le détail.

» Il est arrivé ces jours passés qu'un négociant de
» Marseille, ayant envoyé ici quatre pièces de drap écar-
» late à la consignation d'un Français, et le certificat de
» l'inspecteur en ayant été oublié, je prétendis les faire
» saisir ; j'ordonnai au capitaine de me l'apporter chez
» moi, après qu'il en aurait payé la douane, comme il

» est d'usage. Jusque là, rien n'avait empêché ma for-
» malité ; mais le propriétaire de cette marchandise, qui
» n'avait pas encore paru, et qui se trouvait être un
» Juif au lieu du marchand à l'adresse duquel ce Juif
» l'avait fait mettre dans la police du chargement, fut
» chez le Dey le prévenir de mon dessein, et ne manqua
» pas de le lui nommer une criante injustice.

» Il n'en fallut pas d'avantage pour que ce Seigneur,
» après s'être fort emporté contre moi, se servit de son
» autorité et envoya sur le champ après le capitaine des
» Chaoux, qui lui enlevèrent le drap et qui le remirent
» entre les mains du Juif. Je voulus là dessus lui faire
» faire mes représentations ; il les écouta, mais peu favo-
» rablement et je fus obligé de laisser là cette affaire,
» pour ne pas l'irriter encore plus, n'étant déjà que trop
» disposé à nous faire ressentir les effets de sa haine.

» Il n'est pas surprenant que mes prédécesseurs aient
» négligé autant qu'ils l'ont fait de poursuivre les Juifs
» et autres étrangers qui ont fait des commerces directs
» et indirects en France ; plusieurs raisons à la fois les
» ont obligés à garder de pareils ménagements ; la crainte
» d'irriter les Puissances du Pays, en les privant d'un
» revenant-bon, qu'ils trouvent dans les profits même
» de ces étrangers, la difficulté d'avoir les moyens de
» les punir de leurs contraventions, et enfin le faible
» bien qu'auraient pû en recevoir un ou deux négo-
» ciants, s'ils avaient demandé contre eux l'exécution
» de l'Ordonnance. Après une telle tolérance, vouloir
» agir aujourd'hui avec plus de rigidité, c'est m'exposer
» et toute la Nation à quelques fâcheuses catastrophes,
» qui seraient encore plus nuisibles à vos intérêts ;
» ainsi, Messieurs, de concert avec le sieur de Jonville,
» ma résolution a été de vous prévenir des mauvais
» effets qui pourraient succéder aux violences que vous
» lui ordonnez de faire. Je prends la liberté de vous
» représenter qu'il conviendrait infiniment mieux que
» votre attention se donnât aussi un peu à empêcher

» que les Juifs et étrangers ne chargent à Marseille pour
» ce pays ; faites-leur tels traitements qu'il vous plaira,
» ils ne rejailliront pas sur nous ici, et, au contraire,
» vous nous éviterez bien des soins et d'embarras d'une
» très grande conséquence à Alger, et qui seront très
» peu de chose à Marseille, puisque vous voyez par les
» manifestes qui vous seront remis, les marchandises
» qui sont pour leur compte.

» Au reste, Messieurs, j'ai jugé à propos de différer la
» nouvelle publication de l'Ordonnance du Roy, du 24
» février 1727, dont le sieur de Jonville m'a fait la réqui-
» sition, en conséquence de ce que vous lui marquez à
» l'occasion du juif Bensibet. Dans la situation où nous
» sommes avec le Dey, et, joint encore à cela son esprit
» peu raisonnable, la publication de cette Ordonnance,
» peu favorable aux juifs et aux étrangers, les aurait
» sans doute porté à lui faire entendre que c'est un tort
» que l'on veut faire à ses intérêts, et, pour s'en venger,
» ils n'auraient rien oublié de tout ce qui aurait pu l'in-
» disposer encore contre nous. J'ai fait part de toutes
» ces choses à Monseigneur le Comte de Maurepas.

» J'ai l'honneur d'être, etc. »

« Alger, le..... avril 1734,

» MESSIEURS,

» Je profite de cette occasion à l'aventure pour vous
» donner avis que le sieur Jacob Moléo, marchand juif
» de cette ville, le même qui fit enlever des mains du
» patron Brun, les draps chez le Dey, lorsque j'en voulus
» faire la visite, s'est embarqué sur un bâtiment Anglais
» pour Livourne, pour de là passer à Marseille, pour y
» acheter des marchandises pour ici ; j'ai chargé mon
» Chancelier, au moment où je l'appris, de vous en pré-

» venir (1), afin que vous empêchiez qu'il exécute son
» dessein, et qu'il ne s'embarque point à Marseille pour
» retourner ici. Depuis peu de jours, le Dey qui tenait à
» la chaîne les officiers Espagnols, pris à Oran, les a fait
» mettre aux travaux les plus pénibles, qu'ils supportent
» avec une constance digne de leur grand cœur. Le mo-
» tif de ce traitement est pour les engager à faire accé-
» lérer leur rachat. Dieu veuille soulager leurs maux et
» leur misère.

» J'ai l'honneur d'être, etc.

« Alger, le 17 juin 1734.

» J'ai reçu par les vaisseaux du Roy, commandés par
» M. de Court, arrivés en cette ville le dimanche 30 mai,
» qui en sont repartis le lundi 7 juin, avant le jour, la
» lettre du 17 mai que vous m'avez fait l'honneur de
» m'écrire.

» Ce Commandant n'étant venu que par aventure et
» relâche, comme il a fait représenter au Dey, par trois
» officiers qu'il envoya à terre le lendemain de son arri-
» vée, n'a pu obtenir aucun point des satisfactions qu'il
» lui a fait demander, ce qui fait voir l'obstination de ce
» Gouverneur à ne rien accorder au Roy sur les infrac-
» tions commises pas ces corsaires aux traités. Ces offi-
» ciers ont négocié en ma présence et de plusieurs au-
» tres des plus considérables du Divan, avec toute la
» douceur et les ménagements possibles, avec cette
» Puissance, qui n'a voulu pas même écouter les rai-
» sons les plus plausibles qu'on ait pu lui présenter
» pour le convaincre à faire des réparations, et du besoin
» qu'à cette République d'entretenir la paix et l'union
» avec la France, ce qui a été entièrement infructueux ;

------

(1) M. de Jonville en prévint en effet MM. les Échevins, par une
lettre datée du 6 mars 1734.

» et, ainsi, il faudra pour l'y contraindre, employer les
» voies de fait.

» Les vaisseaux de cette République sont toujours
» dans le port à attendre le secours que le Dey a demandé
» au Grand Seigneur pour aller assiéger, dit-on, Oran
» par terre et par mer. Hier, il a reçu des nouvelles qu'il
» était parti de Constantinople, pour venir ici, une es-
» cadre de ving-cinq bâtiments, ce qui l'a obligé d'or-
» donner et de faire presser ses préparatifs, pour tenir
» les siens prêts pour se joindre à eux, lorsqu'ils pa-
» raîtront; c'est ce que le temps nous apprendra; nous
» ne voyons paraître ici depuis trois mois aucun de nos
» bâtiments de Levant ni de Ponant.

» J'ai l'honneur d'être, etc. »

———

« Alger, le 17 juillet 1734.

» MESSIEURS,

» On attend toujours ici le secours du Levant, qui ne
» parait point; ce qui a fait prendre le parti au Dey
» de faire une détention de tous les bâtiments qui sont
» dans le port, depuis le commencement de ce mois, qui
» dure toujours, quoiqu'il ne recoive aucune nouvelle;
» il a fait partir et mettre en campagne depuis seize
» jours son neveu, le Caznadar et Général de ses trou-
» pes, avec un camp de cent tentes; on ne dit rien de
» positif de sa destination. Les uns croient qu'il n'est
» sorti que pour tenir la soldatesque en haleine, et la
» disposer à marcher contre Oran, lorsque le secours de
» Constantinople sera arrivé. Les autres assurent avec
» plus de fondement qu'il n'est allé à trois journées d'ici
» que pour ranger sous l'obéissance les Maures des
» montagnes aux environs, qui avaient secoué le joug
» de la République et qui retenaient les blés et denrées
» qu'on avait accoutumé de voir venir auparavant en

» abondance dans cette ville, ce qui a produit une si
» grande disette, qu'on s'est vu sur le point d'une totale
» famine. Il semble que tout conspire contre ces gens-ci ;
» la guerre et la famine dont ils sont accablés, ne font
» cependant aucun effet sur l'état du Gouvernement,
» toujours conduit par la rage et la mauvaise foi du
» régnant. Les vaisseaux de la République et autres
» armements sont toujours dans le port, prêts à faire
» voile au premier ordre.

» J'ai l'honneur d'être, etc. »

« Alger, le 15 septembre 1734.

» Messieurs,

» Celle-ci n'est que pour vous informer d'un cas arrivé
» à la tartane La Vierge de la Garde, commandée par
» Patron Jean Mounier du Martigues, nolisée à Barce-
» lone pour Mayorque et Iviça, pour y charger du bois
» pour Oran, où, étant arrivé à quatre milles de terre, il
» fut attaqué par un bateau de Mostaganem et conduit
» par le Reïs en cette ville, où il se saisit des passagers
» et de leurs hardes, qu'il mit à terre et obligea ce pa-
» tron d'attendre la réponse du Bey du camp, vers le-
» quel on avait envoyé pour lui faire savoir ce qui s'é-
» tait passé ; mais, cette réponse tardant trop à venir,
» après six jours écoulés, le patron, soit qu'il manquât
» de vivres, ou qu'il craignit quelque facheux accident
» dans le dangereux mouillage où on l'avait fait aller,
» pria qu'il lui fut permis de venir en ce port y deman-
» der la justice du Dey et y renouveler ses vivres, ce
» qui lui fut accordé, au moyen d'un de ses matelots,
» que le Reïs voulut retenir en ôtage.

» Il arriva ici le 9 du courant, et ne m'eut pas plutôt
» fait sa déposttion que j'en envoyai informer le Dey par
» mon truchemen, et lui demandai en même temps au-

» dience. La surprise qu'il en eut égala son ressenti-
» ment, qu'il témoigna d'une manière vive; il m'envoya
» dire aussitôt que, son camp n'étant plus devant Oran,
» et que, ne poursuivant plus le siège de cette place, il
» lui importait peu qu'on y portât les secours qu'on
» voudrait, et qu'il ferait rendre les passagers. Sur une
» si favorable réponse, je fus le voir; son accueil répon-
» dit à ses sentiments; il m'assura derechef qu'il était
» très fâché de ce contre-temps, et qu'il allait donner ses
» ordres pour accélérer l'affaire. Le Dey a un regret in-
» fini de n'avoir pas fait à ces corsaires de la côte la
» même défense qu'il a faite à ceux d'ici, de n'inquiéter
» en aucune façon les batiments Français qu'ils rencon-
» treront; il est à souhaiter que les Espagnols en usent
» de même, pour qu'à l'avenir. nos batiments ne soient
» pas dans une inaction (qui détruit absolument le
» commerce) que les trop fréquentes insultes qu'ils ont
» reçues tant du côté des Algériens que de celui des Es-
» pagnols, ont occasionnée.

» J'aurais bien voulu demander au Dey la permission
» de faire passer cette tartane; mais la détention depuis
» huit jours qu'il a ordonnée à cause du départ de la
» *Noube* (1), celui de ses vaisseaux qui vont en course,
» sa fâcheuse et noire humeur, et, encore plus que tout
» cela, l'engagement du patron de porter son charge-
» ment de bois à brûler à la ville d'Oran, dont il n'entend
» parler qu'avec peine et horreur, m'ont fait penser qu'il
» ne le permettrait pas, et qu'il fallait attendre quelques
» jours l'arrivée des passagers, pour ne pas détruire
» par trop de demandes à la fois et un trop grand
» empressement une négociation dont le succès doit
» être heureux.

» J'ai l'honneur d'être, etc. »

———

(1) C'est-à-dire : les changements annuels des garnisons des
villes du littoral.

Alger, le 15 novembre (résumé).

M. Lemaire se plaint de n'avoir pas reçu de réponse à l'arrêté de ses comptes qu'il a envoyé dès le 17 juin ; il ajoute qu'il serait d'autant plus important de se hâter qu'il n'a plus que peu de temps à passer à Alger (1).

————

« Alger, le 12 février 1735.

» MESSIEURS,

» Le nommé Estienne, natif du Maine, qui vous sera
» présenté par le capitaine Giraud, ayant déserté à
» Mayorque des troupes d'Espagne, où il était engagé,
» et s'étant refugié dans la tartane de ce capitaine, le
» Consul de France audit lieu, qui en fut aussitôt
» informé, ne jugea pas à propos de l'en retirer, crai-
» gnant qu'on ne lui cassât la tête, et le laissa venir ici
» avec ledit capitaine qui y avait sa destination. J'ai cru
» devoir en conséquence faire payer de vos deniers (2)
» ce qu'il en a coûté, autant pour l'habiller que pour le
» faire passer à Marseille.

» J'ai l'honneur d'être (3), etc. »

————

(1) Dans sa lettre à MM. les Échevins du 12 octobre 1734, M. de Jonville les prévenait déjà que M. Lemaire avait *obtenu son rappel en France à force de le solliciter*, et qu'il serait urgent d'arrêter ses comptes afin de pouvoir les solder à son départ.

(2) Une lettre de M. de Jonville, du 15 avril 1735, nous apprend que la dépense occasionnée par ce rapatriement fût de 58 pataques.

(3) D'après la date d'un billet de M. Lemaire, il était encore à Alger le 3 mars 1735 ; d'après la lettre du 15 avril de M. de Jonville, il y était encore dans les premiers jours d'avril ; M. Taitbout était arrivé à Alger le 6 avril, ce fut probablement par la première occasion qui suivit que M. Lemaire quitta son poste.

Notice sur le Consulat de M. Taitbout et l'intérim de M. de Jouville

M. Taitbout arriva à Alger le 6 avril 1735, et il fût fort bien reçu par Ibrahim, auquel il avait, à la vérité, fait de très riches présents. Les premières années de son consulat furent tranquilles; le Dey était occupé par la guerre qu'il faisait à Tunis, et par les menaces de l'Espagne. Au mois d'août 1736, le Consul avait failli être victime d'une avanie, au sujet de quelques Turcs qu'il avait expulsés violemment de sa maison; mais le petit différent qui s'était élevé à ce sujet n'avait pas tardé à s'apaiser. En 1740, il éclata à Alger une grande peste, qui dura trois ans; au commencement, il mourait chaque jour plus de deux cents personnes. M. Faroux, Vicaire-Apostolique, en mourût, ainsi que la plupart des prêtres attachés aux hôpitaux (1). M. Taitbout n'eût guère à souffrir que de l'humeur fantasque d'Ibrahim, qui lui imposait des drogmans, dont quelques-uns ne savaient même pas un mot de français, et le faisait appeler pour lui demander des choses qui ne concernaient en rien le consulat Français, lui reprochant de ne pas vouloir l'éclairer et de tout lui cacher, lorsque le Consul protestait à juste titre de son ignorance. A tous ces déboires, vinrent s'ajouter les cruelles épreuves de la maladie; M. Taitbout souffrait depuis longtemps de douleurs rhumatismales aigues, qui l'avaient forcé de garder le lit pendant une grande partie de l'année 1736. Il fut violemment attaqué de nouveau en 1739, et ses souffrances devinrent telles, qu'il se vit forcé de demander son rappel. Il partit au mois de mars 1740, laissant comme intérimaire son chancelier M. de Jonville; il espérait se guérir en France et pouvoir revenir plus tard à Alger; cet espoir ne devait pas se réaliser. L'année 1740 s'écoula assez tranquille-

---

(1) *Gaz. de F.*, an. 1740. P. 398 et 444.

ment pour la France ; les Algériens étaient suffisamment occupés par les menaces de l'Espagne, par la peste qui, continuant à régner dans la ville avait même gagné le reste de la Régence, et par les troubles de Tunis, dont le nouveau Bey Ali ne reconnaissait que par l'ingratitude les services que lui avait rendus Ibrahim, Vers la fin de l'été de 1741, il survint un évènement qui faillit amener la rupture avec la France, et qui mit en danger la liberté et la vie de l'agent consulaire et celle de nos nationaux. Deux chebeks algériens, qui avaient été forcés, par la tempête, de se réfugier dans le port de Toulon, et qui y avaient été bien reçus, s'avisèrent lors de leur départ de donner la chasse à un petit bâtiment génois, duquel ils allaient s'emparer, lorsqu'ils furent rencontrés à leur tour par une galère espagnole de l'escadre du Prince Don Philippe. Un des chebeks, commandé par Mahmed Reïs (1), qui avait une certaine influence dans Alger, fut capturé par la galère espagnole, qui conduisit sa prise à Toulon. L'autre chebek, sous le commandement de Soliman Reïs. dut se faire protéger par un navire français, qui l'escorta jusqu'en vue des côtes de la Régence. Soliman arriva à Alger à la fin de novembre 1741, et y répandit le bruit que la prise de Mahmed était due à la trahison des Français, qui les avaient dénoncés aux Espagnols, et les avaient livrés entre leurs mains. Il ajoutait que la populace de Toulon avait insulté les prisonniers, et les avait accablés de mauvais traitements. Le Dey était d'un caractère farouche et cruel ; la colère dans laquelle le fit entrer ce récit ne lui laissa pas le temps de songer qu'il y avait lieu de contrôler ces assertions d'une manière plus précise ; il donna immédiatement l'ordre de s'assu-

---

(1) Ce Mahmed était le même Reïs qui s'était introduit violemment chez M. Taitbout, en 1736, avec quelques-uns de ses compagnons, et qui avait forcé le Consul à mettre l'épée à la main pour se délivrer de ses obsessions et de ses menaces. Cet évènement avait failli procurer les plus grands désagréments au Consul.

rer des vaisseaux français qui étaient daus le port, et
fit arrêter le Vicaire-Apostolique, M. Dubourg, les Missionnaires, et quelques autres Français, en tout 53 personnes; M. de Jonville, en apprenant ces sévices, se
rendit à la Jénina pour y porter ses réclamations; il fût
injurié par le Dey, et enchaîné séance tenante. Le lendemain, les captifs furent enchaînés deux à deux et
conduits au travail des carrières; quelques jours après,
ils obtinrent un léger adoucissement à leur sort, au
moyen de présents qui furent faits au Gardian-Bachy;
mais ils ne recouvrèrent leur liberté que dans les premiers jours de janvier 1742. Les intrigues anglaises ne
paraissent pas avoir été étrangères à ces mauvais traitements; en tous cas, le Consul Anglais profita de la
captivité des agents Français pour demander la possession des concessions de l'Est, que le Dey venait de
séquestrer entre les mains du Bey de Constantine. Ces
démarches n'eurent aucun succès; M. de Salve, gouverneur du Bastion, et quelques autres Français de distinction, furent emprisonnés à Bône; mais ils furent relâchés
quelques jours après, sans avoir été maltraités. La
France s'était décidée à faire rendre le chebek capturé;
mais cela ne pouvait se faire immédiatement; car il fallait auparavant l'obtenir de l'Espagne; pendant ce temps,
les matelots qui avaient été saisis à bord des navires
continuaient à être aux fers et durement traités. M. de
Jonville ne cessait de demander qu'on se hâtat; enfin,
M. de Massiac arriva à Alger le 18 mai 1742, sur l'Aquilon, ramenant le bâtiment, objet du litige, et apportant
une indemnité pécuniaire (1). Il avait à son bord M.

---

(1) Il est juste de dire que les réclamations des Algériens au sujet
du chebek étaient fondées en droit; les traités avec la Régence dé-
claraient, en effet, que les Algériens ne pouvaient faire aucune prise
à une distance de dix lieues des côtes françaises, et réciproquement,
que leurs bâtiments seraient sauvegardés jusqu'à cette distance. Il
en résultat qu'il est été du devoir du Commandant de la Marine de
Toulon d'empêcher la galère espagnole de s'emparer du chebek algé-

d'Evans, Chevalier de Saint-Lazare et Cordon-Rouge, qui
venait d'être désigné pour occuper le consulat d'Alger.

---

*Lettres de M. Tailbout à MM. Le Maire, les Consuls et Députés de la
Chambre de Commerce de la Ville de Marseille (1)*

« Alger, le 9 mai 1735.

» MESSIEURS,

» Je crois que vous serez bien aise d'apprendre que la
» Caravelle, le seul vaisseau de la République qui restât
» à la mer, est rentrée dans le port le deux de ce mois,
» et qu'elle y est rentrée sans aucune prise. Il n'y a pas
» d'apparence qu'il sorte de quelque temps aucun ar-
» mateur; la guerre que les Algériens vont faire aux
» Tunisiens les occupera suffisamment, et, vraisembla-
» blement, ils ne penseront pas à autre chose; ainsi, re-
» lâche à nos inquiétudes.

» Vous ne m'avez point fait remettre de confitures sè-
» ches; il m'était néanmoins indispensable d'en avoir
» pour les présents de mon arrivée, et, cédant à la né-
» cessité, il a fallu les payer ici beaucoup plus cher
» sans doute qu'elles n'eussent couté à Marseille. J'ai
» éprouvé la même chose pour un caftan de drap d'or et
» plusieurs caftans de drap qui me manquaient, et cela

---

rien au cap Sicié. Il est vrai que celui-ci avait violé le premier les
traités en donnant la chasse au bâtiment génois dans les eaux françaises; mais cela était une affaire à régler entre la France et la
Régence, et dans laquelle on eût pas dû permettre à l'Espagne d'in-
tervenir. C'est en raison de ces considérations que la Cour ne poursuivit pas la réparation des violences commises sur le Chancelier et
sur nos nationaux, et qu'elle satisfit aux réclamations d'Ibrahim,
quoique celui-ci eût perdu tous ses droits par les sévices qu'il avait
permis et même ordonnés.

(1) Arch. d. c, AA, art. 478.

» me donne lieu de vous conseiller, Messieurs, d'en-
» voyer une petite provision de toutes ces sortes de
» choses à M. de Jonville, parceque le cas pourrait arri-
» ver que nous serions pressés, et que les Juifs, s'il
» fallait recourir à eux, nous feraient payer tout ce qu'ils
» voudraient.

» Je comptais vous envoyer un état de tous les pré-
» sents que j'ai été obligé de faire et de ce qu'il m'en a
» couté, état qui m'a paru d'autant plus nécessaire, que
» je me suis trouvé ici comme tombé des nues, et qu'il
» faut que vous et ceux qui me succèderont puissiez
» voir comment les choses doivent se passer, et où
» elles peuvent aller. Mais on m'a dit qu'il devait être
» revêtu de formes qui demandent plus de temps que
» malheureusement je n'en ai; toujours je puis avoir
» l'honneur de vous dire, Messieurs, qu'il m'est revenu
» que quelques personnes se plaignaient et que l'état
» monte à quatre mille six ou sept cent livres; ce n'est
» pas moi qui l'ai fait; ce sont MM. de Jonville et Mar-
» tin qui l'ont broché.

» Je suis très-parfaitement, Messieurs, votre très-
» humble et très-obéissant serviteur. »

« Alger, le 7 septembre 1735.

» Messieurs,

» J'ai reçu le 19 du passé les lettres du Ministre que
» vous m'avez fait l'honneur de m'envoyer par patron
» Sigand; par une de ces lettres, le Ministre me marque
» de m'entendre avec vous, Messieurs, pour faire comp-
» ter au trésorier des galères six cent livres, auxquelles
» il a voulu restreindre le rachat d'Ibrahim ben Hamet,
» esclave sur la galère La Valeur. Le ministre comptait
» que le père de cet esclave me remettrait ici cette
» somme en entier, mais il n'en a compté que les deux

». tiers. M. de Jonville s'en est chargé, et vous a donné
» avis, pour que vous ayez agréable de faire payer la
» même somme au trésorier des galères, à qui Ibrahim
» doit porter lui-même les deux cent livres restant.
» Je suis très-parfaitement...... »

« Alger, le 18 octobre 1735.

» Messieurs,

» Le Dey a paru n'être pas moins choqué que vous
» l'aurez été de l'insolente conduite de Mamet Raïs, et
» il a donné des paroles des plus positives d'en faire
» une justice exemplaire aussitôt son retour, et de faire
» tout payer. Je suis d'autant plus aise de vous informer
» de cette disposition du Dey, que cela, je l'espère, dis-
» sipera les inquiétudes que vous avez pû concevoir.
» Voilà ci-jointe la note que vous désirez de choses
» propres à donner en ce pays ; je suis faché qu'elle me
» soit échappée dernièrement.
» Je suis très parfaitement...... »

« Alger, le 8 janvier 1736.

» Messieurs,

» Une détention des plus longues m'a empêché de
» vous informer plutôt que tous les batiments corsai-
» res de ce port en sortaient ou se préparaient à en sor-
» tir. J'ai lieu de croire que ces batiments n'approche-
» ront point des côtes de France, et que ce ne sera pas
» à nous cette année qu'ils donneront à la mer lieu de
» se plaindre ; mais il y a toujours à craindre quand ils
» ils sont dehors, et, ne fut-ce qu'un plaisir pour vous,

» Messieurs, de savoir ce qu'ils font, je me serais tou-
» jours fait un devoir de vous apprendre leur départ.

» Des lettres que les Maures de la galiote ont écrites
» ici par patron Benet, arrivé le 22 novembre, et des in-
» sinuations fort malignes qui y ont été faites dans le
» temps de son arrivée, ont causé bien du tapage; tout
» a été apaisé et semble l'être encore. Nous attendons
» de part et d'autre l'arrivée de la galiote pour voir qui
» a tort; et je compte fort, qu'à son retour, je me ferai
» faire satisfaction des mensonges des Maures et de la
» malignité de ceux qui les ont appuyés.

» J'ai reçu, le 19 du passé, une lettre du patron Etienne
» Besse d'Agde, par laquelle il me donne avis de Bougie,
» le 15, qu'étant parti d'Oran, le 8, pour aller à Cartha-
» gène, un vent de Nord-Ouest le prit si violemment à
» quinze lieues en mer et l'a tellement tourmenté de-
» puis, que la nuit du 13 au 14, il a été forcé d'abandon-
» ner son bord et de se jeter lui et son équipage dans la
» chaloupe, avec laquelle ils sont entrés le matin à Bou-
» gie; il ne me marque pas qu'il ait rien sauvé; lorsqu'il
» sera ici, où je l'attends chaque jour, je tirerai de lui et
» de ses gens tous les éclaircissements que je pourrai,
» et ne manquerai pas de vous en faire part, Messieurs,
» par la première occasion, pour que vous en fassiez
» l'usage que vous jugerez à propos.

» Je suis très-parfaitement...... »

____

« Alger, le 20 janvier 1836.

» MESSIEURS,

» Patron Besse, dont j'ai eû l'honneur de vous parler
» dans ma dernière, est arrivé ici le 12 avec son équi-
» page. La dépense que ces gens vous occasionneraient,
» s'il fallait attendre l'occasion de quelque batiment
» Français, l'utilité dont ils peuvent être en France, le

» dommage dont il leur serait de rester ici plus long-
» temps, et la crainte des affaires que des matelots
» désœuvrés sont toujours très-propres à attirer, tout
» cela m'a fait prendre le parti de les embarquer sur
» une gabarre du Consul de Suède, qui s'est chargé de
» les faire remettre à Marseille aux conditions portées
» par le traité ci-joint. J'espère que vous m'approuve-
» rez et que vous voudrez bien, Messieurs, faire payer à
» l'ordre du Consul de Suède le billet que je lui ai donné
» des sommes mentionnées au traité.

» J'envoie à M. de Gérin la déclaration que patron
» Besse et son équipage m'ont faite de leur naufrage;
» j'y joins leur rôle et leur patente, qui sont les seuls
» papiers qu'ils ont dit avoir.

» Je vois avec peine que ces naufragés vous couteront
» beaucoup; le caïd de Bougie a fait payer bien cher les
» secours qu'il leur a donnés, et il n'y a pour vous dé-
» dommager que la chaloupe dans laquelle ils se sont
» sauvés; elle est encore à Bougie; le caïd voudrait
» qu'on la lui donnât pour douze piastres; mais comme
» patron Besse m'a dit que d'autres personnes sur le
» lieu lui en ont offert quarante, j'ai trouvé que tant de
» différence valait bien qu'on la fit venir ici. Je ferai de
» mon mieux pour qu'elle y soit bien vendue, comme
» pour vous marquer en toutes occasions que je suis
» très-parfaitement, etc...... »

« Alger, le 30 juin 1736.

» Messieurs,

» Quoique j'imagine que vous n'êtes maintenant que
» trop instruits que l'affaire des gens de la galiote ne
» s'est pas terminée comme j'avais lieu de l'espérer,
» néanmoins, pour satisfaire à la curiosité que vous me
» marquez, Messieurs, d'en savoir la fin en détail, et

» comme aussi je crains que cet étonnement de votre
» part provienne particulièrement des querelles qu'il
» m'est revenu que deux de mes anciens se plaisent à
» me faire, même sur des choses qui ne méritent cer-
» tainement pas leur attention, je crois vous devoir dire
» quelque chose, Messieurs, de la manière dont les cho-
» ses ont tourné.

» Je sais bien qu'une personne ici m'a dit que j'aurais
» dû faire un présent au Caznadar à son retour de Tu-
» nis (1), et que cette personne a pu se croire d'au-
» tant mieux fondée, qu'il est vrai que, dans la première
» visite que je fis à cet officier sur son heureuse arri-
» vée, un juif, *son Consul*, demanda au Drogman où
» était mon présent, et lui dit que j'en devais un, que
» tous en avaient fait. Mais, outre qu'un présent fait
» dans une occasion comme celle dont il s'agit est trop
» servile, et tire à trop de conséquence, c'est que le Con-
» sul d'Angleterre n'en a certainement pas donné, ni
» peut-être aussi celui d'Hollande, et que, suivant ce
» que j'ai su de la manière dont MM. Martin, Holden et
» Logie en ont usé, je vous aurais fait dépenser cin-
» quante sultanins sans aucunement me distinguer.
» D'ailleurs, ayant alors (ce n'est que le 17 novembre
» que le Caznadar est revenu de Tunis) le Dey, je puis
» dire aussi toute sa maison pour moi, et m'attendant à
» voir journellement arriver les gens de la Galiote, et
» point du tout de leurs lettres, ou tous les mensonges,
» toutes les insolences imaginables se trouvaient ras-
» semblées, je ne devais pas imaginer que le Caznadar
» prendrait occasion de ces lettres pour protéger des
» coquins que tout le monde, pour ainsi dire, avait con-
» damnés. D'ailleurs, je n'ai pas quitté le Dey, même les
» jours ou il a le plus marqué d'impatience, qu'il ne
» m'ait promis satisfaction. Il disait seulement quelque-

---

(1) Les Algériens avaient pris Tunis dans la nuit du 3 au 4 septembre 1735, et y avait fait un gros butin,

» fois, qu'on continuait en France à trop bien châtier
» ces gens, pour qu'il put les traiter comme il aurait
» fait, si on les lui eut renvoyés plus tôt; mais tou-
» jours il assurait qu'il les traiterait de façon qu'ils
» n'eussent pas envie de récidiver; et, même, le jour de
» leur arrivée, il m'a encore promis d'en faire un exem-
» ple. Mais, le lendemain, quand ces gens-là sont venus
» avec leurs parents et leurs protecteurs, quand ils ont
» eù juré que ce qu'ils avaient écrit et ce qu'ils rappor-
» taient était vrai, cela, joint à cinquante bruits qui
» avaient couru pendant l'intervalle de leur retour, com-
» mença de changer les dispositions du Dey; il y eut
» alors des gens assez insolents pour demander où
» étaient les hommes que l'équipage de la galiote avait
» pris, et il n'en manqua pas, comme vous le jugez bien,
» qui conclurent à de gros dédommagements. Le Dey
» cependant ne m'a jamais guère parlé sur ce ton que
» comme en badinant et pour récriminer; il commença
» alors de changer, comme je viens de dire, et, consé-
» qemment, il refusa de tenir toutes les paroles qu'il
» m'avait données. Les principales raisons dont il s'est
» servi étaient que l'éloignement infini des lieux avait
» donné moyen d'en imposer au ministre; que, suppo-
» sant même ces gens coupables, si on n'avait pas jugé
» les lui devoir renvoyer sur le champ, dans la con-
» fiance qu'il les chatierait, du moins on ne devait pas
» les retenir si longtemps, et que, si on l'avait voulu
» faire, du moins on ne pouvait pas demander les dé-
» penses faites pour eux pendant un temps qu'on leur
» avait fait perdre; il soutenait ensuite qu'il renverrait
» sur le champ des Français pris en flagrant délit sur
» les côtes de son pays; il a quelquefois aussi pris ou
» feint de prendre feu sur ce que ces gens avaient été
« mis à la chaîne et dessus les galères; de ce qu'on les
» avait fait travailler et ramer, et, pour vous épargner
» un détail peut-être plus long que celui que vous de-
» mandez, Messieurs, il m'a enfin dit, et répété que je

» ne m'inquiétâsse de rien, qu'il était ami du Ministre,
» et qu'il accommoderait tout avec lui; de sorte que,
» tout ce que j'ai pû faire s'est réduit à ce qu'au moins
» le Dey écoutât tranquillement mes remontrances; qu'il
» respectât, reçut, et fit lire devant ses Grands Écrivains
» (chose à laquelle je me retranchai pour dernière res-
» source) une traduction en Arabe des pièces et du ré-
» cit des ordres qui m'avaient été envoyés, et qu'il re-
» tirât la permission qu'il avait donné au Reïs et à trois
» autres de la galiote d'aller à Marseille pour l'y vendre
» ou la ramener, ce que je n'avais connu que trop pro-
» pre à donner de nouveaux embarras, vu surtout l'im-
» pudence de Mamet, et que ces gens là portaient avec
» eux si peu d'argent, que le Dey m'avait demandé le
» passage gratis et qu'eux me faisaient solliciter de les
» recommander pour qu'ils trouvassent à Marseille un
» logement et les secours dont ils pourront avoir be-
» soin. Je pense que sur ce récit, Messieurs, et sur la con-
» naissance aussi que vous avez de ce pays, vous trou-
» verez qu'il m'était comme impossible de faire mieux
» que je n'ai fait; on peut bien tenir les esprits échauf-
» fés en sa faveur pendant quelque temps; mais ici,
» comme ailleurs, ce feu passe avec le temps. Mamet,
» en différant par politique de venir, aurait au moins
» trouvé moyen d'apporter quelque tempérament à ses
» affaires. Jugez, s'il vous plaît, de l'avantage qu'il a pû
» en tirer, quand il a pû dire que ce délai avait été forcé,
» et que, tant qu'il avait duré, on l'avait, lui et ses gens,
» traité cruellement; le Dey lui-même aura crû qu'il ne
» pouvait pas ne se pas prêter, au moins en apparence;
» car vous savez les ménagements qu'il est obligé de
» garder aux impressions qu'on a voulu lui faire pren-
» dre, de sorte qu'on pourrait, ce me semble, dire que
» tout le mal est venu de l'espèce d'impossibilité qui
» s'est rencontrée à ce que la galiote revint ici plus tôt,
» impossibilité qu'on n'y a pas voulu reconnaître, pour
» vous montrer qu'il n'a pas tenu à moi que néanmoins

» on le fit. Je joins ici copie d'un mémoire que j'ai déli-
» vré en même temps que les traductions des pièces et
» qui était comme une résomption (1) de plusieurs rai-
» sons que j'avais précédemment données,

» Je souhaite infiniment, Messieurs, que vous en
» soyez contents.

» Les trois paquets que j'avais compté vous envoyer
» pour Monsieur le Comte de Maurepas, avaient été ou-
» bliés; je ne sais à quelle adresse M. de Jonville, qui
» s'était bien voulu charger de faire mes paquets, les
» mit; mais toujours ils ont été reçus.

» Il n'y a point en ce pays de nouvelles intéressantes;
» il en court beaucoup qui le seraient, si elles étaient
» vraies; tantôt la France, plus souvent l'Espagne, quel-
» quefois l'une et l'autre ensemble, quelquefois aussi ces
» deux Puissances, jointes à l'Empereur, et l'on m'a
» même aussi dit un jour au Portugal, doivent venir ici
» faire des descentes, s'emparer du pays, ou bien com-
» bler le port, ou seulement jeter des bombes; à ces
» bruits; le Dey feint de n'avoir pas peur, les fanfarons
» du pays se donnent l'essor, les Maures courent à leurs
» jardins; les Juifs en cherchent à louer; le blé, le riz et
» les autres choses dont on peut faire provision augmen-
» tent de prix, et puis tout se remet, jusqu'à ce que
» quelque nouvelliste de plus fraîche date ait trouvé
» moyen d'accréditer d'autres chimères. M. Logie, qui
» en était un fonds toujours prêt, est parti le quatre de
» ce mois, comme vous aurez déjà pû l'apprendre, pour
» Tunis, où l'on ne doute pas, quoiqu'il en ait dit, et
» M. Gedda, qu'il ne soit allé négocier une paix avec la
» Suède. Il a prétendu qu'il ne s'agissait que d'aller ven-
» dre des canons à Ali Bey, et, pour les pouvoir trans-
» porter plus surement, il a même sû, sous des prétex-
» tes qui semblaient ne le pas regarder, et à la faveur
» de présents, de la valeur d'environ 23,000 livres,

____

(1) Pour : *un résumé*.

» apportés par M. Gedda, faire prolonger pendant près
» d'un mois une détention des bâtiments qui se trou-
» vaient dans ce port, détention dont deux de nos
» Français, capitaine Langlade et patron Roux, ont
» extrêmement souffert; mais une preuve qu'il a voulu
» donner le change, c'est qu'un Consul de Suède n'irait
» pas porter des canons à Tunis, dans le temps que sa
» couronne serait en guerre avec ce pays là, nonobstant
» qu'il ait emporté des lettres de recommandation du Dey;
» je ne compte pas qu'il réussisse dans sa négociation;
» les Consuls étrangers y avaient, m'a-t-on dit, fait à
» l'avance naître des difficultés; sans doute ils conti-
» nueront, et, d'ailleurs, m'a-t-on ajouté, Ali veut
» extrêmement, autant que la Suède a donné ici, et la
» Suède ne veut donner que très peu de chose en com-
» paraison; à peu près comme a fait la Hollande avec
» Tunis même.

» Je suis, etc. »

————

« Alger, le 7 avril 1736.

» MESSIEURS,

» J'ai eû l'honneur de vous écrire, il y a plus d'un
» mois; mais, comme le bâtiment qui devait porter ma
» lettre a changé de destination, et que j'ai été obligé de
» me servir de l'occasion d'un bateau de ce pays, qui
» allait à Bône, et que les temps contraires ont retenu
» longtemps, et même une fois obligé de revenir dans ce
» port, je crains fort que vous n'ayez crû avoir juste
» sujet de me taxer de négligence. Vous connaîtrez
» par la lettre dont je parle que ce n'avait été rien moins
» que cela qui m'avait empêché de vous faire plutôt ré-
» ponse, et je vous prie d'être bien et pour toujours
» persuadés de mon empressement à m'acquitter de
» tout ce que je vous dois.

» Je fais embarquer sur patron Roussin deux Fran-
» çais, que le Dey a rendus il y a trois jours ; ils avaient
» été pris sur une galiote espagnole, passant d'Alicante
» à Oran. Ceite galiote, attaquée par Issouf Raïs, com-
» mandant un brigantin de 80 hommes et par deux ga-
» liotes, après s'être bien défendue, avait été obligée de
» se rendre, et, comme plusieurs Algériens avaient été
» tués ou blessés dans l'action, comme d'ailleurs quel-
» ques brigantins d'Ivice avaient enlevé depuis peu sur
» la côte plusieurs bateaux de blé, et comme encore tout
» ce qui a rapport à Oran devient tous les jours de plus
» en horreur dans ce pays, M. de Jonville, qui, à mon dé-
» faut, parceque je suis encore dans une impossibilité
» presque totale de sortir (1), M. de Jonville, dis-je, qui
» s'est donné tous les mouvements nécessaires en cette
» occasion, y a trouvé des difficultés auxquelles nous
» ne nous serions jamais attendus ; un des Français
» avait eû le bonheur de cacher les deux patentes ; mais,
» comme Issouf prétendait trop bien les avoir fouillés
» (l'on peut juger à quelle intention) pour que ces pa-
» tentes lui eussent échappé, l'on a voulu soutenir
» qu'elles étaient fabriquées ici ; les emportements du
» Dey ont été inexprimables, et ceux du Cazenadar, qui
» était intéressé pour un quart dans la prise, ainsi que
» l'Écrivain des chevaux, ont encore été plus loin ; ils
» veulent toujours se persuader que les Français doi-
» vent se joindre aux Espagnols pour venir détruire ce
» pays ; les nouvelles, ont-ils dit à M. de Jonville, qu'ils
» en ont, sont bien détaillées et certaines, et de là quelles
» menaces n'ont-ils pas fait et quelles malédictions
» n'ont-ils pas données au nom Français. Ils ont juré
» qu'ils ne rendraient plus aucun Français qui se trouve-
» rait dans le cas de ceux en question. Dans l'appréhen-
» sion qu'ils ne veuillent tenir parole, et que cela n'en-

---

(1) M. Taitbout était alité depuis plusieurs mois, souffrant de douleurs rhumatismales.

» traîne des suites préjudiciables au bien du commerce,
» j'ai l'honneur d'en écrire à M. le Comte de Maurepas,
» afin que, s'il le juge à propos, il ordonne à tous les
» Consuls d'Espagne et d'Italie d'obliger les Français qui
» voudront passer de leur Échelle en d'autres endroits,
» particulièrement à Oran, de ne s'embarquer que sur
» des bâtiments de la Nation ; peut-être, Messieurs, vous
» jugerez ma représentation convenable, et j'espère
» qu'en ce cas vous l'appuyerez d'autant plus volontiers
» que, par ce que vous apprendrez des deux Français
» que j'ai l'honneur de vous envoyer, vous connaîtrez
» que l'intérêt général est souvent compromis pour des
» gens qui, très-assurément, n'en valent guère la peine;
» l'un de ces Français est établi depuis sept ans à Ali-
» cante et s'y est marié; l'autre y est seulement établi
» depuis trois ou quatre ans.

» Patron Roussin va charger à Bône, et de là à Mar-
» seille, et, peut-être un bâtiment que M. Martin charge
» ici, arrivera plutôt que lui ; mais je n'ai pas laissé que
» de le préférer, parceque ce pays est toujours turbulent
» et qu'il est trop à craindre souvent qu'on ne s'y re-
» pente d'avoir bien fait. D'ailleurs, c'est que les gens de
» la galiote étant venus hier chez moi pour la troisième
» fois depuis peu, et, ayant plus d'un quart d'heure fait
» tapage, j'ai été enfin obligé de les faire sortir. Sur les
» plaintes qu'ils en ont été porter au Dey, il a trouvé que
» j'en avais beaucoup trop fait et s'est répandu dans de
» très-grandes menaces, de sorte que j'appréhenderais
» que ces gens ne fussent en quelque risque.

» Je suis, etc. »

————————

« Alger, le 12 septembre 1736.

» MESSIEURS,

» Permettez-moi je vous prie, de vous envoyer les let-
» tres ci-jointes pour que vous ayez la bonté de les faire

» passer à leurs adresses par les premières occasions.
» Nous sommes menacés ici d'une très longue déten-
» tion; les petits corsaires commencent déjà à sortir, et
» le premier vaisseau partira, dit-on, dans quinze jours.
» L'Amiral est mort dans les derniers jours d'août; un
» renégat, nommé Soliman Partal Reïs lui a succédé et
» je compte qu'il sera bien moins méchant homme que
» son prédécesseur.

» Il m'est échappé dernièrement de vous informer,
» Messieurs, que la chaloupe laissé par le patron Besse,
» à Bougie, était vendue; quoique l'on ait pu faire, il n'a
» pas été possible d'en tirer plus de dix-sept piastres de
» ce pays, et nous n'avons pas jugé qu'il convint de l'ex-
» poser plus longtemps à se gâter, ni de risquer les frais
» de la faire venir ici, dans l'espérance qu'elle y serait
» mieux vendue.

» J'ai l'honneur d'être, etc. »

Alger, le 3 novembre 1736 (résumé).

M. Taitbout annonce à MM. les Échevins que *les cinq vaisseaux, qui restent maintenant aux gens de ce pays sont tous à la mer ;* ils ont mis à la voile du 22 au 29 octobre. — Il s'est vu obligé de faire quelques petits présents à l'occasion de la promotion du nouvel Amiral.

« Alger, le 27 novembre 1736.

» Messieurs,

» L'affaire de la galiote n'aura point de suites, au moins
» pour un temps, le Ministre paraissant vouloir bien
» croire, que j'ai fait ce qui se pouvait quant à la négocia-
» tion, et l'a mise de côté comme tant d'autres.

» Les gens à qui cette galiote appartient pourront bien
» l'envoyer chercher à Marseille, parce qu'ils trouvent
» qu'on n'y en offre pas assez ; le Dey a dit qu'il ne s'en
» voulait plus embarrasser et qu'ils fissent comme ils le
» jugeraient à propos.

» Quant à l'emportement dans lequel le Dey était entré
» au sujet de Mamet Raïs (1) et de quelques autres que
» j'avais chassés de la maison consulaire, non seule-
» ment, comme Messieurs l'ont présumé, il n'en était
» plus question au moment qu'ils m'écrivaient, mais
» même dès deux mois auparavant ; je l'ai jugé de cho-
» ses qui m'ont été dites de la part du Dey, et d'autres,
» qui m'ont été rapportées, lesquelles m'ont d'autant
» mieux persuadé, qu'il a joint quelques effets aux dis-
» cours. Toutes les suites de cet emportement auront
» donc été et seront que, après que mes confrères au-
» ront obtenu de suivre l'exemple que je leur avais donné
» de porter une épée, je suivrai celui qu'ils se sont trop
» hatés de me donner pour la quitter ; car je puis vous
» assurer, Messieurs, que, sans leur trop grande préci-
» pitation, il n'en aurait pas même été cela, et que l'usage
» que j'avais établi durerait encore.

» C'est à vous seuls, Messieurs, à qui j'ai l'honneur de
» dire ceci ; j'estime qu'on ne saurait être trop attentif à
» ne rien laisser échapper qui soit au désavantage de
» personne ; mais vous souhaitez de savoir ce qui se
» passe ; il est nécessaire que vous le sachiez, et une
» chose entraîne l'autre. Je sais que, loin qu'il convienne
» de s'entêter sur des distinctions et autres choses qui
» très-souvent ne sont que de pures vétilles, ou n'inté-
» ressent que la personne du consul, il suffit de se mé-
» nager de ces différents cotés là du mieux qu'on le peut ;
» il est des occasions ou il les faut sacrifier ; il ne s'agit
• alors que de faire ce sacrifice avec le plus de bien-
» séance qu'il est possible, et d'une façon à en tirer

---

(1) V. la notice.

» parti pour d'autre chose; en un mot, que l'objet d'un
» consul est le bien du commerce, et que c'est là que
» tout ce qu'il dit et tout ce qu'il fait se doit rapporter.

   » Ce que j'ai fait distribuer des présents que vous
» avez envoyés a été d'autant mieux reçu que nous ap-
» prochons du Ramadan. Les chataignes surtout ont été
» fort fêtées. Le Dey en voyant celles qu'on lui apportait,
» s'est beaucoup récrié, et a dit, comme bien d'autres
» l'ont fait, qu'il n'en avait jamais vu de si belles ni de
» si grosses; cela m'a fait prendre le parti d'en réserver
» un quintal, que j'ai fait mettre dans du sable afin de les
» conserver et de les pouvoir donner à l'Amiral, qui est
» maintenant en course, et au Cazenadar, parti le 11 du
» mois passé pour aller devers Oran, tâcher d'y met-
» tre fin à des troubles qui duraient depuis longtemps
» entre le Bey et les Mores de ces quartiers là.

   » Chériff, Raïs d'une corvette sortie il avait deux mois
» et demi, est rentré le vingt sans prises, et le vaisseau
» du Beilik est revenu hier, 66e jours d'après son départ,
» n'ayant pour tout butin que 250 sacs de blé qu'il a,
» près de Madère, enlevé d'un bâtiment que l'équipage
» avait abandonné pour se sauver.

   » J'ai l'honneur d'être, etc. »

———————

Alger, 15 avril 1737 (résumé).

M. Taitbout annonce à MM. les Échevins, que les
trois vaisseaux sur le compte desquels les Algériens
étaient si fort en peine, les ayant crû pris par les Espagnols, sont rentrés à la fin de mars, accueillis avec une
grande allégresse, bien qu'ils ne ramenâssent aucune
prise.

———————

« Alger, le 27 mai 1737.

» MESSIEURS,

» J'ai reçu le 29 avril la lettre que vous m'avez fait
» l'honneur de m'écrire le 26 mars. Je souhaiterais fort
» que ma santé me permit d'y répondre et de continuer à
» vous informer de ce qui peut mériter ici votre atten-
» tion; mais je souffre d'une façon si extraordinaire de-
» puis six semaines, que je suis forcé de me priver de
» cet honneur (1); je ne saurais cependant, qu'au moins
» je vous apprenne, Messieurs, que le Dey a paru
» aussi charmé qu'édifié de la charité et de la généro-
» sité que vous avez exercées envers les esclaves que
» vous avez eû la bonté de faire passer ici; il a dit plu-
» sieurs fois que c'était un procédé de vrais amis. Le
» capitaine Gippier n'a rien demandé au delà des provi-
» sions que vous lui aviez fait donner pour les esclaves
» passagers.

» J'ai l'honneur d'être, etc. »

« Alger, le 4 août 1737.

» MESSIEURS,

» Je vous suis infiniment redevable de la part que
» vous voulez bien prendre à ma santé; heureusement,
» la nature et un régime tout contraire à celui qui m'a-
» vait d'abord été conseillé, m'ont guéri de l'incommo-
» dité qui m'était survenue, et que l'insuffisance des
» docteurs de ce pays n'avait d'abord fait qu'augmenter.

» J'ai déjà eû l'honneur de vous mander, Messieurs,

---

(1) Les lettres particulières de M. le chancelier de Jonville, nous
apprennent, en effet, que M. Taitbout était accablé de rhumatismes, qui
malgré son énergie, le mettaient souvent hors d'état de continuer
son service.

» combien le Dey avait été touché de la charité et de la
» générosité que vous avez exercées envers les Maures
» que vous avez bien voulu renvoyer ici (1) ; plusieurs
» de ces gens là, répandus dans la ville, et dont quel-
» ques uns y sont resté, en ont parlé chacun de leur
» coté, et cela, comme vous vous y êtes justement at-
» tendu, a produit un très-bon effet.

» Un d'entre eux surtout, qui se dit parent du Caze-
» nadar, a fait merveille. C'est un grand garçon, qui
» s'est sauvé l'hiver dernier des galères d'Espagne ; à
» peine débarqué, il a couru à la maison du Dey, et il y
» a conté en présence du Dey, du Caznadar, des quatre
» Grands Écrivains et autres Officiers du Gouvernement
» l'histoire de son évasion des galères, de ses peines
» pour sortir d'Espagne, de son arrivée en France, de sa
» traversée jusqu'à Marseille, et enfin de tout le bon
» traitement qu'il y a reçu ; cela venant à la suite du
» reste, en a paru valoir plus encore ; c'a été regardé
» comme la parfaite conclusion d'une aventure très inté-
» ressante, et si bien, que, votre générosité servant
» d'exemple à celle du Dey et du Caznadar, ils ont entre
» eux deux donné 50 à 60 sequins au fidèle historien ; ce
» qui a parfaitement couronné l'œuvre pour lui, l'a mis
» en état de paraître deux jours après, vêtu comme un
» petit seigneur, et lui a donné lieu de bénir encore da-
» vantage cette bienheureuse terre de France, où, le
» pied une fois mis, il avait secoué toutes ses misères,
» et tout à coup passé dans un état de félicités qu'il
» voyait accroître chaque jour. Agréez, Messieurs, s'il
» vous plaît, que je vous marque ma reconnaissance
» particulière de ce que vous avez bien voulu faire
» dans l'occasion dont il s'agit ; cela m'a mis en état de
» vous mieux servir ; j'ai chargé le Drogman de bien

(1) Ces Algériens avaient été pris à Collioure, où la tempête les
avait jetés ; on les envoya à Marseille, où l'amirauté s'en saisit pour
les mettre sur les galères ; les Échevins les réclamèrent et les firent passer à Alger.

» faire sentir, entre autres choses, de quelle manière
» vous vous y preniez, lorsqu'il s'agissait de gens avec
» qui la générosité pouvait être placée; que, bien loin
» qu'il s'agit alors de services surpris et forcés, il ne fal-
» lait pas seulement vous exciter; de vous-mêmes, Mes-
» sieurs, vous faisiez infiniment plus qu'on ne pouvait,
» non pas attendre, mais désirer.

» Le Chériff, parti de ce port le deux mai, est rentré le
» 31 du passé avec deux prises, qu'il a faites dans le ca-
» nal d'Angleterre; l'une est une petite flute Danoise,
» l'autre une flute de Lubek; on estime qu'elles ne pro-
» duiront pas moins de 20,000 piastres; il y avait sur la
» première un jeune Français nommé Butault, neveu de
» M. Butault consul à Bergues, ou il s'était embarqué;
» à peine eut-il mis pied à terre, qu'il fut conduit devant
» le Dey, qui l'envoya à la maison consulaire sans que
» j'eusse fait aucune démarche, puisqu'on y ignorait
» encore qu'aucun chrétien eut été débarqué.

» J'ai l'honneur d'être...... »

Alger, le 7 août 1737 (résumé).

M. Taitbout informe MM. Les Échevins qu'il a découvert des nouvelles fraudes pour éviter le paiement des
droits; ce commerce illicite se fait comme toujours par
l'intermédiaire de Français, qui consentent à servir de
prête-noms pour les expéditions de marchandises;
M. Natoire, ex-chancelier, se trouve mêlé à cette affaire
véreuse, dont la découverte a été due au protèt d'une
lettre de change tirée sur MM. Meichens par le sieur
Naftaly Busnach (1), marhand juif d'Alger. — Le Consul
ajoute qu'il rapatrie M. Butault, dont il a été question
dans la lettre précédente.

---

(1) Très probablement le grand-père de celui qui devait, soixante
ans plus tard, jouer un rôle si important et finir d'une façon si tra-
gique.

Alger, le 3 décembre 1737 (résumé).

M. Taitbout annonce à MM. les Échevins qu'il n'a pu obtenir aucun éclaircissement de la part du Juif Naftaly Busnach, dont il est question dans la lettre précédende ; il n'a pas voulu *desserrer les dents*. Messieurs de la Chambre feront bien d'entendre à ce sujet M. de Jonville qui est parti le 26 novembre pour Marseille, ou il va passer quelque temps, et qui est très au courant de l'affaire.

———

« Alger, le 4 décembre 1737.

» MESSIEURS,

« J'avais compté vous informer de la malheureuse
» affaire arrivée à M. Pillot, (1) affaire qui intéresse tous
» les Français qui sont ici, et à laquelle, en mon particu-
» lier, j'ai du prendre et j'ai pris toute la part imaginable ;
» mais le détail aurait pu vous en paraître long, et cer-
» tainement vous l'eussiez trouvé affligeant.

» M. de Jonville, au reste, a dit qu'il vous le ferait, et
» s'est chargé de vous entretenir aussi de plusieurs
» autres choses, dont quelques-unes pourront être
» comme le contre-poison de celle-ci, parce que vous
» verrez que, si on a lieu de se plaindre d'un côté,
« de l'autre il y a lieu d'être content. M. de Jonville n'aura
» pas beaucoup de nouvelles à vous rapporter.

———

(1) Le 31 octobre 1737, M. Jean Antoine Piloti, prêtre de la Mission, fut arrêté par les Noubadjis de la Casbah, qui le traînèrent devant le Dey, en l'accusant d'avoir voulu prendre le plan de la forteresse. Le Consul, quoique sollicité d'agir par M. le Vicaire-Apostolique Faroux, s'en rapporta au Drogman, dont l'opinion fut qu'il n'y avait rien à craindre. Cependant Ibrahim condamna le malheureux à recevoir quatre-vingt coups de bâton sur la plante des pieds, et la sentence fut exécutée immédiatement avec tant de violence, que le patient en resta longtemps estropié. Beaucoup de personnes crurent que M. Taitbout eut pu agir plus énergiquement.

» De deux galères sorties depuis que j'ai eû l'honneur
» de vous écrire, l'une, bien heureuse d'être échappée à
» une barque Espagnole, est rentrée sans prise, le Raïs
» Issouf ayant le bras cassé, et l'autre, ayant rapporté
» quelque butin, n'est pas ressortie depuis ; la corvette de
» l'Écrivain des chevaux, sortie depuis le vingt septem-
» bre, donne ici de l'inquiétude ; les vaisseaux n'en
» donneront ni d'une part ni d'une autre ; ils ne sortiront
» point cette année ; le Dey lui-même me l'a dit. Une
» barque de l'Écrivain des chevaux est rentrée depuis
» quatre jours sans avoir rien fait, il n'en est pas de
» même d'un chebek appartenant à Issouf, dont je viens
» de parler. Ce chebec, qui est aujourd'hui dehors pour
» la troisième fois depuis deux mois, est rentré la pre-
» mière apportant dix-sept chrétiens, un batiment
» chargé de vin, et 150 piastres, et la deuxième, appor-
» tant douze chrétiens et laissant derrière elle une
» barque chargée de chataignes, mais que l'on croit in-
» terceptée par les vaisseaux de la Religion ou périe.
  » J'ai l'honneur d'être, etc. »

———————

« Alger, le 9 janvier 1738.

» MESSIEURS,

  » Le chebek du nommé Issouf Raïs, dont j'ai eû l'hon-
» neur de vous parler dans ma lettre du trois du passé,
» a depuis encore amené deux prises assez considéra-
» bles pour un batiment de cette espèce ; les autres
» petits batiments n'ont rien fait, où, du moins, très peu
» de choses ; même, une barque de l'Écrivain des che-
» vaux est rentrée le deux du mois dernier sans prises ;
» cela avait étonné, la fortune ayant coutume d'accom-
» pagner les bâtiments de cet Écrivain, et fesait d'autant
» plus raisonner, que sa corvette étant absente depuis
» deux mois et demi, et les vaisseaux de Malte ayant

» couru dans ces mers, on la croyait enlevée ; mais
» il a été grandement dédommagé de ses disgrâces
» par le retour de cette même corvette, arrivée le vingt.

» Elle est revenue ayant à bord 38 hommes et 10 fem-
» mes, 6,400 monnaies d'or de 3 sequins chacune, et
» quelques marchandises et effets, le tout enlevé d'un
» batiment Portugais pris en vue des Açores. Ce bati-
» ment, qu'on estime valoir 18,000 piastres, avec le reste
» de sa cargaison, consistant en huile et en sucre, n'est
» pas encore arrivé, ayant eu chasse de deux vaisseaux
» de guerre Hollandais, ainsi que le corsaire ; il s'était
» comme échoué du coté de Tanger, et, les chaloupes de
» ces vaisseaux ayant été le remettre à la mer, il a été
» conduit à Gibraltar, où le Raïs de la corvette a de
» Tanger dépêché deux hommes pour le réclamer.

» Le Drogman étant mort dans la nuit du 27 du passé,
» j'ai, pendant cinq jours, fait inutilement tout ce que j'ai
» pu pour prendre un homme de poids, de capacité, et
» qui entendait le Français ; en un mot, tel que je savais
» et que chacun convenait qu'il le fallait ; mais le Dey,
» qui, sur de premières représentations, s'était emporté
» jusqu'à dire qu'il ferait sur le champ couper la tête à
» quiconque on lui nommerait, ou qu'il saurait avoir réu-
» ni des vues pour être Drogman, et à qui il avait fallu
» me contenter de demander quelques jours pour qu'il pût
» lui-même faire mieux ses réflexions, n'a pas été plus
» touché des secondes représentations que je lui ai
» faites ; et comme les plus grands d'ici, sans oser seule-
» ment avoir un entretien avec moi, se contentaient de
» me faire dire qu'ils entraient dans mes raisons et dans
» mes peines, il m'a fallu enfin recevoir un jeune rené-
» gat, créature du Dey, qui ne sait pas un mot de fran-
» çais, et parle à peine quelques mots Turcs ; j'ai pris
» un homme pour lui apprendre l'une et l'autre langue,
» et tâcherai d'ailleurs de tirer de lui le meilleur parti
» que je pourrai ; la faveur que le Dey lui a si extraor-
» dinairement marquée m'en sera, je l'espère, un moyen.

» Le Dey a fait pis encore, il y a environ un an, avec le
» Consul Anglais; il ne voulut plus qu'un Drogman dont
» ce Consul était fort content continuât de servir, et le
» força de prendre un de ses rénégats, sans autre raison,
» sinon que l'un avait besoin, et l'autre non.

» J'ai l'honneur d'être...

» Les gens de Bougie, au lieu de piastres de ce pays là,
» ont envoyé des piastres de Constantine ou d'Alger; je
» l'ai fait représenter au Dey; il paraissait vouloir faire
» justice; mais les Grands Écrivains ont dit qu'on était
» encore bien heureux des les avoir pù tirer telles
» qu'elles étaient, et il a dit comme eux. »

Alger, le 16 mai 1738 (résumé).

M. Taitbout informe MM. les Échevins que les corsaires continuent à ravager les côtes d'Espagne et d'Italie; il leur annonce que M. Michel (1), prêtre de la Mission est venu à Alger pour remplacer M. Pillot; on attend journellement les vaisseaux qui sont en course et il est arrivé un vaisseau suédois, chargé de divers présents utile à la marine, tels que goudron, fers, cordages, etc. Les vaisseaux Hollandais, chargés des présents des États, sont attendus de jour en jour et d'autant plus impatiemment qu'on dit que ces cadeaux seront fort riches.

« Alger, le 24 mai 1738.

» MESSIEURS,

» La corvette de l'Écrivain des chevaux est rentrée il
» y a trois jours sans prises, bien qu'elle ait couru jus-

---

(1) Nicolas Jean Michel; il arriva le 8 avril 1738, pour remplacer M. Piloti, qui était parti le 28 novembre 1737, encore souffrant de la bastonnade qu'il avait reçue.

» qu'aux Iles Canaries ; hier, Issouf est revenu avec ses
» deux chebeks, amenant vingt Chrétiens qu'il a pris
» dans les mers d'Italie ; ce sont les équipages de trois
» bâtiments que ce corsaire avait enlevés, mais que
» deux barques Génoises armées l'ont forcé d'abandon-
» ner, laissant plusieurs de ses gens dessus. Il n'en fait
» monter le nombre qu'à vingt-quatre. Mais on croit gé-
» néralement qu'il y en avait davantage.

» J'ai l'honneur d'être, etc. »

« Alger, le 10 juin 1738.

» MESSIEURS,

» J'ai eû l'honneur de vous écrire par un batiment
» parti d'ici le 26 du mois passé ; deux jours après sont
» arrivés quatre Pères Rédempteurs Espagnols de
» l'ordre des Trinitaires Déchaussés, qui sont repartis
» la nuit dernière, ayant acheté 164 personnes et laissé
» de leur argent au Beylic plus de 53,000 piastres sévil-
» lanes. Les Rédempteurs partis le 11 février lui en
» avaient laissé du leur tout près de 91,500 (1).

» Il n'y a rien de nouveau par rapport aux corsaires
» de ce port ; j'aurai donc seulement, Messieurs, l'hon-
» neur de vous dire qu'Issouf Raïs s'est depuis trois
» jours remis en mer, montant une demi-galère, qui lui
» appartient, et que celle du Beylik étant prête à sortir
» le 26 du passé, elle eut ordre de désarmer sur le
» champ, et qu'Ali Raïs, qui la commandait, fut non
» seulement dégradé de ce commandement, et de celui
» d'un des deux vaisseaux du Beylik, dont il était Raïs
» depuis plusieurs années, mais qu'il se trouva même,

---

(1) C'est à cette date que furent délivrés MM. de Saldecagne et
d'Aregger, le premier moyennant 22,000 piastres, le second moyennant 10,000.

» afin d'éviter les premières fureurs du Dey, dans l'obli-
» gation de se cacher; son vikilargy du vaisseau, qui
» n'avait pas pris la même précaution, fut arrêté, et
» reçut devant le Dey 500 coups de baton. Le sujet de
» ces disgrâces est qu'une marmite de cuivre qui servait
» à l'usage du vaisseau, s'est trouvée perdue, ou, du
» moins, égarée. Ali Raïs n'est plaint de personne du
» pays, insigne parmi ceux que l'on nomme ici *forfants*;
» on ne lui marquait de la considération que parce que
» le Dey lui avait donné jusqu'alors une protection
» aveugle; quant aux Nations amies de cette Répu-
» blique, elles ne le plaindront point non plus. Il ne
» sortait point qu'il ne pillât tous les batiments Anglais
» qu'il pouvait joindre, et plus encore les Hollandais,
» avec les souverains desquels il souffrait bien impa-
» tiemment que le sien voulut rester en paix, et même,
» autrefois, tant sur mer que sur les côtes, il avait
» donné aux Français plusieurs sujets de se plaindre.
» Le capitaine du port m'a fort assuré qu'Issouf Raïs, le
» plus méchant peut-être de tous les méchants hommes
» qui se trouvent dans ce pays ci, ne tarderait pas à
» avoir le même sort qu'Ali.

» J'ai l'honneur d'être...... »

Alger, le 31 juillet 1738 (résumé).

M. Taitbout informe MM. les Consuls que les Corsaires sortis en mai et juin sont rentrés sans avoir fait de prise; il ne manque que Chérif Raïs que l'on croit perdu, *l'usage des corsaires étant de rentrer le cinquantième jour au plus tard, prise faite ou non faite;* il y a 90 jours qu'il est parti.

Lettre de M. Taitbout à MM. les Échevins et Députés de la Chambre de Commerce de Marseille

« Alger, le 3 août 1738.

» Messieurs,

» Ce matin sont partis d'ici trois vaisseaux de guerre
» hollandais, dont deux y étaient arrivés dès le cinq du
» mois passé, et l'autre seulement le 22. Le comman-
» dant des deux premiers, allant voir le Dey le 6, avait
» fait porter avec lui 5,215 piastres d'Espagne, produit,
» suivant un compte présenté, du batiment portugais et
» des marchandises restées à bord, et abandonnées
» l'hiver dernier vers Tétouan par la corvette de l'Écri-
» vain des chevaux ; et, deux jours après, il fit au Dey,
» au Cazenadar et autres de la part de MM. des États les
» présens dont la note est ci-jointe (1). Le Dey, en revan-

---

(1)　　　　　*Présents faits au Dey*

1/2 pièce de drap écarlate.
1/2 pièce de drap vert.
1 pièce de damas broché or et argent.
2 caftans de drap d'or.
2 morceaux d'étoffe très-riche, faits exprès pour servir à des coussins, et de cinq pieds chacun.
1 pièce de velours à deux envers, l'un violet, et l'autre rouge.
2 pièces de toile d'Hollande.
4 pièces de Cambrai.
1 couteau à manche d'or, garni de quelques diamans, lequel les Hollandais ont dit au Dey avoir coûté 2,500 écus.
1 diamant monté qu'on estime environ 1,000 écus.

　　　　　Présents au Caznadar

12 pieds de drap écarlate.
12 pieds de drap vert.
1 Caftan de drap d'or.
1 Caftan de velours.
1 pièce de toile d'Hollande.
2 pièces de Cambrai.
1 fusil.
Une paire de pistolets.

» che, a chargé le commandant de porter à Messieurs
» des États quatre peaux de Tigre, une de Lion, quatre
» Haïks des plus belles qu'on ait vu, quatre ceintures
» de soie, ornées d'or aux extrémités, un Cheval, un
» Lion et un petit Tigre ; et il lui a donné, de même qu'à
» l'autre Capitaine, deux haïks assez belles et deux
» peaux de Tigre. Le Caznadar, l'Écrivain des Chevaux
» et le Pétrimelgi ont aussi fait des présens particuliers
» au commandant ; le premier lui a envoyé deux peaux
» de tigre et une de lion ; le second une peau de tigre et
» une de lion, le troisième quatre peaux de tigre, et le
» Commandant a généreusement partagé ces présents,
» avec le capitaine du second vaisseau ; de cette façon,
» Messieurs, tout le monde a paru content, et les inquié-
» tudes qu'avaient prises Messieurs des États Généraux
» et qui ont occasionné l'envoi des vaisseaux en ques-
» tion et de présents si considérables semblent devoir
» être dissipées. L'on avait néanmoins dit d'abord que
» l'Écrivain des cheveaux trouvait que les 5,215 piastres
» n'étaient pas une somme suffisante ; mais il n'a pas con-
» tinué sur ce ton, et le Dey, sans avoir rien dit à ce
» sujet, n'a toujours montré d'ailleurs que beaucoup
» d'amitié et de satisfaction. Milord Beaucler, capitaine
» d'un vaisseau de guerre Anglais, venu ici les mains

Présents à l'Écrivain des Chevaux et à l'Aga des spahis

Tout ce que dessus, à l'exception du fusil et des pistolets.
Le Pétrimelgi,
Le Grand Cuisinier,
Le Petit Cuisinier,
Hassan premier officier de la Chambre du Dey,
Un jeune homme parent du Dey, ont tous eû des présens de
quelque considération.

Les Raïs, ayant vaisseau en état de naviguer, ou seulement sur le
chantier,
Chacun un caftan de drap.

L'on a fait encore quelques présens en drap à différentes personnes qui sont en faveur et qu'on a cru en état de servir, comme
Sidi Moraly et autres.

19

» vides, ne s'en est pas allé, a beaucoup près, si content
» que l'ont été MM. les Hollandais. Il a très-inutilement
» réclamé un chebek Anglais confisqué dans ce port et
» l'équipage fait esclave le deux mars, à l'occasion de ce
» que quinze esclaves (1), profitant ce jour-là du temps
» que le Capitaine et presque tous ses gens (les uns et les
» autres Minorquins) étaient à la messe, s'étaient empa-
» rés de ce batiment et mis en devoir de se sauver.

» J'ai l'honneur d'être... »

Alger, le 21 janvier 1739 (résumé).

M. Taitbout accuse réception des fruits, liqueurs et
confitures que MM. les Échevins ont envoyé pour qu'il
en soit fait des cadeaux aux Puissances. Il annonce que
M. de Jonville qui est de retour va envoyer les comptes
de l'année.

« Alger, le 30 novembre 1739.

» MESSIEURS,

» Le Dey persiste à ne pas donner aux vaisseaux cor-
» saires permission de sortir, et, d'autre côté, les eaux
» de ce port sont telles que ces vaisseaux y dépérissent
» infiniment; de six qu'ils sont, l'on en compte déjà
» trois comme hors d'état de faire à peine une cam-
» pagne. Les petits batiments n'ont guère plus de for-
» tune; plusieurs de ceux sortis depuis quatre mois

---

(1) Une lettre de M. de Jonville, du 27 juin 1739, nous apprend
que ces malheureux furent tous égorgés sur place, — le chebek fut
rendu en juin 1739, à la suite d'une lettre du roi d'Angleterre,
accompagnée d'un présent de 12,000 piastres.

» sont rentrés sans prise ; un d'eux, croyant avoir
» affaire à quelque vaisseau de guerre anglais, a été se
» jeter entre les mains d'un garde-côte Portugais, et ceux
» qui ont fait quelque chose, du moins n'ont rien fait
» de considérable, si ce n'est que, comme la plupart
» étaient des chebeks dont les armements ne coutent
» guère, une prise de peu de conséquence en effet n'aura
» pas laissé que d'être beaucoup pour eux ; comme pour
» dédommagement de ces disgraces, des Rédempteurs
» de Portugal arrivés le 27 du mois dernier et partis le
» 16 de celui-ci viennent de laisser ici bien de l'argent,
» ils n'avaient fait paraître que 13,000 cruzades d'or ;
» mais il fallait qu'ils en eûssent bien 2,000 de plus ;
» quoiqu'il en soit, il est revenu au Beylic de ce qu'ils
» avaient apporté 72,000 piastres et davantage ; ils ont
» emmené 176 esclaves, dont 165 rachetés et les onze
» autres affranchis par échange (1).
» J'ai l'honneur d'être, etc....»

« Alger, le 7 mars 1740.

» Messieurs,

» Je n'ai reçu que le 11 février la lettre que vous m'avez
» fait l'honneur de m'érire le 30 décembre ; en voici quel-
» ques-unes que je prends la liberté de vous recomman-
» der ; comme j'attends à chaque instant une polacre,
» qui, de retour de Tunis, doit me passer en France (2),
» où j'aurai l'honneur de vous informer de tout ce que
» vous voudrez bien que je vous apprenne de ce pays ci,
» je me borne pour le présent à vous assurer que je
» me ferai toujours honneur d'être, etc... »

---

(1) Le rachat complet couta 72,418 piastres.
(2) Pour le départ de M. Taitbout, voir la notice.

Lettres de M. de Jonville à MM. les Échevins et Députés du Commerce de Marseille.

« Alger, le 24ᵉ août 1740.

» MESSIEURS,

» Les suites de l'armement des galiotes n'ont pas été
» telles que Mamet Bey et d'autres l'attendaient ; elles
» arrivèrent le 17 du mois dernier fort épouvantées de la
» rencontre des brigantins de Naples, qui les ayant atta-
» quées, les obligèrent d'abandonner une polacre fran-
» çaise qu'elles avaient arrêtée vers la Gallipol, venant
» d'Alexandrie, et richement chargée pour le compte
» des Tunisiens ; quoique je croye que ce bâtiment ait
» pu se rendre à sa destination depuis le temps, son
» retardement aura dû occasionner du chagrin à la
» nation française de Tunis, et c'est ce que j'ai craint,
» et que, de toutes mes forces, j'eusse voulu empêcher,
» comme j'ai eû l'honneur de vous le mander.

» Le mauvais succès du projet de ces galiotes n'en
» fera certainement pas inspirer un nouveau pour ceux
» qui n'ont rien ménagé pour en venir aux fins qu'ils
» s'étaient proposées ; on éprouve aujourd'hui combien
» il est dangereux de se livrer trop aisément aux
» conseils des gens embarrassés, réduits à l'état d'in-
» certitude le plus extrême, perdus de tous côtés et
» dont l'unique ressource est de jouir de leur reste,
» sacrifier tout et tout compromettre.

» La peste continue toujours, mais avec un peu de
» diminution.

» J'ai l'honneur d'être avec un respect infini, Messieurs,
» votre très-humble et très-obéissant serviteur. »

« Alger, le 2 novembre 1740.

» MESSIEURS,

» J'ai reçu la lettre que vous m'avez fait l'honneur de
» m'écrire le 22 juillet dernier, et ai eû il y a un mois
» celui de vous rendre compte de l'apparence de la paix
» entre ce gouvernement et celui de Tunis, et de tout ce
» qui s'est passé ici au sujet de leurs brouilleries (1).

» Il n'y a plus à craindre de la part de ces galiotes cy
» des mouvements semblables au premier ; le Dey en a
» connu toute la conséquence à leur retour, et il y a
» lieu de croire que nos navigateurs seront en sureté de
» ce coté là ; soyez toujours persuadés, Messieurs, que
» je suis attentif à m'opposer à tout ce qui pourrait
» apporter du dérangement aux affaires du commerce,
» et que je ne négligerai aucune des occasions par les-
» quelles je pourrai vous faire part des moindres événe-
» ments qui vous intéresseront.

» Je joins ici mes comptes des seconde et troisième
» parties de cette année, et vous remercie très-humble-
» ment de la provision que vous avez bien voulu
» m'allouer sur les mille sequins vénitiens que je reçus
» en 1738 et que j'ai passés en dépense dans mon compte
» dudit quartier 1739.

» J'ai l'honneur d'être avec un respect profond, Mes-
» sieurs, votre très-humble et très-obéissant serviteur.

« Alger, le 4 janvier 1741.

» MESSIEURS,

» Depuis que j'ai eû l'honneur de vous écrire au sujet
» des naufrages dans ce port de trois bâtiments fran-
» çais, je n'ai eû d'occasion à en faire passer les équi-

---

(1) Voir la *Gazette de France* 1740, p. 315.

» pages en France que par le vaisseau suédois qui part
» demain pour Livourne et dont le Capitaine, à force de
» sollicitations, à bien voulu consentir à relâcher à Mar-
» seille pour les y laisser. J'ai convenu que je payerais
» quatre cent treize pataques pour 29 personnes qui
» composent partie de ces équipages, et que, si le vent
» contraire détenait ce vaisseau plus de temps qu'il ne
» faut pour les mettre à terre, et qu'à cette occasion, si
» messieurs de la santé lui envoyaient un bateau de
» garde, vous auriez la bonté, Messieurs, de payer les
» deux tiers des frais qu'il y aurait à faire sur le certi-
» ficat qu'en produirait Monsieur Martin, avec qui j'ai
» fait cet arrangement dans l'espérance que vous ne le
» désapprouveriez pas, s'agissant de procurer à des sujets
» de sa Majesté disgraciés, un plus prompt retour en
» France ; d'ailleurs je n'avais pas lieu d'attendre de les
» faire partir à moins de frais, et je voyais, d'un autre
» côté, qu'il était aussi difficile de contenir tant de mari-
» niers que très dangereux qu'ils ne mourussent de la
» peste dont les accidents sont à la vérité diminués
» considérablement, mais, malgré cela, sans apparence
» de cessation.

» J'ai fait faire pour ces personnes disgraciées une
» abondante provision de vivres ; j'espère qu'elles en
» auront encore assez pour partie de leur quarantaine.

» Le Dey et les Puissances, à qui j'ai fait part des pré-
» sents que vous avez envoyés, Messieurs, les ont reçus
» avec d'autant plus de plaisir que les fruits et les sucre-
» ries surtout sont venues dans un temps de Ramadan,
» où on les estime beaucoup ; tout est arrivé en fort
» bon état, et a été trouvé bien choisi. Je ménagerai
» autant qu'il me sera possible tout ce qui m'en reste.

» Je vous remercie très-humblement de la bonté que
» vous avez eue de faire compter à ma mère les trois
» cents livres qu'elle a pris la liberté de vous demander ;
» je passerai cette somme en recette dans le compte
» du dernier quartier de l'année passée, que j'aurai

» l'honneur de vous envoyer incessamment. Les Cor-
» saires sont presque tous sortis ces jours passés, et
» ont tiré du coté de l'Ouest ; ils sont au nombre de six ;
» trois Chebeks, deux Galiotes et un Pinque.

» J'ai l'honneur d'être très-respectueusement, Mes-
» sieurs, votre très-humble et très-obéissant serviteur.

» J'ai eû soin des lettres que vous avez bien voulu me
» recommander. »

« Alger, le 8 janvier 1741.

» MESSIEURS,

» J'ai l'honneur de vous envoyer ci-joint mon compte
» du dernier quartier de l'année passée, que j'accompa-
» gne des pièces justificatives ; vous y verrez que la
» dépense excède la recette de neuf cent soixante-huit
» pataques et trois temins, et que j'ai fait quelques
» donatives que j'ai crû nécessaires pour que les affai-
» res se terminâssent heureusement.

» M. Faroux (1) avait été informé de la dépense que
» j'avais faite en faveur du Caznadar et avait su que
» j'avais acheté des sirops et des confitures pour les
» occasions qui se présenteraient d'en donner ; il devait
» le certifier, mais la mort le surprit, ainsi que son
» second, avant que je pusse lui faire faire ces certifi-
» cats ; M. Martin, agent de la Compagnie, qui en a eû
» connaissance, y a suppléé par sa déclaration, que je
» joins ici.

» Le nouvelle femme du Dey ayant accouché d'un
» garçon, et les Consuls des nations Étrangères s'étant
» empressés de lui faire un présent à cette occasion, je
» n'ai pas crû pouvoir me dispenser de lui envoyer

------

(1) Vicaire-Apostolique ; il mourut de la peste en juillet 1740,
ainsi que les trois Pères attachés au service de l'hôpital.

» quelque chose dont la valeur eut une proportion entre
» l'infériorité de ma place et celle de Monsieur le Consul ;
» j'ai fait délibérer à ce sujet et il en a résulté que mon
» présent serait d'environ trois cent cinquante pataques.
» Monsieur le Consul d'Hollande a donné un caftan d'or,
» et y a joint des étoffes de soie et du drap pour plus de
» 700 pataques.

» J'ai l'honneur de vous envoyer ci-joint l'acte de
» délibération.

» J'ai passé en recette deux cent soixante six pataques
» et six temins, pour les 300 que vous avez bien voulu
» faire compter à ma mère, et ai évalué chaque pataque
» de vingt deux sols six deniers, qui est leur plus juste
» valeur.

» J'ai l'honneur d'être avec un respect infini, Messieurs,
» votre très-humble et très-obéissant serviteur. »

Alger, le 10 janvier 1741 (résumé).

M. de Jonville envoit un arrêté de compte relatif au
sauvetage de la polacre La Thérèze, de Marseille, et de
la polacre La Vierge de Bon Secours, de La Ciotat ; il
annonce qu'il rapatrie par un vaisseau suédois les équipages des deux bâtiments naufragés (1).

---

(1) *Lettre de M. de Maurepas à MM. les Échevins et Députés du commerce
de Marseille.*

« Versailles, le 12 janvier 1741.

» J'ai reçu, Messieurs, la lettre que vous m'avez écrite au sujet
» de la barque corsaire d'Alger qui a naufragé dans la plage de
» Bouc. Deux brigantins de la même nation ayant relâché dans le
» même temps à la rade de Marseille, il aurait convenu que vous

« Alger, le 13 janvier 1741.

» MESSIEURS,

» Je n'ai reçu qu'avant hier les lettres que vous m'avez
» fait l'honneur de m'écrire les 14 et 16 décembre der-
» nier par le capitaine Villecrose, qui m'a remis aussi

» eussiez fait embarquer dessus l'équipage de la barque naufragée,
» s'ils étaient assez grands pour le contenir.

» L'intention du Roy est que vous fassiez repasser incessamment
» cet équipage à Alger sur un bâtiment frêté exprès, s'il ne s'en
» trouve point de prêt à partir pour cet endroit, et que vous preniez
» les précautions nécessaires au sujet des armes, pour prévenir les
» accidents auxquels on est exposé avec de telles gens, et Sa
» Majesté approuvera que vous passiez dans le compte des avances
» que la Chambre fait pour son service ce qu'il en coutera pour la
» subsistance et le transport dudit équipage à Alger.

» Il convient que la Chambre envoie au sieur de Jonville l'état des
» dépenses qu'elle aura faites dans cette occasion pour en solliciter le
» remboursement, et, quoiqu'il y ait peu d'espoir de l'obtenir, il
» n'est pas moins nécessaire d'être muni d'un titre qui en autorise
» la demande ; pour cet effet, la Chambre fera proposer à cet équi-
» page de frêter un bâtiment pour son transport, si mieux il n'aime
» attendre dans la Tour de Bouc, d'où aucun de ces Maures n'aura
» la liberté de sortir, que ses armateurs ayent pourvu à son passage ;
» il est à présumer que l'équipage acceptera le premier parti ; dans
» ce cas, il faut que le Raïs et l'Écrivain fassent eux-mêmes le no-
» lisement du bâtiment qui les passera, et qu'ils s'obligent pour
» eux, pour les armateurs et pour l'équipage envers le capitaine,
» tant pour le frêt du bâtiment que pour leur subsistance pendant la
» traversée ; le contrat doit être bullé par ledit Raïs et l'Écrivain, et
» par deux Algériens des galères du Roy comme témoins ; il en sera
» fait deux copies, dont une sera envoyée au sieur de Jonville.

» La Chambre doit prendre au sujet des agrès de cette barque
» qu'on sauvera du naufrage les précautions nécessaires pour préve-
» nir toute discussion de la part des armateurs ; pour cet effet, il ne
» convient pas de faire vendre lesdits agrès sans en avoir obtenu le
» consentement des armateurs ou du Dey ; la Chambre en enverra
» l'inventaire au sieur de Jonville et lui en marquera la valeur, et
» elle lui écrira de prendre un ordre par écrit au sujet de leur desti-
» nation.

» Je suis, Messieurs, entièrement à vous.

» Signé : MAUREPAS. »

» les 500 sequins vénitiens et les dix caisses de pommes
» que vous avez bien voulu m'envoyer. Je passerai la
» somme en recette.

» La distribution que j'ai faite du fruit a été extrême-
» ment bien recue. J'ose vous assurer, Messieurs, que
» le Dey a été très-sensible à cette attention de votre
» part, et que ce présent, venu si à propos, a eû un effet
» merveilleux. Je ne manquerai pas de le faire valoir
» encore plus dans les occasions (1).

» Vos ordres sur la perception du droit de Consulat
» seront exécutés ici de la façon dont vous le voulez.

» J'ai l'honneur d'être avec un respect infini, Mes-
» sieurs, votre très-humble et très-obéissant servi-
» teur. »

---

(1) *Lettre de M. de Maurepas à MM. les Échevins et Députés du Commerce
de Marseille*

Versailles, le 10 février 1741.

Le sieur de Jonville, Messieurs, — Chancelier et chargé des
affaires du Consulat d'Alger m'a informé que la mésintelligence entre
cette Régence et celle de Tunis paraissant être augmentée, et que,
les Algériens n'étant pas en état de faire aucune entreprise par terre
contre les Tunisiens, se disposaient à partir dans trois mois au plus
tard avec nombre de brigantins pour aller bloquer Tunis, avec ordre
de saisir de tous les bâtiments sans distinction de pavillon, chargés
pour le compte des Tunisiens qui aborderont à la Goulette; le préjudice que recevrait le commerce par la prise d'un seul bâtiment
français chargé pour Tunis étant infiniment plus grand que celui
d'une interruption de commerce avec cette Régence, pendant le
temps que les corsaires algériens seront à Goulette, attendu le
danger où se trouverait la nation de Tunis d'être maltraitée ou de
payer la valeur de cette prise, c'est à vous à prendre à ce sujet telle
délibération que vous trouverez à propos.

Je suis, Messieurs, entièrement à vous,

Signé: Maurepas.

« Alger, le 26 mars 1741.

» Messieurs,

» J'ai reçu les lettres que vous m'avez fait l'honneur
» de m'écrire les 9, 14 et 15 février dernier ; j'ai passé en
» recette les 4345 pataques, 3 temins et 14 aspres, prove-
» nant en partie de ce qui a été retiré après le naufrage
» de la polacre la Thérèze, capitaine François Belhomme ;
» ainsi que les 1430 pataques, 3 temins et 14 aspres que
» j'avais restant de ce qui avait été pareillement retiré
» du naufrage de la polacre la Vierge de Secours, capi-
» taine André Abeille, de la Ciotat, et le tout après que
» les dépenses concernant ces naufrages ont été préle-
» vées ; mais j'ai cru devoir vous observer, Messieurs,
» que, pour ce qui regarde les avances que j'ai faites à
» l'occasion des dépenses auxquelles a donné lieu le
» naufrage du pinque la Vierge de la Garde, capitaine
» Jean-Baptiste Boubon, de Marseille.

» J'ai, dans les effets sauvés de ce naufrage qui restent
» invendus entre mes mains, de quoi me rembourser de
» ces avances, ce qui a fait que je ne les ai pas passées
» en dépense pour ne pas multiplier vos écritures et
» pour vous dispenser des demandes pour le rembour-
» sement.

» Il est difficile, Messieurs, de faire connaître au Dey
» que les dépenses qui ont été faites à l'occasion de
» Mahmoud Bey à Marseille et pour son passage en
» cette ville le regardent au point de l'engager à en faire
» le remboursement ; j'ai vu dans le Dey, et dans les
» Puissances du Pays tant d'indifférence sur l'arrivée de
» ce Bey, et tant d'éloignement pour le payement du
» passage que, pour éviter un refus certain, et ne pas
» perdre le fruit de si grandes générosités, je me suis
» borné à les faire regarder comme faites par égard et en
» considération du Dey en qualité de protecteur des fils
» du feu Bey de Tunis, et me suis contenté de les faire

» ainsi valoir dans toutes les occasions, sans pourtant
» perdre de vue celles où il serait possible de retirer
» quelque chose.

» Mahmoud Bey et son frère aîné se trouvent ici extrê-
» mement obérés ; ils n'ont que des espérances, d'autant
» plus faibles qu'un rien les relève et qu'un autre rien
» les abat.

» La peste s'est de nouveau rallumée par la communi-
» cation des gens de Constantine, et de Mostagan, où ce
» mal a fait ravage ; c'est en partie ce qui empêche une
» détermination à l'égard de Tunis ; l'armement des
» vaisseaux est différé, et l'on ne s'aperçoit d'aucun
» autre mouvement.

» Je presserai les armateurs du pinque algérien de
» rembourser les dépenses que son naufrage et les gens
» de son équipage ont occasionné aux Martigues, dès
» que vous m'aurez fait l'honneur de m'en envoyer
» l'état ; je les en ai déjà comme prévenus, et c'est à
» cause de cela que le Caznadar et le Vikillargi, arma-
» teurs de ce pinque, m'ont parlé du paiement d'un
» esclave espagnol, qui, s'étant trouvé parmi les Mau-
» res qui furent mis en quarantaine après leur disgrâce,
» leur fut ôté (disent-ils) de force, et mis en liberté ;
» quoique je leur aie dit que la liberté était acquise à tout
» esclave qui avait le bonheur de mettre le pied aux
» terres de France par quelque accident que ce fut, et
» malgré les exemples que je leur ai cité d'ailleurs, ils
» prétendent qu'il aurait dû suivre ceux avec qui il na-
» viguait en qualité d'esclave, et que, n'ayant pas fui, il
» devait être payé ; ils m'ont demandé cinq cents pias-
» tres, sur ce que le Reïs, à son arrivée, a rapporté,
» qu'ayant voulu faire des difficultés pour relâcher cet
» esclave, il lui avait été dit que ce serait au Consul
» d'Alger à en accommoder le paiement.

» Je me trouve malheureusement dans cette affaire en
» discussion avec les deux Puissances du pays les plus
» en crédit, et surtout avec le Caznadar, à qui tout obéit.

» Les ménagements que je lui dois, rendront un peu
» difficile le succès de mes opérations pour le rembour-
» sement des dépenses faites à l'occasion du naufrage
» du pinque ; messieurs, je vous supplie d'être toujours
» persuadés que j'en serai tout occupé, et qu'il ne tiendra
» pas à mes fréquentes démarches que vous ne soyez
» entièrement satisfaits là-dessus, comme il est juste.

» Le Caznadar, en me faisant remettre par le Reïs du
» pinque l'état ci-joint, certifié de l'interprète de la
» marine, de ce qui a été sauvé de ce batiment, et qui
» n'a pu être transporté ici par la même occasion par
» laquelle il s'y est rendu, m'a chargé de vous écrire
» qu'il vous plut d'en faire faire une vente de la façon
» qui pourra être la plus avantageuse.

» J'ai l'honneur d'être avec un respect infini,
» Messieurs, — votre très-humble et très-obéissant
» serviteur. »

———

« Alger, le 11 mai 1741.

» MESSIEURS,

» Je n'ai encore reçu que la lettre que vous m'avez
» fait l'honneur de m'écrire le 24 du mois dernier ; celle
» du 31 mars, ayant passé par les comptoirs de la Com-
» pagnie d'Afrique, pourrait bien ne me parvenir que
» tard.

» J'exécuterai vos ordres, Messieurs, avec tous les
» ménagements qui paraissent convenir et que vous
» souhaitez par rapport aux dépenses faites à l'occasion
» de Mahmoud-Bey ; ce temps de peste, qui empêche que
» je n'agisse par moi-même toutes les fois que je le
» désirerais, rompt un peu mes mesures pour en venir
» à une fin ; les deux Beys, fils d'Assan-ben-Ali, qui sont
» les seuls desquels on pourrait espérer le rembourse-
» ment de ses dépenses, se tiennent reclus dans leur

» maison de campagne, et ne viennent en ville que
» rarement ; encore est-ce en passant, à cause du
» danger où ils s'y trouveraient par rapport à la maladie
» qui est d'une extrême malignité.

» Le Caznadar s'est rendu à vos raisons sans beau-
» coup de peine, dès que je lui en ai fait part ; je fus chez
» lui au sujet de son esclave Espagnol mis en liberté à
» Marseille, et obtins que sa prétention et celle du
» Vikillargi ne seraient plus renouvelées. Je jugeai à
» propos de ne lui point parler pour lors des dépenses
» faites à l'occasion du naufrage de són pinque, pour
» éviter toute proposition de compenser et pour ne pas
» retarder la cessation de toute poursuite sur le paie-
» ment de l'esclave.

» Je travaillerai au remboursement de ces dépenses,
» dès que l'état m'en sera parvenu. J'ai déjà eù l'hon-
» neur de vous prévenir, Messieurs, des difficultés qui
» s'y rencontreront immanquablement, et c'est d'autant
» plus le sentiment de chacun de nous ici, qu'il est
» presque sans exemple qu'on ait pù venir à bout de
» tirer de ces gens-cy ces sortes de paiement, lorsque,
» par quelque accident, ils ont donné lieu à des dépenses,
» tant dans les ports de France que dans ceux d'Angle-
» terre.

» Le Caznadar est aujourd'hui celui à qui je demande-
» rai, étant le principal armateur du Pinque naufragé ; il
» est plus sensible aux générosités que personne, et porte
» également loin le ressentiment, lorsqu'on y manque ;
» c'est la toute puissance d'Alger ; le Dey s'appuie sur
» lui, et n'est soutenu que par les moyens aisés que ce
» neveu a de détruire toute cabale, à la faveur de l'ex-
» trême attachement de la soldatesque à son égard.

» Je ne prends la liberté de vous parler ainsi du carac-
» tère du Caznadar et de son crédit, que pour que vous
» ne soyez pas surpris des ménagements que j'ai pour
» lui ; il serait fâcheux de l'indisposer contre la nation par
» des demandes trop pressantes sur choses auxquelles

» il croit avoir satisfait en partie, en marquant sa recon-
» naissance bien vivement en présence du Dey, et en
» différentes occasions ; je croirais même, Messieurs,
» si vous me permettez de le dire, que la place du Dey
» son oncle, qu'il n'est pas douteux qu'il n'occupe à la
» moindre révolution, exige de votre part cette considé-
» ration ; qu'il ne paraisse pas dans l'état de dépenses à
» faire payer ici ; qu'il y ait une déduction déjà faite du
» produit de la vente des effets du pinque resté à Mar-
» seille que vous avez retenus.

» Il me demanda ce qui avait été fait à l'égard de ces
» effets, lorsque je fus lui parler de l'esclave ; je lui
» fis réponse que vous aviez donné vos ordres pour
» qu'ils fussent vendus aux enchères publiques.

» Il n'est question d'aucun mouvement contre Tunis
» quant à présent, et j'ai lieu de croire que les entre-
» prises ci-devant projetées à ce sujet sont suspendues,
» au moins pour longtemps, si elles ne sont entièrement
» remises ; il est comme impossible à ce Gouvernement
» de prendre une résolution, tant que la maladie conti-
» nuera, particulièrement du côté de Constantine ; le Bey
» qui y commande n'ose dire ni oui ni non assuré ;
» lorsqu'on lui parle d'aller contre Tunis, il répond seu-
» lement qu'il est prêt d'exécuter tel ordre qu'on lui
» donnera ; mais qu'il n'assurera rien sur le succès de
» l'entreprise, et, de cette façon, les choses en restent là.

» L'armement des vaisseaux pour la course n'a pas
» lieu ; l'état dans lequel on les a trouvé en les carè-
» nant, joint à l'appréhension des Maltais qu'on a cru
» voir sur ces côtes, en est la cause.

» J'ai l'honneur d'être avec un respect infini, Messieurs,
» — votre très-humble et très-obéissant serviteur.

» Je prends la liberté de vous recommander les lettres
» ci-jointes pour la Cour. »

« Alger, le 20 mai 1741.

» Messieurs,

» Le Dey et le Caznadar m'ont recommandé chacun
» une lettre qu'ils écrivent au Pacha de Tripoly, et qu'ils
» ont voulu faire passer par Marseille, n'y ayant pas
» espoir ici qu'il y ait d'occasions en droiture pour cette
» échelle, à cause des difficultés que le Pacha fait d'y
» recevoir les batiments qui ont patente brute ; il est
» intéressant que ces lettres arrivent bientôt à leur desti-
» nation ; pour éviter qu'elles ne fussent trop longtemps
» aux infirmeries à Marseille, j'ai ôté le satin dont elles
» étaient enveloppées, et prié par une lettre messieurs
» les Intendants de la Santé de les retirer du capitaine
» Lardeirol, et de vous les remettre ; je vous supplie,
» Messieurs, de vouloir bien les faire passer à Tripoli
» par la voie la plus prompte, avec le paquet ci-joint à
» l'adresse de M. Gauthier.

» J'ai l'honneur d'être avec un respect infini, Messieurs,
» — votre très-humble et très-obéissant serviteur. »

« Alger, le 21 mai 1741.

» Messieurs,

» Le capitaine d'une polacre Française, arrivée ces
» jours passés en ce port, m'a rapporté, qu'étant le 17
» du mois dernier à Zoava, dépendance de Tripoly de
» Barbarie, où il chargeait du sel, le Capitaine Eydoux
» de Cassis l'aborda dans une chaloupe avec des gens
» de son équipage, et lui dit que, s'étant trouvé aux
» *Sfacs* de Tunis pour y laisser partie d'un chargement
» de marchandises, pour lequel il avait nolisé son vais-
» seau, le commandant du lieu, non seulement lui fit
» prendre ses canons et ses voiles, mais même, le retint

» à terre avec ses officiers jusqu'au deuxième jour, qu'il
» arriva des ordres d'Ali-Pacha de saisir encore le gou-
» vernail du navire ; que, craignant quelque traitement
» plus mauvais, sur l'avis qu'il en avait eû de son noli-
» sataire, il profita de la permission qui lui fut donnée
» d'aller lui-même faire ôter le gouvernail, et, l'heure
» l'ayant servi dans son dessein de s'enfuir, il mit suffi-
» samment de vivres dans sa chaloupe, s'y embarqua
» avec presque tout son équipage, et fit route pour Tri-
» poly ; mais, le vent lui ayant manqué, il fut obligé de
» s'arrêter à Zoava, ajoutant qu'il avait laissé à bord du
» vaisseau, son second capitaine, un matelot et un
» mousse, qui auraient voulu courir les risques de quel-
» que évènement que ce fut.

» Le capitaine de la polacre m'a encore assuré avoir
» vu remettre en mer le capitaine Eydoux et son équi-
» page dans la même chaloupe, conduite par un Maure
» du lieu, pilote, et qu'il les croyait arrivés heureuse-
» ment à Tripoly.

» J'informe par cette occasion Mons[g] le Comte de
» Maurepas de ce que je viens d'avoir l'honneur de vous
» écrire.

» Les projets, de quelque espèce qu'ils soient, devien-
» nent toujours plus incertains ; la maladie, qui continue
» avec augmentation, apporte même de l'impossibilité à
» les exécuter. Je serai exact à vous mander par toute
» voie, quels seront les partis que je verrai prendre à ce
» gouvernement par rapport à Tunis.

» J'ai l'honneur d'être avec un respect infini, Mes-
» sieurs, — votre très-humble et très-obéissant serviteur.

» Permettez que j'ai l'honneur de vous recommander
» les lettres ci-incluses. »

« Alger, le 4 juin 1741.

» Messieurs,

» Je n'ai reçu que hier les lettres que vous m'avez fait
» l'honneur de m'écrire voie de la Calle en date des 20
» et 31 mars dernier.

» Je profiterai de la première conjoncture qui sera
» favorable pour l'exécution des ordres que vous me
» donnez à l'égard des dépenses qu'ont occasionné à
» Marseille le relâche des deux chebeks et le naufrage
» du pinque algérien, avec ce qui regarde l'ancien Bey
» de Sousse.

» J'ai fait le rachat du nommé François Durand, de
» Cornillan, diocèse de Beziers, et me suis servi pour
» cet effet de vos fonds, ainsi que vous l'aviez ordonné,
» le compte de ce rachat monte à cent cinq sequins
» Vénitiens et demi, et à deux piastres que j'ai donné à
» Durand pour des petits besoins extraordinaires pour
» sa route; j'emploierai en dépenses ces 105 sequins
» Vénitiens et demi sur le pied de dix pataques, ainsi
» que j'en avais ci-devant fait recette.

» Ci-joint le compte du rachat de cet esclave, que je
» vous supplie, Messieurs, de communiquer au R. P.
» Commandeur de la Mercy. J'ai reçu les lettres à mon
» adresse qu'il vous a plu de m'envoyer; j'ai l'honneur
» de vous en remercier.

» La peste est toujours dans le même état ici, et on ne
» s'apperçoit pas d'augmentation ni de diminution;
» cette maladie, qui, depuis un temps est comme fixée
» au nombre de 40 à 50 personnes qui meurent par jour,
» arrête tout mouvement contre Tunis, et y apporte
» même de l'impossibilité, de sorte qu'il y a tout lieu de
» croire que le Dey n'entreprendra rien qu'à la cessation
» de ce cruel mal.

» Les nouvelles de Tunis, par rapport à notre nation,
» sont des plus effrayantes; on m'écrit de Bône que les

» avis des 8 et 9 mai de Tunis même, sont que le Bey a
» dessein d'envoyer ses galiotes à la côte; qu'il a fait
» mettre à bas le baton de pavillon de la maison consu-
» laire de France, que le capitaine Fougasse (1), qui
» avait été arreté par les corsaires Tunisiens et conduit
» à Porto Farine, était arrivé au Bardo avec les gens de
» son équipage, deux Chevaliers de Malte, deux Prêtres,
» deux femmes de Marseille, un Grand Prieur d'Alle-
» magne et deux de ses domestiques; mais que ces
» derniers étaient restés à Porto Farine, le grand Prieur
» y étant malade.

» Que le capitaine Barcilon, commandant un vaisseau
» qui a été pris en même temps que le capitaine Fougasse
» et conduit à la Goulette, est actuellement au bagne de
» Ste-Croix avec son équipage, confondu avec les escla-
» ves; que le Capitaine a eù la main coupée et trois
» coups de sabre sur la tête, son second tué d'un coup
» de pistolet et trois matelots dangereusement blessés,
» et tout cela exécuté après que les corsaires se sont
» rendus maîtres du vaisseau.

» Il se trouve encore à Tunis l'équipage du patron
» Roman, commandant une tartane prise devant Li-
» vourne, étant à la pêche, et il y a actuellement huit
» bâtiments à la disposition du Bey, qui a menacé la
» nation de la hâcher, pour peu que quelqu'un des Fran-
» çais tentât seulement de s'écarter. Des actes si violents
» ne peuvent qu'être suivis de bien fâcheux évènements ;
» j'ai crû, Messieurs, qu'il importait que je vous don-
» nasse les avis par cette voie, si celle de Bône venait à
» manquer.

» J'ai l'honneur d'être avec un respect infini, Mes-
» sieurs, votre très-humble et très-obéissant serviteur. »

----

(1) Le capitaine Fougasse était directeur de la Compagnie Royale
d'Afrique ; c'est lui qui entraina témérairement M. de Saurins à la
malheureuse attaque de Tabarque, le 2 juillet 1742.

« Alger, le 10 juillet 1741.

» Messieurs,

» J'ai reçu les lettres que vous m'avez fait l'honneur de
» m'écrire les 5ᵉ et 7ᵉ du mois dernier ; j'espère de vous
» rendre bientôt compte de mes opérations sur ce que
» vous m'ordonnez à l'égard des dépenses faites par
» Mahmoud Bey et pour la barque algérienne naufragée
» à Bouc.

» L'armement des quatre galiotes que l'on a fait en ce
» port avec précipitation pour aller contre les corsaires
» tunisiens, a mis chacun dans l'agitation ; elles sont par-
» ties aujourd'hui, dans le dessein de les poursuivre
» jusqu'aux ports de Tunis ; cette résolution a été mise
» sur ce que ces corsaires tunisiens ont eû la té-
» mérité de venir sur ces côtes aux parages de Bône et
» de Gigery ; il a fallu pour équiper les galiotes plus
» promptement que le Dey ait promis aux soldats qui s'y
» sont embarqués, une augmentation de paye et deux
» sequins de gratification.

» Ce gouvernement se porterait plus volontiers à faire
» la guerre aux Tunisiens par mer si l'on pouvait obte-
» nir que ses bâtiments fussent à l'abri des courses des
» Maltais et des Napolitains dans l'étendue des côtes de
» ce Royaume et de celui de Tunis, et le Caznadar vou-
» drait bien y aller par terre à la tête d'un camp ; mais
» le Dey paraît toujours fort indéterminé, à cause de la
» maladie qui continue et qui diminue toujours plus le
» nombre des soldats.

» Trois chebeks, armés bien faiblement, et avec une
» peine infinie, sont partis pour la Course il y a huit
» jours ; ils ont tiré vers l'ouest.

» Je désire être bientôt débarassé des agrès et appa-
» raux recouvrés du naufrage du batiment du Capitaine
» Belhomme d'autant plus qu'ils souffrent du retarde-
» ment d'être retirés et qu'ils périclitent dans le maga-

» sin ; je les livrerai avec plaisir à la personne qui
» viendra, munie de pouvoirs en forme.

» J'ai l'honneur d'être avec un respect infini, Mes-
» sieurs, votre très-humble et très-obéissant serviteur. »

« Alger, le 17 juillet 1741.

» MESSIEURS,

» Les galiotes, par un changement des plus inopinés
» qu'il y ait jamais eû, ont fait voile vers l'Orient au lieu
» d'aller contre les corsaires de Tunis, comme on a crû
» jusqu'au second jour après leur départ ; cet ordre fut
» donné au Raïs commandant, une heure avant qu'elles
» missent à la voile, sur ce qu'étant arrivé la veille un
» batiment suédois, les passagers dirent que les Galères
» de Malte étaient aux parages de Tunis, et en croisière
» devant ses portes.

» J'ai l'honneur d'être avec le respect le plus infini,
» Messieurs, — votre très-humble et très-obéissant ser-
» viteur. »

« Alger, le 3 septembre 1741.

» MESSIEURS,

» J'ai reçu les lettres que vous m'avez fait l'honneur
» de m'écrire les 26 juin et 9 août dernier.

» Je n'ai pas moins de plaisir à vous annoncer que la
» peste a entièrement cessé en cette ville depuis une
» quinzaine de jours, que vous en aurez à l'apprendre
» et qu'il n'est plus question que de fort peu de chose
» dans le pays de Constantine ; cette maladie laisse par
» sa fin aux Concessions de la Compagnie une pleine
» facilité d'y faire maintenant le trafic ordinaire des

» grains et des autres marchandises ; il ne s'agit plus
» que d'y faire de fréquentes expéditions ; je ne crois
» pas qu'on y doive craindre les corsaires Tunisiens,
» les Brigantins armés à Malte sous pavillon blanc
» devant avoir ordre de croiser de temps en temps aux
» parages de Bône et de la Calle ; pour ce qui regarde
» le commerce du Levant, dès que les ports de Tunis
» sont bloqués, il y a lieu de croire que les batiments
» qui y vont et viennent sont hors de danger d'être pris.

» Il serait à souhaiter que le Dey profitât du calme qui
» règne dans ses États, et que voyant renaître insensi-
» blement ses forces, il sut les employer contre Ali-
» Pacha, dans la conjoncture favorable que lui offrent
» les armements qui ont été faits pour empêcher tout
» secours d'entrer à Tunis ; je fais ce que je puis pour
» l'engager à quelque mouvement, au moins par terre,
» ne voulant pas se mêler avec nous par mer ; il est
» certain qu'il mettrait le Bey de Tunis dans l'impossi-
» bilité d'échapper à sa vengeance, s'il fesait marcher
» un camp de trois mille hommes seulement vers cette
» ville ; les troupes, qu'il n'aurait plus le moyen de
» solder par l'interruption du commerce qui lui retran-
» che ses revenus, et les désertions certaines de ses
» soldats mécontents dans le camp des Algériens dès
» qu'ils paraitraient aux environs de Tunis, le mettraient
» bientôt en proie à son ennemi, seraient cause de la
» délivrance d'un peuple qui se voit longtemps opprimé,
» et feraient remettre le commerce de cette Échelle sur
» un bon pied, surtout si le gouvernement tombait entre
» les mains des fils d'Hassen-ben-Ali.

» Si le Dey accomplissait ses promesses, il y aurait
» tout à espérer au printemps prochain ; mais quoiqu'il
» dise, bien des personnes, même les plus intéressées
» aux affaires de Tunis, et irritées contre Ali-Bey,
» pensent qu'il ne cherche qu'à gagner du temps, dans
» l'espérance que la France achèvera son entreprise par
» quelque acte violent ; et que, quand même cela ne

» l'arrêterait point, il ne voudrait jamais que le Cazna-
» dar, son neveu, que le Bey de Constantine demande
» à la tête du Camp, comme le plus capable de renverser
» les Tunisiens, sortit d'auprès de lui ; cette Puissance
» le soutient, sait détruire les cabales et prévenir les
» effets des mécontentements dont les Deys ont presque
» toujours été les victimes.

» Les Napolitains ont pris Mahmet Raïs Ben Agy
» Moussa, Commandant une barque de dix huit canons.

» Les chebeks, au nombre de quatre, sont repartis
» pour la Course, après avoir amené cinquante huit
» Portugais ou Espagnols qu'ils avaient pris vers les
» côtes d'Espagne et du Portugal sur différents bati-
» ments, qu'ils furent obligés d'abandonner à d'autres
» Corsaires plus forts qu'eux, qui leur donnèrent chasse ;
» le pillage fait par les équipages Algériens a été consi-
» dérable ; un cinquième Chebek est parti avant les
» quatre autres. Le commerce de ce pays commence à
» se ressentir de la cessation de la peste ; l'Échelle est
» devenue avantageuse aux Caravaneurs (1) qui y sont
» attirés, autant par les douceurs qu'ils y trouvent, par
» rapport aux provisions de bouche, dont le Dey per-
» met qu'ils se munissent abondamment, que par ce
» qu'ils y font des nolis très-avantageux.

» J'ai l'honneur d'être avec un profond respect, Mes-
» sieurs, — votre très-humble et très-obéissant servi-
» teur. »

———

« Alger, le 4 septembre 1741.

» MESSIEURS,

» Dans le naufrage de la tartane commandée par
» patron Boyer sur les côtes du Martigues, il y a dix à

———

(1) Les vaisseaux de commerce avaient pris l'habitude de se
réunir en groupes, qui prenaient le nom de *caravanes*, et qui obte-
naient, en cas de besoin, l'escorte d'un vaisseau du Roi.

» onze mois, il y périt avec l'équipage (à l'exception de
» deux matelots) des passagers Maures qui s'y étaient
» embarqués à Sainte Croix de Barbarie, avec quantité
» de cires et de cuirs pour les aller vendre à Livourne ;
» comme la plupart de ces Maures sont Algériens, il se
» trouve ici des intéressés aux marchandises recouvrées
» du naufrage qui les réclament.

» Le Dey y est pour cent sequins ; il a droit de déshé-
» rence sur une pareille somme, qu'un chaoux avait
» donnée à un de ces Maures Algériens en prêt pour la
» trafiquer en profit commun ; ce chaoux, qui aurait
» infailliblement réclamé la marchandise de ce Maure
» sauvée du naufrage, est mort en dernier lieu, et, par
» la loi du pays, le Dey se trouvant héritier de cet offi-
» cier, qui n'avait point d'enfants, repète ce qui peut lui
» revenir de l'emploi en marchandises de ces cent
» sequins, après que la liquidation aura été faite des
» prétentions sur toutes celles retirées de ce naufrage,
» qui consistent en cuirs et en cire.

» Le principal des intéressés au chargement de la
» tartane est un marchand Turc appelé Omer Moraly,
» qui est un grand crédit ici, et très-favorisé du gouver-
» nement ; aussi est-ce d'ordre du Dey que j'ai l'honneur
» de vous en écrire, messieurs, après en avoir aussi
» écrit à M. le Lieutenant Général le 21 juin dernier, à
» qui j'envoyai un écrit que Omar Moraly m'apporta,
» fait par devant le Cadi ; cet écrit est une espèce d'obli-
» gation ou de contrat d'une somme de 729 piastres de
» ce pays, qu'il avait donné au nommé Mahmet, Algé-
» rien, qui, ainsi que les autres, a eû le malheur de périr.

» Permettez-moi, Messieurs, de vous prévenir que
» s'il s'est trouvé des balles daus ce recouvrement
» encore entières sans numeros et sans marques ; il y a
» toute apparence que ce sont celles des Maures, n'y
» ayant qu'eux qui manquent à cette formalité.

» Je vous supplie, Messieurs, de vouloir bien m'attirer
» une réponse de Monsieur le Lieutenant Général de

» l'Amirauté sur le recouvrement de ces effets et de la
» liquidation qui en aura été faite; je désirerais fort
» qu'il y eut quelque chose qui regardât le Dey et Omar
» Moraly; je pourrais, en le leur remettant, faire valoir
» ce service, et en tirer des avantages pour nos naviga-
» teurs.

» J'ai l'honneur d'être avec un respect profond, Mes-
» sieurs, — votre très-humble et très-obéissant servi-
» teur. »

« Alger, le 19 septembre 1741.

» MESSIEURS,

» Les intéressés aux effets recouvrés du naufrage en
» ce port de la polacre la Réale, que commandait le
» capitaine Abeille, de la Ciotat, ayant transmis les
» pouvoirs à messieurs Martineng père et fils, par un
» écrit que ces derniers m'ont envoyé en bonne forme,
» et ces messieurs m'ayant en même temps écrit de
» vendre les effets, j'y ai procédé ainsi que vous le verrez
» par l'état que j'ai l'honneur de vous envoyer ci-joint,
» qui monte à la somme de deux mille cent vingt-trois
» pataques et trois temins, toute dépense payée. Comme
» messieurs Martineng désirent que ces fonds leur soit
» remis avec ce qui vous reste des 1,430 pataques et
» 2 temins du premier état, et que je passais en recette
» dans son temps, je vous supplie de le leur faire comp-
» ter en sequins vénitiens sur le pied de dix pataques
» l'un, ou, comme vous jugerez à propos, et de retirer
» de leur part un acquit des deux sommes; cette dé-
» charge que j'espère que voudrez bien m'envoyer me
» suffira et je passerai en recette ladite somme de 2,133
» pataques et 3 temins ainsi que je le fis des 1,430 et 2
» temins dans mon compte du premier quartier de cette
» année.

» Si vous pensez, Messieurs, que je me trouve par là
» trop abondamment pourvu de fonds pour les paye-
» ments à faire ici à votre charge, vous pouvez faire
» payer par le trésorier de la compagnie Royale d'Afri-
» que cette somme ; je lui en tiendrai compte dans le
» payement des redevances à faire au Dey. J'ai l'honneur
» de vous remettre ci-joint un état du peu d'effets qui
» ont été sauvés dans les différentes fois qu'on a plongé.
» Je ne sais à qui ils peuvent appartenir, et surtout lequel
» des trois bâtiments avait les paras qui ont été tirés de
» l'eau dans une bourse de soie de couleur verte.

» Le froid, et un temps qui a empêché les Maures
» plongeurs de retirer ce qui reste au fond de la mer de
» ces bâtiments, la peste revenue ensuite, qui les a ou
» tués ou fait retirer en campagne, et enfin le gros vais-
» seau du Beylic qui, dans la même place où les Français
» périrent, tient sous lui canon et autres effets, sont
» cause d'un si petit recouvrement ; il est fâcheux que
» tant d'évènements à la fois aient été contraires à un
» plus considérable ; j'espère cependant trouver, aujour-
» d'hui que la maladie a cessée, des nouveaux plongeurs
» que je ferai aider des équipages des bâtiments fran-
» çais, lorsqu'il y en aura dans le port qui n'auront
» pas trop d'occupations.

» J'avais crû que le nombre des capitaines qui se sont
» trouvés en ce port, aurait favorisé la vente des effets
» recouvrés du naufrage du pinque la Vierge de la
» Garde, capitaine Boubon, et qu'il avait fallu profiter de
» cette conjecture pour empêcher les entiers dépérisse-
» ments, tant dans un magasin, que sur le port ; mais,
» parmi les acheteurs, il ne s'en point trouvé qui aient
» voulu de la mâture et des ancres à cause de l'embarras,
» et les gens du pays même, munis trop abondamment
» de ces sortes d'effets, n'ont pas daigné seulement les
» regarder, de sorte qu'il conviendrait que les proprié-
» taires de ce pinque en fussent prévenus, pour qu'ils
» prissent des mesures pour en faire une fin.

» Les dépenses que le naufrage de ce Pinque a occa-
» sionnées sont payées à dix pataques près, ainsi que
» vous le verrez, messieurs, par l'état de vente que j'ai
» l'honneur de vous envoyer ci-joint.

» Les armements que ces corsaires ci ont faits leur
» ont réussi ; trois chebecs ont amené depuis six jours
» un pinque Portugais, qui était parti de Gibraltar pour
» aller à Lagos, et un vaisseau Genois revenant des Iles
» de Canaries ; ils y ont fait 56 esclaves, parmi lesquels
» se trouve le capitaine André Truc, de Cassis, qui
» commandait le pinque depuis une année avec pavillon
» Portugais ; ces prises et la maladie cessée vont donner
» lieu à de nouveaux armements, dont j'ai l'honneur de
» vous prévenir, pour que nos navigateurs se tiennent
» sur leurs gardes ; il est facheux, qu'au mépris de
» l'Ordonnance, il y ait des Français qui se livrent au
» service de l'étranger, et qu'ils s'exposent à tomber
» dans l'esclavage ainsi qu'il est arrivé au capitaine
» Truc ; il y en a aussi qui, se flattant de n'avoir pas de
» facheuses rencontres, se mettent de passage sous ces
» pavillons ennemis des Barbaresques, sans passeports
» qui justifient le lieu de leur naissance et qu'ils sont
» régnicoles ; ils donnent lieu par là à des réclamations
» qui, étant presque toujours inutiles, altèrent la bonne
» intelligence dans laquelle on voudrait être avec ces
» gens ci.

» Le Bey de Constantine a expédié un exprès au Dey
» pour l'informer que Sidi Younès, fils d'Ali-Pacha,
» s'était emparé par ses ruses ordinaires du chateau du
» Cap Nègre, qu'il y avait une garnison de trente
» hommes, et qu'il avait fait conduire à Tunis les Français
» qui y étaient ; cette nouvelle et ses circonstances ne
» m'ont pas encore été ecrites par les agents de Bône et
» de la Calle ; Je vous rendrai compte, Messieurs, des
» particularités qui ont accompagné cet acte de violence,
» dès que je les aurai apprises.

» Le Capigy, qu'on attendait de la Porte, est arrivé à

» Bone; il y est retenu par les vents contraires; il a tou-
» ché à Tunis; on présume qu'il a des ordres au sujet
» des affaires pressantes.

» Le Dey et les Puissances du pays sont bien sensibles
» aux présents de chataîgnes et d'anchois; si vous jugez
» à propos d'en envoyer de belles dans son temps, il me
» serait aisé de le leur rendre bien agréable et de leur
» faire valoir.

» J'ai l'honneur d'être avec un profond respect, Mes-
» sieurs, — votre très-humble et très-obéissant servi-
» teur. »

———

« Alger, le 24 octobre 1741.

» MESSIEURS,

» Le paquet ci-joint contient des lettres de conséquence
» des Puissances de ce pays à l'adresse du sieur Franco
» de Livourne. Je vous supplie de vouloir bien le lui faire
» parvenir par la plus prompte occasion, même par la
» poste.

» J'ai l'honneur d'être avec un respect profond, Mes-
» sieurs, — votre très-humble et très-obéissant servi-
» teur. »

———

« Alger, le 22 décembre 1741.

» MESSIEURS,

» J'ai eû l'honneur de vous écrire par voie de La Calle,
» il y a 5 jours, le facheux état de nos affaires dans cette
» Échelle; comme cette voie est aujourd'hui incertaine
» par le dérangement qui y est depuis les ordres que le
» Dey a donnés, je vous rendrai le même compte dans
» presque toutes mes lettres et jusqu'à ce que je vous

» sache bien informés de tout ce qui s'est passé il y a
» 24 jours.

» Deux chebeks de cette ville, ayant été jetés par les
» mauvais temps sur les côtes de France, eutrèrent dans
» la rade de Toulon le mois d'octobre dernier, où, après
» vingt jours que Monsieur l'Intendant les eut détenus,
» ils eurent la permission de partir, en même temps que
» la Frégate du Roy le Zéphir mettait à la voile ; mais
» un d'eux, se confiant à ce qu'il lui semblait n'avoir
» rien à craindre, étant sur la côte de France, presque
» à terre et à la vue de la Frégate, allait faire sa route,
» lorsqu'à peine paraissant au cap de Sicié, il fut atta-
» qué par une galère d'Espagne et poursuivi jusqu'au
» port, ce qui obligea quelques-uns des Turcs de se je-
» ter dans les chaloupes, et d'autres de se mettre à la
» nage pour prendre terre et éviter d'être pris ; mais le
» chebek, voyant qu'il ne pouvait résister, se laissa en-
» lever par la galère auprès du port même, sans tirer
» un coup de fusil, le Raïs présumant bien qu'il serait
» réclamé par Monsieur l'Intendant, parce qu'il était vrai
» que cet acte était contraire au traité qui, défendant aux
» Algériens de faire des prises d'Espagnols ou d'autres
» de leurs ennemis qu'à trente milles au large, il fallait
» par la même raison que les Algériens ne pussent être
» pris qu'à cette distance de terre de France.

» Les soldats Turcs, pris et mis sur la galère d'Espa-
» gne, écrivirent au Dey par le second chebek, qui arriva
» quinze jours après, la lettre fut lue publiquement et
» elle contenait qu'après avoir été détenus à Toulon fort
» longtemps sous différents prétextes, et n'y avoir reçu
» que toute sorte de mauvais traitements, on les avait
» forcés de partir pour les livrer à la galère d'Espagne,
» qui, ayant eû des avis secrets de Toulon, s'était venue
» tenir aux aguets sous le cap Sicié, et, qu'après cette
» noire trahison, la galère les ayant conduit à Toulon,
» ils avaient été l'opprobe de la populace, qui leur avait
» craché au visage, jeté des pierres et maudit leur loi ;

» ce traitement, qui fut également confirmé par ceux qui
» avaient pris terre et qui sont venus avec ce second
» chebek, dont le Raïs ne fut pas le moindre à parler
» contre l'Intendant de Toulon, ce traitement, dis-je,
» ayant mis le Dey dans une colère extrême, il fit sur le
» champ ôter le gouvernail à sept de nos bâtiments qui
» se sont malheureusement trouvés dans le port, et le
» lendemain matin ayant fait enchaîner les équipages de
» deux à deux, il se fit amener M. le Vicaire et ses deux
» confrères, auxquels ayant demandé s'ils étaient Fran-
» çais, et ces Messieurs répondirent oui; il les envoya en-
» chaînés au bagne des esclaves; ce qui m'obligea à lui
» aller faire tout aussitôt des représentations et à le
» supplier de changer cette violente disposition jusqu'à
» ce que le Ministre eut pû être informé des plaintes
» qui lui avaient été portées; mais, bien loin de m'écou-
» ter, il me fit saisir par des chaouchs, qui m'entrainè-
» rent au même bagne, où on me mit au pied d'une façon
» très ignominieuse une pesante chaîne, terminée par
» un billot du poids de cent livres. Il fit ensuite écrire au
» Bey de Constantine d'arrêter les bâtiments français qui
» se trouveraient aux Concessions de la Compagnie
» d'Afrique, les matelots, les agents et tous les employés,
» en attendant la restitution du chebek, celle des 90
» Turcs ou Maures de son équipage, les armes et muni-
» tions, même les plus petites bagatelles de leurs hardes,
» et, avec cela, le prix de onze chrétiens esclaves qui
» étaient sur ce chebek lorsqu'il a été pris, et de chacun
» desquels il prétend au moins 500 piastres.

» Ce qui détermina encore plutôt le Dey à en agir de
» la sorte, ce fut la façon dont les Grands Écrivains lui
» expliquèrent l'article du traité, qui fut la même dont
» les Reïs des chebecs l'avaient entendu, et aussi les
» plaintes de ses soldats, pris par la galère à la vue
» des forteresses de Toulon dans la rade et même de la
» frégate du Roy.

» Ce ne sera que par la restitution du chebek et de

» toutes ses appartenances que l'on pourra racommoder
» cette affaire ci ; s'il n'arrive bientôt, le Dey est résolu
» de faire la guerre, et, pour se déterminer à ce dernier
» parti d'une manière qui ne passe point pour inconsi-
» dérée, il a cru devoir suspendre l'armement de ses
» batiments corsaires jusqu'à ce qu'il ait reçu quelques
» nouvelles sur la restitution du chebek, et de pouvoir
» juger quelles sont les intentions du Ministre et celles
» du Roy.

» L'intérêt du commerce de la place de Marseille et
» celui de la nouvelle Compagnie d'Afrique demandent
» qu'on ne diffère pas de faire une réponse qui puisse
» rassurer le Dey et le satisfaire ; il a juré à notre égard
» de ne nous point faire de grâce, si la restitution de ce
» chebek n'est pas entière et extrèmement prompte ; il
» ne veut écouter personne sur cette affaire, et ne se
» relâche en rien du traitement qu'il nous fait ; le
» Truchement a été disgracié pour avoir voulu prendre
» trop à cœur nos intérêts et faire des représentations.
» Je ne doute point que vous ne preniez quelques
» mesures pour empêcher que cette affaire n'ait de plus
» facheuses suites, et que le Ministre, de son côté, ne
» fasse venir ici un bâtiment du Roy, au plutôt, avec un
» interprète, au cas d'une négociation de conséquence.

» Le Commandant de la frégate du Roy le Zéphir
» s'étant fait remettre les passeports du Raïs du chebec
» qui a échappé à la galère et qu'il a escorté jusqu'à la
» hauteur de Mahon, a aggravé l'affaire par la détention
» de ces passeports, dont le Reïs s'est beaucoup plaint,
» quoiqu'il soit aisé de croire que c'est pour bonne
» raison qu'il les avait gardés.

» J'ai l'honneur d'être avec un respect infini, Mes-
» sieurs, votre très-humble et très-obéissant serviteur.

» Le 27 décembre 1741.

» C'est aujourd'hui le troisième jour de notre escla-

» vage : le Dey est toujours obstiné à attendre le chebek
» pour montrer quelque considération à notre égard.»

———

Alger, le 15 janvier 1742 (résumé).

Messieurs,

M. de Jonville envoie à MM. de la Chambre de commerce la rectification de son compte du dernier quartier
de 1741 ; il s'excuse de l'erreur sur ce qu'étant au bagne au
moment où il a établi son compte, il lui a manqué quelques-unes des pièces indispensables. Il prie la Chambre
d'approuver deux dépenses qu'il a été forcé de faire ;
l'une de 105 pataques employées en achat de chataignes
pour le Dey, et l'autre (dont il ne donne pas le chiffre),
est un petit présent au gardien du bagne, pour le bien
disposer en faveur des esclaves.

———

« Alger, le 30 janvier 1742.

» Messieurs,

» J'ai reçu les lettres que vous m'avez fait l'honneur de
» m'écrire les 9 décembre, 16 et 19 de ce mois, par un
» vaisseau Hollandais, arrivé en cinq jours de Marseille,
» et que j'ai fait repartir pour vous porter les nouvelles
» de ce qui s'est passé ici depuis mes dernières dépê-
» ches. Je presse le capitaine de ce vaisseau de mettre
» à la voile pour qu'il puisse encore être à Marseille
» avant le départ du capitaine Coste pour ici, qui ne
» rétablirait pas les choses, s'il n'apportait pas des satis-
» factions complètes, et s'il n'était précédé du chebek et
» des Turcs.
» Il est étonnant que le Dey ait ses préventions sur
» cette affaire gravées si avant dans son esprit, qu'il

» traite de fausseté tout ce qu'on lui peut dire ; j'ai beau
» vouloir lui représenter combien le Reïs avait eû tort,
» et que, bien loin qu'on eut voulu le livrer aux galères
» d'Espagne, comme on le lui avait rapporté, on avait
» eû dessein d'empêcher qu'il n'en fut pris ; il n'enten-
» dit pas cela ; il y a une certaine opiniatreté de senti-
» ments chez lui et un entêtement, dans lesquels quelques
» personnes ennemies de notre nation l'entretiennent
» si bien, qu'il n'est pas possible de se faire écouter ; il
» prend feu d'abord qu'on lui parle de cette affaire, et,
» comme il n'écoute personne, et qu'il traite de chrétiens
» (injure selon lui) ceux qui pourraient dire quelque
» chose de favorable, on baisse la tête et on se force à
» un profond silence.

» L'élargissement de Monsieur de Salve à Bone et
» la liberté de son commerce est tout ce que j'ai obtenu,
» sur l'assurance que je lui ai donné du retour de son
» chebek avec les gens de son équipage ; celui de Mes-
» sieurs les Missionnaires est venu après à force de
» prières ; mais nos autres pauvres Français sont tou-
» jours dans le même état, et le seront jusqu'à ce que
» le chebek paraisse avec ses Turcs ; bien plus, Mes-
» sieurs, il faut 500 piastres pour chacun des onze
» chrétiens Génois que ce chebek avait pris, et qui fu-
» rent mis en liberté dans cette affaire ; le Dey l'entend
» ainsi, et veut que je vous l'écrive ; qu'autrement il
» retiendra onze des Français qui composent les équi-
» pages des six bâtiments détenus dans le port ; j'espère
» que vous trouverez des moyens pour ajuster ce reste
» d'affaire, et que vous voudrez bien rendre complète la
» restitution du chebek pour ne laisser rien qui rallume
» un feu semblable à celui que nous avons vu ; j'ai ré-
» pondu sur ma tête qu'il aurait lieu d'être content,
» qu'on était ses amis en France ; qu'il l'avait bien pu
» connaître par les bons traitements faits au pinque
» naufragé et au chebek qui avait relâché à Marseille, et
» que, si les Turcs avaient mis pied à terre comme il lui

» avait été dit, ils auraient été libres par le droit que
» portent les terres de France ; ou, s'ils n'eussent point
» été tirés du chebek, on ne les eut point conduits en
» Espagne.

» Toutes ces choses, Messieurs, n'ont point été capa-
» bles de le faire revenir en notre faveur ; il faut le che-
» bek, ses appartenances, les Turcs et ce qu'il demande
» des chrétiens ; soyez persuadés que je ferai de mon
» mieux pour le faire revenir de la somme exorbitante
» qu'il demande. Il craint tout de la lenteur de la Cour
» d'Espagne et même de celle de ses officiers à exécuter
» ses ordres ; on lui a inspiré de la défiance sur le re-
» tour de ses gens, ce qui lui fait toujours dire qu'il
» croira ce que je lui en ai dit lorsqu'il verra ses Turcs
» arrivés avec de bons traitements et le chebek équipé
» comme il l'était.

» Le Dey est dans le sentiment aujourd'hui d'envoyer
» contre Ali Bey un camp pour Constantine ; je ne sais
» s'il y persistera demain ; la paix avait presque été
» conclue par l'entremise du Consul de Suède, à la faveur
» des cent mille sequins qui furent offerts pour cet effet ;
» mais les conditions qu'y apportait Ali Bey étaient trop
» inhumaines pour qu'on y donnât les mains de ce côté
» ci ; Ali Bey demandait les têtes des fils d'Hassan ben
» Ali.

» Voici, Messieurs, les certificats les plus authenti-
» ques que j'ai pû avoir sujet de la santé qui règne en
» cette ville ; nous avons appris que la maladie était
» encore du côté de Tremessen, mais très faible ; j'en-
» verrai à Messieurs des concessions de la Compagnie
» Royale d'Afrique l'extrait de l'article de votre lettre à
» ce sujet et de celle du ministre, pour que, de leur côté,
» ils vous envoyent les éclaircissements que vous
» souhaitez.

» J'ai distribué les présents que vous m'avez envoyés
» un peu plus abondamment qu'à l'ordinaire, parce qu'il
» m'a fallu reconnaître les offices des uns et arrêter la

» malice des autres ; je vous supplie, Messieurs, de
» vouloir bien recevoir de Monsieur Jordan, lieutenant
» de l'amirauté, le produit de la vente des effets recou-
» vrés du naufrage du pinque la Théreze, capitaine
» Boyer, appartenant en partie au Dey et en partie à
» Omer Moraly, que j'ai prié de vous le remettre, suivant
» les ordres que j'en ai pour ces personnes intéressées
» audit recouvrement.

» J'ai l'honneur d'être avec un respect infini, Messieurs,
» votre très-humble et très-obéissant serviteur. »

« Du 31 janvier 1742.

» Ayant jugé à propos aujourd'hui de faire une visite
» au Dey pour me mettre mieux au fait de ses intentions,
» je l'ai trouvé extrêmement radouci, et, lui voyant
» d'assez bonnes dispositions, j'en ai profité pour lui
» parler en faveur de nos Français ; l'effet de cette dé-
» marche a été qu'il a envoyé ordre aussitôt au Caïd de
» Bugie de faire venir la tartane française qui y est dé-
» tenue, avec des bois de construction dont on l'avait
» chargée de force, mais qu'il ne voulait pas qu'elle
» apportât que de gré, auquel cas le nolis lui serait payé
» à son arrivée en ce port ; et, s'adressant à moi, dans
» le temps qu'il ordonnait de faire la lettre, il me dit
» d'écrire au capitaine qu'il ne recevrait ici aucun mau-
» vais traitement ; on m'a fait connaître ensuite qu'il
» était dans le dessein de renvoyer tous les Français à
» leur bord, dès que le vaisseau Hollandais serait parti,
» parce qu'il croit que c'est le moyen de faire revenir
» plus promptement ses gens que d'écrire qu'on retient
» les Français à la chaîne ; du moins il y a des gens qui
» le lui inspirent, et aussi que la prise du chebek n'a été
» qu'un jeu joué pour avoir les onze chrétiens que ce
» bâtiment avait enlevé sur une barque Génoise ; il est

» fâcheux de ne pouvoir détourner le venin que répan-
» dent certaines langues.

» Le Dey m'a encore parlé dans cette visite du prix de
» ces onze chrétiens, et, qu'à ce défaut il y avait parmi
» les équipages Français de bons charpentiers et calfats
» qu'il retiendrait. J'ai répondu que j'espérais qu'il n'en
» viendrait pas là, et que vous feriez, messieurs, des
» efforts pour le rendre entièrement content et que
» notre nation lui prouverait toujours combien elle était
» sa sincère amie.

» Le Dey a cru devoir régler sa conduite en cette
» occasion sur des anciens exemples et de prétendues
» tromperies de notre part qu'il cite tous les jours ; il
» appréhende d'être la dupe de nos promesses ; c'est
» par rapport à tout cela qu'il est si obstiné et qu'il
» élude de se laisser convaincre de sa fausse prévention
» à l'égard de Monsieur l'Intendant de Toulon.

» J'ai l'honneur d'être avec un respect toujours infini,
» Messieurs, — votre très humble et très obéissant
» serviteur. »

« Alger, le 1 février 1742.

» Messieurs,

» J'ai l'honneur de vous remettre ci-joint les certificats
» de Messieurs les Consuls et des Prêtres, Vicaires et
» administrateurs, regardant la santé ; elle est très
» bonne ici, mais du côté de Tremessin, à des endroits
» qui ont communication avec ladite ville, il y a encore
» quelque reste de peste ; mais c'est si peu de chose
» que j'espère de vous donner par première occasion
» des nouvelles d'une entière et parfaite fin ; c'est à quoi
» je ne manquerai pas, la chose me paraissant de
» grande importance.

» J'ai l'honneur d'être avec beaucoup de respect,

» Messieurs, — votre très humble et très-obéissant
» serviteur. »

____

« Alger, le 5 février 1742.

» Messieurs,

» Je désire fort que le vaisseau hollandais qui est
» reparti par un assez beau temps avec mes dépêches
» du premier de ce mois arrive bientôt à Marseille ;
» vous apprendrez, Messieurs, combien il est important
» que le chebek revienne au plutôt avec son équipage.
» J'aurai l'honneur de vous dire encore que des ennemis
» de notre nation et aussi des personnes qui ne profitent
» que dans les troubles ne cessent de mettre des doutes
» dans l'esprit du Dey, sur les assurances que je lui ai
» données du retour de ses soldats, pour lequel même
» je me suis rendu garant.

» Vous jugerez, Messieurs, par ce qui est déjà arrivé,
» ce qui en serait si ces doutes étaient confirmés par un
» trop long retardement du renvoi du chebek ; nos
» Français sont toujours dans le même état, si ce n'est
» qu'ils portent presque tous les chaînes en particulier.
» Monsieur de Salve a écrit à Monsieur l'Agent du
» Collo qu'on armait douze galiotes à Bizerte ; j'en ai
» fait part au Dey.

» J'ai lieu de croire qu'on fera ici un armement pour
» la côte au retour des chebeks qui sont en course ;
» j'aurai l'honneur de vous faire part des mouvements
» qu'il y aura à ce sujet par toutes voies ; je vous supplie
» de prévenir nos bâtiments corsaires d'user avec eux
» de ménagements et de politesses lorsqu'ils se rencon-
» treront, d'autant plus que le même objet est le sujet
» de leurs courses, à ce que je crois. Le Dey compte
» employer des pavillons amis pour envoyer en Levant

» faire des recrues ; on prépare pour cet effet les muni-
» tions de bouche.

» Le capitaine Gaudran, commandant une tartane, qui
» avait été détenu à Bugie, a été conduit en ce port par
» des soldats de la garnison du lieu ; à son arrivée, on
» lui a ôté le gouvernail et on l'a mis au rang des autres ;
» mais on lui a laissé son équipage à bord, auquel on a
» défense seulement de mettre pied à terre.

» J'ai l'honneur d'être très-respectueusement, Mes-
» sieurs, votre très-humble et très-obéissant serviteur.

» Je vous prie, Messieurs, de vouloir bien faire part à
» Messieurs les Directeurs de la Compagnie d'Afrique de
» l'armement qui se fait à Bizerte. »

———

« Alger, le 24 mars 1742.

» Messieurs,

» Je me trouve plus intrigué que jamais ; le Dey est
» très-mécontent, la Taïffe impatientée et nos ennemis
» sont multipliés à cause du retardement du chebek et de
» quelques lettres venues d'Italie de la part des Maures
» de cet équipage qui se plaignent de leur esclavage ;
» je n'ai pas un sol pour les dépenses de l'Échelle et
» pour subvenir à celles qu'occasionnent les équipages
» Français à la chaîne, et je suis, par dessus cela, dans
» une appréhension bien fondée d'un plus grand déran-
» gement de nos affaires, si, dans la fin de la semaine
» prochaine, ce bâtiment n'arrive pas, comme vous me
» l'aviez fait espérer. Les capitaines Reboul et Causse
» voient s'apprêter contre eux ce qu'il craignaient, et on
» me menace moi-même de me faire porter la peine des
» mensonges dont on me taxe à l'égard des promesses
» et des assurances que j'avais données sur le prompt
» renvoi du chebek, dont j'ai répondu sur ma tête, en
» conséquence des lettres que vous m'aviez fait l'hon-

» neur de m'écrire, surtout le 13 du mois dernier ; peut-
» être, Messieurs, que cette lenteur ne provient que de
» la confiance que vous avez en ce qui a été écrit par
» Monseigneur le comte de Maurepas ; permettez que je
» vous désabuse, et que je vous dise que le Dey ne
» s'arrête et n'en croit que les effets et nullement les
» promesses.

» Il dit dans un temps qu'il ne relâcherait point les
» bâtiments français que le chebek ne fut de retour ;
» aujourd'hui il parle sur un ton plus haut ; au cas qu'il
» ne le voie pas bientôt, vous pouvez bien imaginer ce
» qui en sera.

» J'ai aussi l'honneur d'écrire à M. Pignon à ce sujet.

» Il serait à souhaiter que nous apprissions par quel-
» que voie l'entière délivrance des Maures, et que des
» lettres de leur part la confirmâssent, pour pouvoir
» détourner les coups que nous portent nos ennemis et
» particulièrement les Consuls d'Angleterre et de Suède,
» qui jettent les yeux sur la Compagnie, en cas d'une
» rupture qu'ils ne désirent pas moins que quelques Reïs,
» et de ces personnes qui profitent toujours dans les
» troubles et les agitations.

» J'ai l'honneur d'être, avec un respect infini, Messieurs,
» votre très-humble et très-obéissant serviteur. »

« Alger, le 1 avril 1742.

» MESSIEURS,

» J'ai l'honneur de vous envoyer ci-joint mon compte
» du second quartier de cette année ; la dépense y
» excède la recette de 5347 pataques et 6 temins, et c'est
» parce que j'ai tiré de la Caisse 5293 pataques quatre
» temins, pour subvenir au payement des lismes (1) de
» la Compagnie d'Afrique, ainsi que j'ai eû l'honneur de

---

(1) C'est-à-dire : des redevances imposées à cette Compagnie.

» vous prévenir, n'ayant point trouvé à fournir lettre de
» change sur elle, par rapport à la suspension de notre
» commerce depuis quatre mois.

» Il est facheux que ce n'ait pas seulement été en cela
» qu'ait consisté le malheur que nous a attiré la prise
» du Chebek ; je vois avec une douleur inexprimable
» que les assurances que j'ai données que ce batiment
» serait rendu n'ont pu changer ni diminuer les peines
» des pauvres équipages de sept batiments Français,
» détenus dans les fers, et employés aux travaux péni-
» bles des charettes de la marine, à cause du serment
» que le Dey fit à ce sujet. Touché de leur état, bien plus
» que ne l'ont été les capitaines qu'on a laissé tranquilles
» dans leur bord, je leur ai fait fournir continuellement
» des vivres dans le bagne par les taverniers ; sans
» quoi, ils auraient infailliblement succombé sous le
» poids des chaînes et aux grands travaux, et cette
» dépense a monté 3315 pataques et 6 temins ; les capi-
» taines m'ont écrit là-dessus, lorsque j'étais au bagne,
» qu'ils étaient hors d'état de fournir à cette dépense ;
» j'ai l'honneur de vous envoyer ci-joint copie de leur
» lettre et de l'état des quatre mois que ces équipages
» sont à la chaîne ; en attendant, qu'étant mis en liberté,
» j'en puisse faire un général que M^r le Vicaire signera,
» en conséquence de la connaissance qu'il a de ces
» dépenses.

» J'ai fait aussi des donatives en drap, et elles n'ont
» pas été inutiles, puisqu'elles ont servi à adoucir les
» uns, à arrêter la malice des autres, et à les faire parler
» en notre faveur ; j'espère que vous ne les désaprou-
» verez pas.

» Comme je n'avais pas crû que cette affaire du
» chebek trainât si fort en longueur, j'avais eû l'honneur
» de vous écrire que je n'avais pas sitôt besoin de fonds ;
» j'espère que vous voudrez bien m'en faire tenir par la
» première occasion, pour acquitter mes dettes et payer
» les dépenses de l'Echelle qui se présenteront.

» Monseigneur le comte de Maurepas m'a fait l'hon-
» neur de m'écrire que le prix des esclaves pris sur le
» chebec algerien, serait payé ; je me flatte que le fonds
» qui sera aussi nécessaire pour cela viendra tout à la
» fois.

» Le projet contre Tunis n'a point lieu à cause du
» retardement du chebek, et de cette affaire, dont on
» attend l'entière décision. J'en suis faché, et aussi
» contre ce qui en est la cause.

» J'ai l'honneur d'être avec un profond respect, Mes-
» sieurs, — Votre très-humble et très-obéissant servi-
» teur. »

« Alger, le 13 avril 1742.

» MESSIEURS,

» Je vois avec plaisir par les lettres que vous m'avez
» fait l'honneur de m'écrire le 31 du mois dernier qu'il
» n'y a pas à douter que le chebek et son équipage
» n'arrivent bientôt ; le temps presse, je vous assure ;
» vous aurez bien pû le connaître par mes précédentes
» lettres ; aussi suis-je persuadé que vous aurez fait de
» nouvelles instances pour la restitution de ces Algé-
» riens auprès de l'Infant d'Espagne, et que vous les
» aurez obtenus ; j'en ai prévenu le Dey qui en a paru
» satisfait, pourvu que l'effet se rapporte à ma parole.
» Je ne vous cacherai point, Messieurs, que s'il en était
» autrement, les affaires deviendraient bien mauvaises.

» On n'est nullement inquiet ici sur les armements
» qu'Ali Bey a ordonné à Bizerte ; le moindre mouve-
» ment qu'il ferait sur les terres de ce Royaume éloi-
» gnerait trop la paix qu'il désire et pour laquelle il
» travaille ; il a fait dire au Dey qu'il espérait qu'ils se
» joindraient ensemble contre nous, ayant su ce qui
» s'était passé à l'égard du chebek.

» J'aurai l'honneur de répondre par une autre occasion
» à Messieurs de la Compagnie sur cette différence
» de 2066 pataques et 7 temins dont je vous serais
» encore débiteur, mais que cependant j'ai employée en
» dépense dans leur compte et qu'ils auront à vous
» rembourser, puis qu'étant jointe à celle de 3226
» pataques et 5 temins elle fait 5293 et 4 dont j'étais
» débiteur dans mon compte du dernier quartier à la
» chambre et dont je me suis servi pour les redevances
» de la Compagnie; je m'étais trompé en y travaillant au
» bagne. Je passerai en recette dans mon compte du
» second quartier de cette année les 100 pataques
» d'erreur et qui étaient employées de moins en la
» recette.

» Soyez bien persuadé que je n'abuserai pas de la
» liberté que vous voulez bien me donner de faire des
» présents dans les occasions où ils seront nécessaires;
» je n'en ferai que lorsqu'ils me paraîtront indispen-
» sables et qu'ils pourront tourner à compte à la nation.

» J'ai l'honneur d'être, etc. »

« Alger, le 14 mai 1742.

» Messieurs,

» Quelque pleine d'espérances que soit la lettre que
» vous m'avez fait l'honneur de m'écrire le 27 du mois
» dernier par le capitaine Chave, arrivé dans ce port en
» huit jours, le Dey y est d'autant moins sensible qu'il
» ne voit pas qu'elles soient suivies de leurs effets. Nous
» sommes trop avancés aujourd'hui, et les vents qui ont
» régné ont été trop favorables à la frégate du Roy et au
» chebek, pour qu'il ne croie pas qu'il y a dans ce retar-
» dement quelque chose de caché, et des contrariétés
» aux promesses que je lui ai toujours faites, que la
» France son amie lui rendrait ses gens et son chebek.

» Cinq bâtiments, venus sous la bonne foi et en dernier
» lïeu le pinque du capitaine Chave, chargé de marchan-
» dises, n'ont pas été capables de détruire ses soupçons
» contre nous ; et, comme il y persiste, il laisse à la
» chaîne les équipages des sept premiers, et a même
» dit qu'il traiterait de même ceux des autres et tout ce
» qu'il y a ici de Français, si le chebek n'arrivait pas
» dans huit à dix jours au plus.

» J'ai crû devoir, Messieurs, engager le capitaine d'un
» batiment génois qui se destinaît pour son pays, à rela-
» cher à Toulon pour y laisser cette dépêche, et vous
» prévenir de la nécessité qu'il y a de prendre des me-
» sures pour que ce chebek arrive au plutôt surement,
» si la frégate du Roy n'a pu l'amener, soit à cause des
» escadres anglaises, que nous savons être sur les côtes
» de Provence à mauvaise intention, soit à cause d'au-
» tres inconvénients qui apparemment se sont rencon-
» trés pour différer l'arrivée de ces Algériens. Je joins
» ici une obligation de ce capitaine d'aller en droiture à
» Toulon, au moyen de quoi j'ai convenu avec lui que
» vous auriez la bonté de lui faire payer cent livres pour
» s'être détourné de sa route.

» M. D'Evans ne fera pas une belle entrée dans cette
» ville, s'il ne s'y présente avec les donatives d'usage, et
» je crains fort que ce défaut ne lui indispose bien des
» gens, et que le tout ne rejaillisse sur la nation. Je ferai
» de mon mieux pour le faire excuser, du moins des
» principales puissances, et je le servirai avec zèle à
» tous égards en tout ce qui pourra dépendre de moi
» pour le service et le bien du commerce.

» La peste est malheureusement rallumée ; cette ma-
» ladie, à laquelle les équipages aux bagnes sont fort
» exposés m'inquiète beaucoup, par rapport aux suites.

» On ne doute point que la paix entre cette Régence et
» la République de Tunis ne soit bientôt conclue ; le Bey
» de Constantine, qui est parti d'ici aujourd'hui pour se
» rendre à sa Province, y travaille vivement ; le retarde-

» ment du chebek a seul donné lieu à cette démarche ;
» le troisième fils d'Hassan ben Ali est venu ici joindre
» ses deux frères ; mais il s'en retournera.
   » J'ai l'honneur d'être. »

Alger, le 10 juillet 1842 (résumé).

Après avoir envoyé divers comptes de commerce,
M. de Jonville termine sa lettre ainsi qu'il suit :

« Le Dey a dit publiquement qu'il avait arrêté la paix
» avec Ali-Bey, moyennant deux cent mille piastres qu'il
» a promis, et qui doivent arriver incessamment, con-
» duites par un de ses Grands Écrivains. Je crois fort
» qu'il n'est plus temps de traverser cette paix et qu'il
» serait à souhaiter que les officiers des vaisseaux du
» Roy qui croisent devant Tunis pussent entrer aussi
» dans une négociation avec Ali-Bey pour éviter les dis-
» cussions qui naîtront immanquablement du blocus
» des ports de Tunis par ces corsaires, toutes les fois
» que les Algériens voudront y aller.
   » La peste continue toujours ses effets meurtriers, et
» malgré l'enfermement que nous observons, une ser-
» vante dans la maison en a été attaquée, et est morte
» huit heures après en être sortie. »

Alger, le 3 août 1742 (résumé).

Après avoir envoyé divers comptes de commerce, M.
de Jonville termine sa lettre ainsi qu'il suit :

« Nous ne voyons rien éclater d'une certaine façon sur
» la paix de Tunis et ce gouvernement. L'argent promis
» par Ali Bey n'est pas encore venu ni les envoyés à
» cette occasion qu'on avait annoncés n'ont pas paru. Il

» a pourtant été permis à quelques Tunisiens retenus
» auparavant ici de se rendre à leur pays ; ils sont partis
» par terre, ce qui confirme en quelque façon le bruit
» public et ce qui est sorti si souvent de la bouche du
» Dey même.

» A l'égard de nos affaires de Tunis, M. de Salve, agent
» de Bone, m'a fait part du mauvais succès qu'ont eû
» les brigantins du Roy dans l'entreprise qu'ils ont voulu
» faire contre Tabarque le 4 du mois dernier ; Messieurs
» de Saurins et Kalio, qui les commandaient, ont été pris
» et faits esclaves, après y avoir perdu plus de 250 per-
» sonnes d'élite, tant de la Calle que de leur équipage ;
» ce malheur ne rendra Ali Bey que plus fier et plus
» entêté à refuser de faire ce que la Cour exige de lui, et
» à quoi sa paix avec ce Dey ci ne nous contribuera pas
» peu. »

« Alger, le 4 août 1742.

» Messieurs,

» Il n'est pas possible de refuser certains services,
» quoi qu'ils nous soient souvent à charge ; on m'a prié
» de faire tenir à Naples trente sequins vénitiens pour le
» rachat d'un Algérien.

» Je vous supplie de vouloir bien les faire compter à
» M. Toussaint Combes, négociant audit Naples, par le
» moyen de M. son frère, qui réside à Marseille, et qui
» loge au-dessus des arcades ; M. Toussaint Combes
» recevra pour cet effet un mémoire et une lettre de M.
» d'Evans.

» J'emploierai en recette lesdits trente sequins véni-
» tiens, qui font 300 pataques.

» J'ai l'honneur d'être, etc. »

OUVRAGES DU MÊME AUTEUR

———

GRAMMONT (H.-D. DE), ✿, A. ❦, PRÉSIDENT DE LA SOCIÉTÉ HISTORIQUE ALGÉRIENNE.

RELATIONS ENTRE LA FRANCE ET LA RÉGENCE D'ALGER AU XVIIᵉ SIÈCLE. Première partie : Les deux canons de Simon Dansa (1606-1628). 1 brochure in-8°. 1 fr. 50

Deuxième partie : La mission de Sanson Napollon (1628-1633). 1 brochure in-8°. *Alger, typ. A. Jourdan.* 2 fr.

Troisième partie : La mission de Sanson le Page et les Agents intérimaires (1633-1646). *Alger, typ. A. Jourdan.* 1 brochure in-8°. 1 fr. 50

Quatrième partie : Les Consuls Lazaristes et le chevalier d'Arvieux (1646-1690). *Alger, typ. A. Jourdan.* 1 brochure in-8°. 3 fr.

UN PACHA PRÉCURSEUR DE M. DE LESSEPS (1586). *Alger, typ. A. Jourdan.* 1 Brochure in-8°. 1 fr. 50

HISTOIRE DES ROIS D'ALGER, par FRAY DIÉGO DE HAÉDO, abbé de Fromesta. Epitome de los Reyes de Argel. — (Valladolid, 1612). Traduite et annotée. *Alger, typ. A. Jourdan.* 1 vol. in-8°. 4 fr.

UN ACADÉMICIEN CAPTIF A ALGER (1674-1675). *Alger, typ. A. Jourdan.* 1 brochure in-8°. 1 fr. 50

RELATION DES PRÉPARATIFS FAITS POUR SURPRENDRE ALGER, par JERONIMO CONESTAGGIO, traduite de l'italien et annotée. *Alger, typ. A. Jourdan.* 1 brochure in-8°. 1 fr. 50

HISTOIRE D'ALGER SOUS LA DOMINATION TURQUE (1515-1830). *Paris, Leroux,* 1 vol. in-8°. 7 fr. 50

GRAMMONT (H.-D. DE) et PIESSE (L.).

LES ILLUSTRES CAPTIFS. Analyse d'un manuscrit du Père DAN. *Alger, typ. A. Jourdan.* 1 brochure in-8°. 2 fr. 50

———